Manuel Quarta

BESSERE FOTOS MIT DER NIKON Z 6 & Z 7

Z 6 / Z 6II / Z 7 / Z 7II

Schritt für Schritt zu faszinierenden Bild- und Videoergebnissen

Verständlich erklärt – mit vielen praktischen Beispielen

humboldt

INHALT

VORWORT

Liebe Leserin, lieber Leser,

willkommen zu diesem Kamera-Ratgeber und kreativen Foto-Lernbuch! Schön, dass du deine Nikon Z-Kamera besser kennenlernen und deine fotografischen Fähigkeiten weiterentwickeln möchtest. Dieses Buch ist genau richtig für dich, wenn du deine ersten Schritte mit dieser Vollformat-Systemkamera machen möchtest, dabei endlich alle Menüpunkte verstehen willst, aber auch wenn du deine Kamera schon besser kennst, du z. B. von einer Nikon Z 6 auf eine Z 6II umgestiegen bist und einfach deine Fotografie ein großes Stück weiterbringen möchtest. Dabei ist es egal, ob du eine Nikon Z 6 oder Z 7 der ersten Generation oder eine Nikon Z 6II oder Z 7II besitzt. Die Besonderheiten aller Modelle dieser Kamerareihe werden hier berücksichtigt.

Neben allen technischen Hintergrundinfos und wie du die besten Einstellungen vornehmen kannst, möchte ich auch dein kreatives Potenzial entfachen. Dafür gibt es einen Praxisteil am Ende dieses Ratgebers, wo du dein passendes Genre findest. Es gibt Beispiele zu Porträts, Tier- und Landschaftsfotografie und Architektur. Auch die kreativen Momente der Fotografie kommen nicht zu kurz. Die Beispiele sollst du natürlich nicht 1 : 1 nachfotografieren, aber sie helfen dir, deine eigenen Fotoideen individueller und kreativer zu verwirklichen. Dieses Buch ist also vollgepackt mit der ganzen Power, die es für herausragende Fotos braucht.

Die Z-Serie von Nikon ist immer noch ein junges Kamerasystem, gerade wenn man es mit dem schon lange existierenden und von Millionen Fotograf*innen auf Herz und Nieren geprüften Spiegelreflexsystem von Nikon vergleicht. Doch dieses neue Kamerasystem mit einem modernen Bajonett und den Möglichkeiten der spiegellosen Systemkameras verbindet das jahrzehntelange Wissen über den Bau hochwertiger Kameras mit den Vorteilen moderner Technik. Nikon hat hier viele technische Neuerungen gebracht und teilweise ganz unkonventionelle Wege eingeschlagen, um Hobby- und Berufsfotograf*innen mehr Möglichkeiten für ihre Leidenschaft zu geben, nicht zuletzt den Augen-Autofokus für Menschen und Tiere.

Aber in deiner Kamera schlummern noch viele weitere Features, die deine Fotografie entspannter, schneller und effektiver werden lassen. Damit du mit diesem Buch nicht einfach eine Liste mit allen Funktionen vorliegen hast, werden diese Funktionen im Praxisteil mit echten Fotosituationen verknüpft. So kannst du die für dich wichtigsten Punkte schnell finden und gleich bei deinem nächsten Fotoabenteuer umsetzen.

Im Buch findest du auch eine Übersicht aller Menüpunkte: einfach, verständlich, aber auch ausführlich erklärt. Dadurch hast du schnellen Zugriff auf die wichtigsten Punkte. Ob dich eher die Tier- und Landschaftsfotografie, actiongeladene Event- oder Sportfotografie, charaktervolle Porträts und liebevoll arrangierte Stillleben interessieren, deine Kamera ist für all das ausgestattet, und mithilfe dieses Buches werden dir deine Bilder auf ganz neue Weise gelingen.

Ganz viel Spaß mit diesem Buch wünscht dir

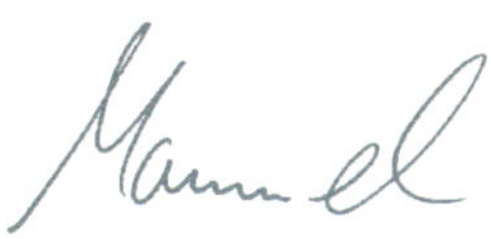

Manuel Quarta

DIE BEDIENUNG DER NIKON Z

Damit du möglichst schnell mit dem Fotografieren beginnen kannst, betrachten wir uns die Tasten, Schalter und Regler deiner Nikon Z mit ihren Funktionen genauer. Die wichtigsten Bedienelemente sind dir vielleicht schon vertraut, aber jetzt machen wir einen vollständigen „Rundgang", damit du und deine Kamera schnell zu einem eingespielten Team werdet. In diesem Kapitel kannst du auch immer wieder nachschauen, wie die Tasten und Regler im Buch genannt werden.

Z 6 und Z 7: Die Z-Modelle im Vergleich

Generation I und II

Das Nikon Z-System gibt es seit Ende 2018. 2020 wurde die zweite Generation der beiden Modelle Z 6 und Z 7 aus der Taufe gehoben, die eine Menge nützliche Verbesserungen brachte. Einige beziehen sich auf den Autofokus, der nun lichtempfindlicher ist, also auch bei sehr wenig Umgebungslicht, wie es z. B. bei Hochzeitsfeiern und Events häufig vorkommt, nun schneller und noch zuverlässiger agiert. Eine weitere sehr angenehme Neuerung der zweiten Generation ist beispielsweise für die Porträtfotografie, dass der Augen-Autofokus für Menschen und Tiere nun auch zusätzlich in einem ausgewählten Bereich arbeiten kann. Außerdem funktioniert nun nicht nur die Gesichtserkennung, sondern auch die Augenerkennung im Videomodus.

Für Produkt-, Landschafts- und Architekturfotos ist darüber hinaus die Möglichkeit, ein Monitor-Live-Bild ohne jegliche Einblendungen zu wählen, ein großer Vorteil. Das hatte ich mir tatsächlich oft bei der Innenarchitektur- und Food-Fotografie gewünscht, um den Bildausschnitt auch ganz genau bis in die Ecken sehen zu können. Und für manche ist vielleicht das zweite Speicherkartenfach und die damit einhergehende Möglichkeit der Sicherungskopie die wichtigste Neuerung der zweiten Generation.

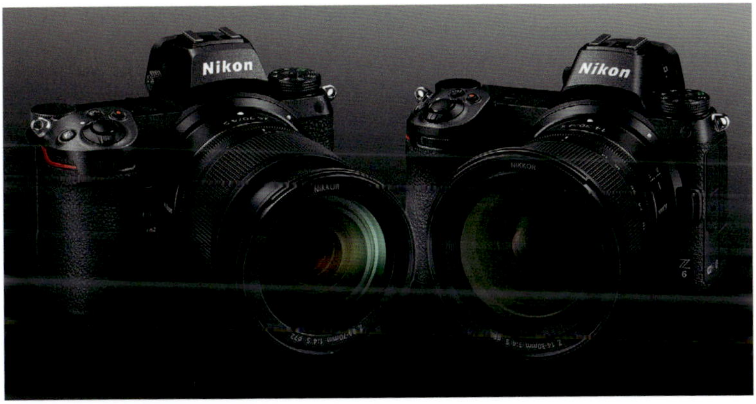

Rein äußerlich unterscheidet sich die zweite Generation (links) nur durch den etwas kantigeren Sucherdom

Aber gute Fotos kann man definitiv auch mit den Z-Kameras der ersten Generation machen. Überhaupt muss man sagen, dass das Nikon Z-System von Anfang an sehr erwachsen war und kleinere Schwächen schnell durch Firmware-Updates behoben und die Performance der Kameras deutlich verbessert wurde. Die Generation II wurde mit einem zweiten Expeed-Prozessor ausgestattet. Welche Leistungssteigerungen durch die höhere Rechenpower noch möglich sind, kann man jetzt nur vermuten.

AKTUELLE FIRMWARE BRINGT NEUE FUNKTIONEN

Egal ob du eine Nikon Z der ersten oder der zweiten Generation besitzt, du solltest immer mal wieder im Download-Center der Nikon-Homepage (www.nikon.de) nach der aktuellen Firmware-Version (Betriebssystem der Kamera) schauen und sie gegebenenfalls aktualisieren. So bleibt deine Kamera immer auf dem aktuellen Stand. In der Vergangenheit wurden sowohl die Z 6 als auch die Z 7 dadurch deutlich verbessert.

Z 6 und Z 7

Äußerlich gleichen sich die beiden Modellreihen bis aufs Haar. Das war und ist bei den Spiegelreflexmodellen von Nikon unüblich. Hier muss man sich neben technischen Daten wie der Auflösung der Kamera auch für eine bestimmte Gehäuseform mit mehr oder weniger Komfort bei der Bedienung und leicht unterschiedlichen Bedienkonzepten entscheiden. Das ist bei den beiden Modellreihen der Nikon Z nun anders.

Doch irgendwo müssen ja Unterschiede liegen, und die sind vorwiegend beim Aufnahmesensor zu finden. Die Z 6 und Z 6II haben 24 Millionen Pixel, die beiden Z 7-Modelle 45 Millionen Pixel. Da bei dieser hohen Auflösung kaum noch sogenannte Moirés (unregelmäßige Wellenmuster) auftreten, verzichten die Z 7-Kameras auf einen optischen Tiefpassfilter. Dies sorgt für eine noch knackigere Schärfe der Fotos. Die Z 6-Modelle benötigen diesen Filter aufgrund ihrer geringeren Auflösung. Doch sind die Fotos hier keineswegs unschärfer. Lediglich bei feinsten Details wie Haaren, Fell, Textilien oder Strukturen wie Baumrinde, wie sie bei Landschaftsfotos vorkommen, kann man es gut erkennen. Für diese Anwendung ist also sowohl die höhere Auflösung als auch der Verzicht auf den Tiefpassfilter ein Vorteil.

Ein Vorteil der geringeren Auflösung der Z 6 dagegen ist ihr besseres 4K-Videobild. Die Auflösung von 24 Megapixeln erlaubt ein sogenanntes Oversampling, wodurch man ein saubereres Videobild erhält. Bei der hohen Auflösung der Z 7 wird das „Pixelbinning“ angewendet, um die Auflösung für die 4K-Videoaufnahmen zu verringern. Aber auch das fällt nicht augenscheinlich ins Gewicht. Wer eine Z 7 wegen der hohen Foto-Auflösung gewählt hat, kann auch getrost großartige 4K-Filme mit ihr drehen. Wer aber vorwiegend den Fokus auf das Filmen legt, ist mit einer Nikon Z 6 oder Z 6II etwas besser bedient.

Weitere Unterschiede muss man dann schon suchen. Da wäre noch die etwas höhere Lichtempfindlichkeit des Autofokussystems bei der Z 6 und vor allem der Z 6II. Wer mit seiner Kamera auch bei sehr wenig Licht einen schnellen Autofokus möchte, sollte hier am besten auf eine Z 6II setzen. Die neuere Z 7II kommt hier etwa auf das gleiche Niveau wie die Z 6 der ersten Generation, das Schlusslicht bildet die erste Z 7.

Bei der Geschwindigkeit der Kameras gibt es kleine Unterschiede sowohl zwischen den Modellreihen als auch zwischen den Generationen. Auch hier ist die erste Z 7 die „langsamste“ Kamera, wenn man bei neun Bildern pro Sekunde von langsam sprechen möchte. Am höchsten ist die Bildfrequenz bei der Nikon Z 6II mit 14 Bildern pro Sekunde, ein Wert, der mit professionellen Spiegelreflexkameras absolut mithält.

Zuletzt sind da die zwei Prozessoren, die beide Z-Kameras der Generation II haben. Die Z 6II und Z 7II erreichen nicht nur schnellere Serienbilder als ihre Vorgänger, sondern verarbeiten und speichern die Fotos auch schneller, sodass auch längere Serienaufnahmen möglich sind. Aber auch hier muss ich sagen, dass ich bei der ersten Z 6 nie an die Grenzen gestoßen bin.

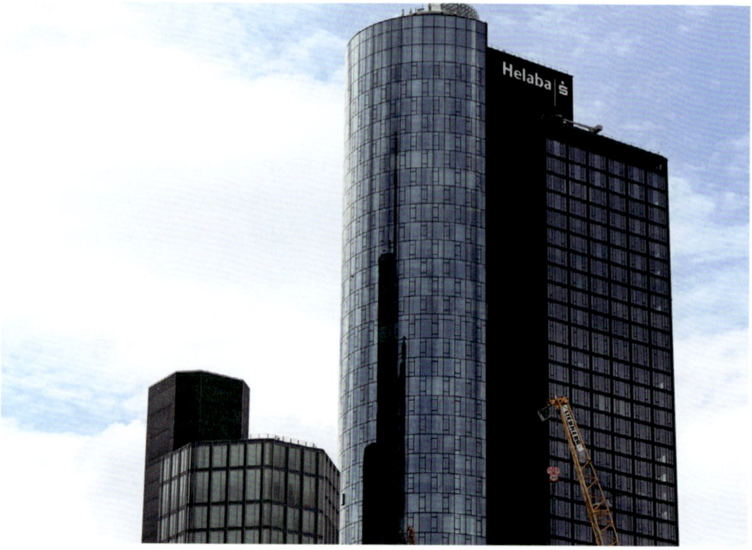

Nikon Z 7 + 24–70 mm, f/4, 24 mm, f/5.6, 1/400 sek, ISO 64

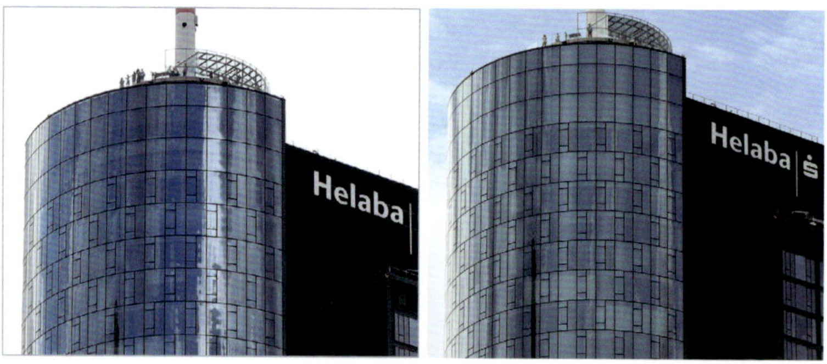

Links die Aufnahme der Z 6. Die rechte Aufnahme der Z 7 zeigt mehr Details, vor allem die Personen auf der Aussichtsplattform sind besser zu erkennen.

Die Oberseite

Hier findest du unter anderem den Ein-/Aus-Schalter, den Auslöser, den Video-Start-Knopf, die ISO- und die Belichtungskorrektur-Taste, außerdem das Haupteinstellrad. Auf der linken Seite findest du das Programmwählrad. Zusätzlich haben die Kameras noch ein kleines Display, auf dem du wichtige Kameraeinstellungen und Infos findest.

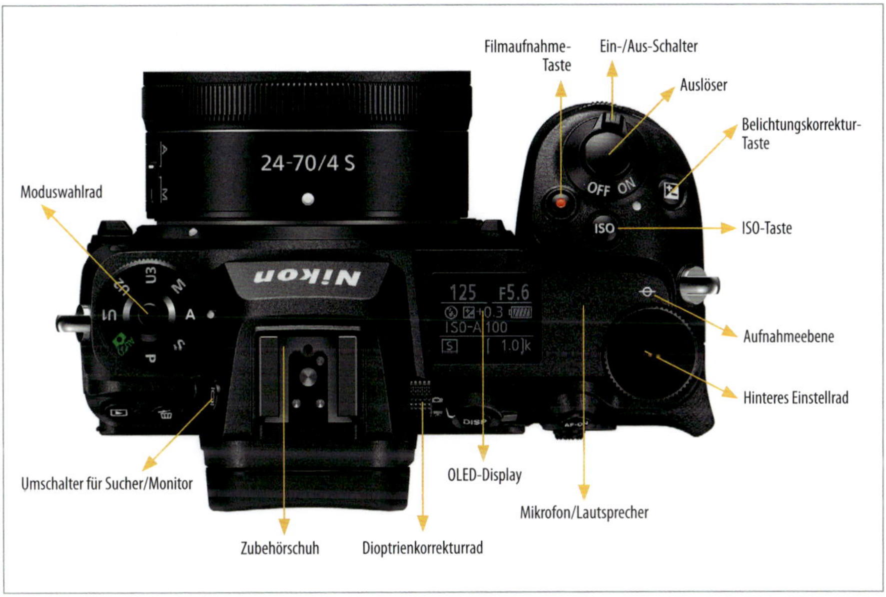

Der Ein-/Aus-Schalter

Er ist bei allen Nikon-Systemkameras an derselben Stelle zu finden. Sehr praktisch finde ich, dass man die Kamera einhändig ein- und ausschalten kann.

Der Auslöser

Natürlich kennst du den Auslöser schon. Mit ihm machst du schließlich deine Bilder. Diese Taste kann aber noch mehr: Sie hat auch die Funktion der Schärfemessung. Und je nachdem, wie du deine Kamera im Menü eingestellt hast, speichert sie diesen Wert auch, wenn du den Auslöser angetippt hältst (dazu später). Der Auslöseknopf ist funktionell nämlich besonders. Er hat als einziges Bedienelement an der Kamera zwei Stufen, sogenannte Druckpunkte: Wenn du den Auslöser halb drückst, stellst du scharf. Wenn du den Auslöser ganz durchdrückst, löst du aus, machst also das Foto. Dein Monitor zeigt dir nun das gemachte Bild an. Wenn du den Auslöser wieder halb drückst, siehst du wieder dein Live-Bild.

DER AUSLÖSER HAT VIEL ZU BIETEN

Er ist die einfachste und eleganteste Art, aus dem Menü oder der Bildwiedergabe zurück in den Fotografiermodus zu kommen. Du kannst also immer blitzschnell fotografieren, auch wenn du gerade tief in irgendeiner Menüansicht bist. Außerdem hältst du die Kamera mit sanftem Antippen des Auslösers wach, damit sie bei Schnappschüssen sofort bereit ist.

Und der Auslöser kann sogar als Start- und Stoppschalter für die Videoaufnahme konfiguriert werden, für Vielfilmer eine sehr praktische Einstellung.

Die Belichtungskorrektur-Taste

Du erkennst sie an ihrem Symbol mit den schräg geteilten Zeichen +/–. Mit diesem praktischen Knopf kannst du die Helligkeit, also die Belichtung deiner Fotos vor der Aufnahme beeinflussen. Es ist viel sinnvoller, deine Fotos schon in der richtigen Helligkeit aufzunehmen, anstatt sie nachträglich am Computer verbessern zu müssen. Hierbei nutzt du direkt das typische Nikon-Bedienkonzept: Du hältst den Knopf mit dem Zeigefinger gedrückt und drehst an einem der beiden Einstellräder, entweder am hinteren mit dem Daumen oder am vorderen mit dem Mittelfinger.

In der Automatik hat die Belichtungskorrektur keine Auswirkung. Allein das ist ein Grund, lieber die Programme P, A, S und M zu nutzen, um selbst zu bestimmen, wie das Foto aussehen soll.

DIE RICHTIGE BELICHTUNG EINSTELLEN

Die richtige Belichtung für deine Fotos zu finden war noch nie so einfach. Der Monitor und der Sucher der Nikon Z-Kameras zeigen die Helligkeit deiner Bilder schon während der Aufnahme, also live, sehr genau an. Du kannst also die Belichtungskorrektur nach Augenmaß einstellen.

Bei Werten, die größer als +/–3,0 sind, weicht die tatsächliche Aufnahme etwas von der Live-Vorschau ab, damit du dein Motiv noch gut erkennen kannst. Aber diese starken Werte stellt man ohnehin selten ein.

Die ISO-Taste

Den ISO-Wert stellst du mit diesem Bedienelement ein. Wie bei den meisten anderen Knöpfen benutzt du auch hier wieder die typische Bedienung aus Knopf und den Einstellrädern. Das hintere Einstellrad verändert die ISO-Werte, das vordere schaltet die ISO-Automatik ein oder aus. Wie genau deine ISO-Automatik arbeiten soll, kannst du im Menü oder i-Menü konfigurieren (siehe dort).

Die Filmaufnahme-Taste

Ebenfalls in der Nähe des Auslösers ist die rote Filmaufnahme-Taste positioniert. Mit ihr startest und beendest du die Videoaufnahme. Kleiner Hinweis vorab: Diese Taste lässt sich auch mit anderen Funktionen belegen. Wie das funktioniert, liest du im Abschnitt „Die Tastenbelegung".

Das hintere Einstellrad

Ein weiteres Bedienelement auf der rechten oberen Seite deiner Nikon Z ist das große Einstellrad. Mit ihm veränderst du immer die Grundfunktion einer Einstellung. Was genau damit gemeint ist, wird klarer, wenn du den Abschnitt „Die Schärfe" liest. Neben dem Verändern von Einstellungen stellst du damit vor allem die Verschlusszeit ein.

Auch hier gibt es noch ein paar weitere Möglichkeiten, wie dieses Einstellrad benutzt werden kann. Dazu mehr im Abschnitt „Die Belichtung" und „Die Tastenbelegung". Du merkst, die Einstellräder sind ganz wichtige Bedienelemente.

Das Moduswahlrad

Auf der linken Oberseite findest du das Moduswahlrad. Mit diesem großen Bedienelement wählst du deine Belichtungsprogramme bzw. -modi P, S, A oder M oder das Automatikprogramm oder deine benutzerdefinierten Belichtungsprogramme U1, U2 und U3. Was sich genau hinter diesen Abkürzungen verbirgt, liest du im Abschnitt „Die benutzerdefinierten Programme U1, U2, U3".

Der Umschalter für Sucher und Monitor

Am Sucherdom auf der linken Seite gibt es noch einen Knopf zum Umschalten zwischen der Ansicht im Sucher und dem Monitor. Du kannst hier auch direkt eine Automatik auswählen oder einen Modus, bei dem die Kamera dir das Live-Bild nur im Sucher, die Menüs und die Wiedergabe aber auf dem Monitor zeigt – so wie bei einer Spiegelreflexkamera.

Das Dioptrienkorrekturrad

Auf der rechten Seite des Sucherdoms findest du ein Bedienelement, das man eher von Armbanduhren kennt: ein kleines Rad, das du erst ein Stück herausziehen musst, um es zu drehen. Damit verstellst du die Dioptrien für deinen Sucher. Wenn du kurz- oder weitsichtig bist, kannst du hier für ein scharfes Bild im Sucher sorgen. Stelle es so ein, dass du die Schrift im Sucher scharf siehst.

Weitere Elemente

Vier weitere Elemente siehst du noch auf der Oberseite deiner Kamera: ein kleines OLED-Display zeigt dir die wichtigsten Informationen wie Verschlusszeit und Blendenwert, den Akku-Ladezustand und den verbleibenden Speicherplatz auf der Speicherkarte sowie ISO-Empfindlichkeit, Bildrate und Blitzmodus. Rechts daneben ist das Mikrofon bzw. der Lautsprecher, auch er ist gegen Staub und Feuchtigkeit abgedichtet.

Noch einmal rechts daneben findest du ein kleines Symbol, das wie ein durchgestrichener Kreis aussieht. Dieses zeigt die sogenannte Aufnahmeebene an, also die Ebene, auf der der Sensor deiner Kamera liegt. Dies kann bei Nahaufnahmen interessant sein, da die sogenannte Naheinstellgrenze von Objektiven von hier aus gerechnet wird. Hat dein Objektiv z. B. die Naheinstellgrenze 0,4 Meter, kannst du von hier bis zu deinem Motiv bis auf 40 Zentimeter herangehen.

Ganz oben auf dem Sucher liegt der sogenannte Blitzschuh, auf dem du Systemblitzgeräte, Mikrofone oder anderes Zubehör wie einen externen Monitor für Videoaufnahmen befestigen kannst.

Die Vorderseite

Auf der Vorderseite deiner Kamera befindet sich das zweite Einstellrad. Direkt neben dem Bajonett gibt es zwei Funktionstasten, Fn1 und Fn2. Diese kannst du wie viele andere Tasten an deiner Nikon Z mit verschiedenen nützlichen Funktionen belegen. Auf der anderen Seite des Bajonetts ist eine etwas größere Taste, der Objektiventriegelungsknopf. Darüber ist eine kleine Lampe. Das ist das Autofokushilfslicht. Es blinkt auch, wenn du den Selbstauslöser aktiviert hast.

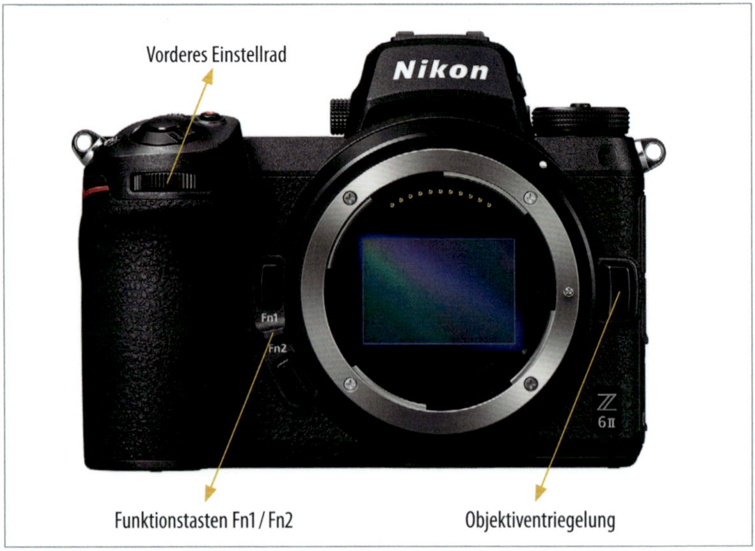

Das vordere Einstellrad

Das vordere Einstellrad funktioniert genauso wie das hintere. Es übernimmt beim Verändern von Einstellungen aber eher die Feineinstellungen und ist beim Einstellen der Belichtung für die Blende zuständig. Weitere Aufgaben für das vordere und hintere Einstellrad findest du im Abschnitt „Tastenbelegung“.

Die Funktionstasten Fn1 und Fn2

Etwas versteckt, aber beim Fotografieren sehr ergonomisch zu bedienen sind die beiden Funktionstasten deiner Kamera. Ihr Name sagt es gleich: Sie sind dafür gemacht, dass du sie mit dir wichtigen Funktionen belegst. Wie das geht, erfährst du im Abschnitt „Tastenbelegung“.

Die Objektiventriegelung

Spätestens wenn du mehr als ein Objektiv dein Eigen nennst, wirst du diesen Knopf öfter benutzen. Doch auch wenn du im Moment nur ein einziges Objektiv besitzt, solltest du schon mal ausprobieren, wie das funktioniert, damit du später genau weißt, was zu tun ist.

Zum Abnehmen des Objektivs hältst du die große Entriegelungstaste gedrückt und drehst das Objektiv von vorn gesehen im Uhrzeigersinn ab. Etwas schwieriger ist das Ansetzen des Objektivs. Am schwarz glänzenden Ring um das Bajonett, also dem großen Metallring des Kamerabodys, siehst du auf etwa 1 Uhr einen weißen, leicht erhabenen Punkt. Dieser muss sich in etwa mit dem weißen erhabenen Punkt an deinem Objektiv decken. Dann schraubst du das Objektiv gegen den Uhrzeigersinn an, bis du das satte Einrasten hörst. Drücke dabei aber nicht den Entriegelungsknopf: Eine Autotür schlägst du auch einfach zu, ohne den Türgriff zu benutzen.

Die Rückseite

Die meisten Bedienelemente finden sich auf der Rückseite deiner Kamera. Dazu gehören unter anderem die Menü-Taste und der Multifunktionswähler.

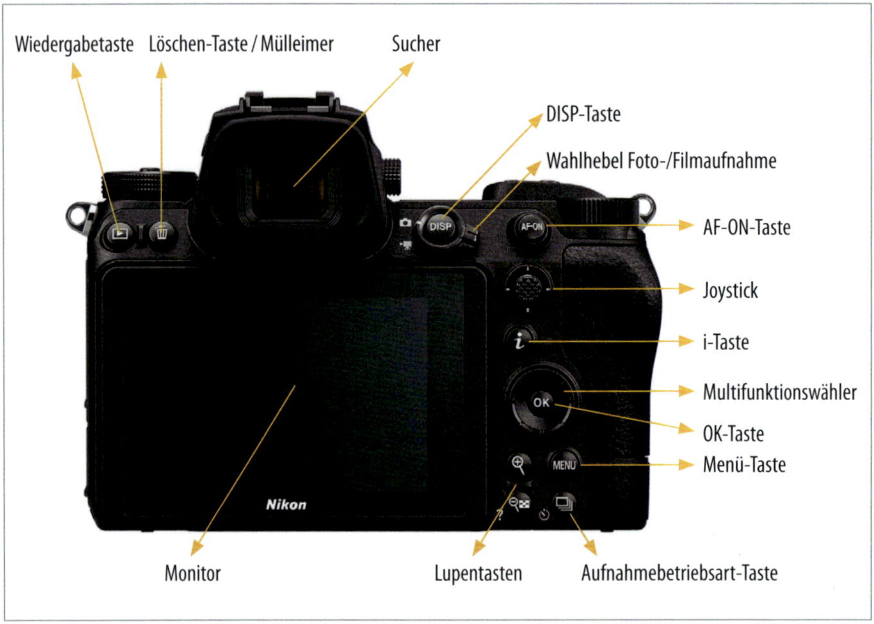

Auf der Rückseite findest du die meisten Bedienelemente

Die Menü-Taste

Auf der Rückseite unten rechts findest du die Menü-Taste. Das Menü erkläre ich ausführlich im Abschnitt „Das Menü der Nikon Z“.

Die Aufnahmebetriebsart-Taste

Direkt unter der Menü-Taste kannst du deine Bildfolge einstellen, also Einzelbild oder die verschiedenen Serienbildgeschwindigkeiten auswählen. Auch den Selbstauslöser findest du hier. Dafür steht auch das kleine runde Uhrsymbol links neben der Taste.

Die beiden Lupentasten

Mit der oberen Taste vergrößerst du sowohl in der Wiedergabe als auch beim Fotografieren durch mehrmaliges Drücken ins Bild, um z. B. die Schärfe zu beurteilen. Es gibt einen Trick, wie du schneller stark ins Bild hinein vergrößern kannst, dazu mehr im Abschnitt „Die Tastenbelegung".

Um in der Wiedergabe wieder aus der Vergrößerung herauszukommen, drückst du die untere Lupentaste. Wenn du sie weiter drückst, kommst du in eine Miniaturübersicht, um schnell durch deine Fotos zu blättern. Wenn du wieder in die normale Ansicht zurückmöchtest, drückst du so lange die Plus-Taste, bis du wieder nur eine Aufnahme siehst. Darüber hinaus bekommst du mit dieser Taste hilfreiche Erklärungen zu vielen Menüpunkten. Wann es einen Hilfetext gibt, erkennst du, wenn ein Fragezeichensymbol im Menü erscheint.

Die AF-ON-Taste

Diese Taste lässt sich mit vielen Funktionen belegen, da sie sich sehr gut während des Fotografierens bedienen lässt. In der Grundfunktion kann mit der AF-ON-Taste der Autofokus gestartet werden, wie also mit dem Auslöser auch. Manche haben die Auslösung und das Fokussieren aber lieber auf getrennten Bedienelementen, daher diese zusätzliche Taste. Wenn du diese (in der Tier- und Sportfotografie beliebte) Funktionsweise nicht brauchst, hast du auch hier eine Taste, die du im Abschnitt „Die Tastenbelegung" konfigurieren kannst.

Der Joystick

Die Nikon Z 6- und Z 7-Modelle haben einen praktischen Joystick, der offiziell „SUB-Wähler“ genannt wird. Damit kannst du jederzeit dein Fokusmessfeld verschieben. Nur bei der Messfeldsteuerung AUTO funktioniert das nicht, hier wählt die Kamera eigenständig das Fokusfeld. Der Joystick lässt sich auch drücken. Die Funktion, die dieser Druck auf den Joystick ausführen soll, lässt sich auch konfigurieren.

Der Multifunktionswähler

Dieses größte Bedienelement auf der Rückseite wirst du häufig benutzen. Ich werde sie im Verlauf des Buches „Wippe“ nennen. Du kannst sie nicht nur in vier Richtungen drücken, sondern sogar diagonal, also in acht Richtungen. So kannst du auch dein Autofokusfeld verschieben und Einstellungen im Menü auswählen und ändern.

Die OK-Taste

Innerhalb des Multifunktionswählers befindet sich die OK-Taste. Mit ihr bestätigst du Menüänderungen, springst während der Aufnahme auf dein mittleres Fokusfeld, und während der Bildwiedergabe zoomst du direkt an die Stelle, wo du scharfgestellt hast. Du kannst die OK-Taste auch individuell mit anderen Funktionen belegen.

Die Wiedergabetaste

Ganz links auf der Kamerarückseite ist eine Taste, die wie ein „Play“-Knopf aussieht. Mit ihr siehst du dir deine gemachten Fotos und Videos an. Um aus der Wiedergabeansicht wieder in den Aufnahmemodus zu kommen, kannst du sie erneut drücken oder, viel eleganter, den Auslöser halb antippen. Die Wiedergabetaste lässt sich nicht mit anderen Funktionen belegen.

Die Löschen-Taste/Mülleimer

Das Mülleimer-Symbol steht dafür, Fotos und Videos zu löschen. Nach dem Drücken wirst du aber sicherheitshalber erst gefragt, ob du das Foto löschen möchtest. Wenn du mehrere Bilder löschen möchtest, kannst du dies auch über das Menü tun. Wie das geht, findest du im Abschnitt „Das Menü der Nikon Z“.

Die i-Taste

Diese Taste ruft das i-Menü auf. Das i-Menü ist in den letzten Jahren zu einem immer wichtigeren Baustein der Nikon-Kameras geworden. Du solltest dir also auf jeden Fall den Abschnitt „Das i-Menü im Überblick“ anschauen.

Die DISP-Taste

Die DISP-Taste rechts neben dem Sucher ruft verschiedene Monitoransichten für den Foto- und Filmmodus auf (siehe nächsten Abschnitt).

Der Foto-Video-Schalter

Um die DISP-Taste liegt der Wahlschalter für den Fotoaufnahme-/Filmaufnahme-Modus. Dank dieses Bedienelements kannst du ganz schnell zwischen dem Fotografieren und dem Filmen wechseln. Möchtest du z. B. im Belichtungsprogramm A fotografieren, aber lieber im grün markierten AUTO-Modus filmen, kannst du innerhalb von Sekunden mit dem Foto-Video-Schalter auf das Filmkamera-Symbol wechseln und über das Moduswahlrad auf der Oberseite deiner Kamera das gewünschte Belichtungsprogramm wählen.

Die Monitoransichten

Damit du deine Kamera ganz verstehen lernst, sehen wir uns hier die Monitoranzeigen an. Ob du gerne viele Einstellungen und Informationen oder lieber eine aufgeräumte Ansicht mit freiem Blick auf dein Motiv bevorzugst, kannst du selbst bestimmen. Die verschiedenen Ansichten rufst du durch Drücken der DISP-Taste rechts neben dem Sucher auf.

Monitoransicht Alle Anzeigen: Die erste Ansicht zeigt eine größere Übersicht an Informationen, z. B. über die Fokuseinstellungen, den Weißabgleich, die Bildqualität und Picture Control (Farben, Kontraste, Scharfzeichnung usw. – mehr dazu in „Das i-Menü im Überblick"). Am unteren Bildrand sind immer die Belichtungswerte, die Belichtungsmessmethode und der Ladezustand des Akkus zu sehen. Im Filmmodus werden am linken Bildrand noch Informationen über deine Toneinstellungen angezeigt.

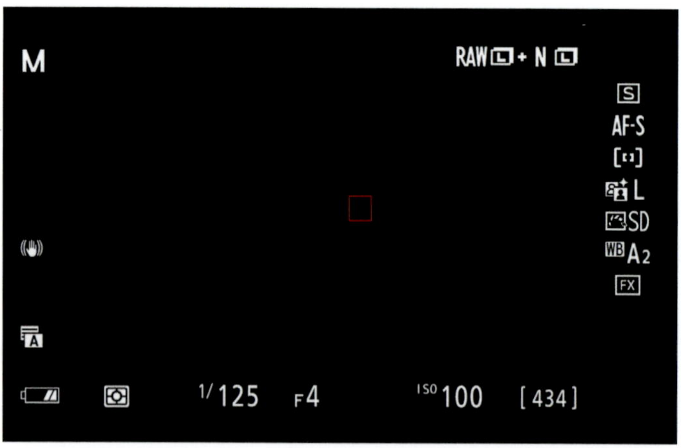

Monitoransicht Alle Anzeigen: In dieser Ansicht werden dir zusätzlich zum Live-Bild rundherum Infos angezeigt.

Monitoransicht Wenige Anzeigen: Wenn du nicht jederzeit über deine Fokuseinstellungen oder anderes informiert sein möchtest, reicht ein Druck auf die DISP-Taste. Jetzt werden nur die Belichtungswerte am unteren Rand angezeigt. Wenn du die Touch-Funktion aktiviert hast, siehst du links ein kleines Symbol mit einer Hand und den Buchstaben AF. Mit dieser aktiven Schaltfläche kannst du verschiedene Modi wechseln, um schnell auf dem Monitor das Fokusmessfeld zu positionieren oder wenn gewünscht auch gleich auszulösen. Wenn du gern einen möglichst freien Blick auf dein Motiv haben möchtest, eignet sich dies als Standard-Monitoransicht.

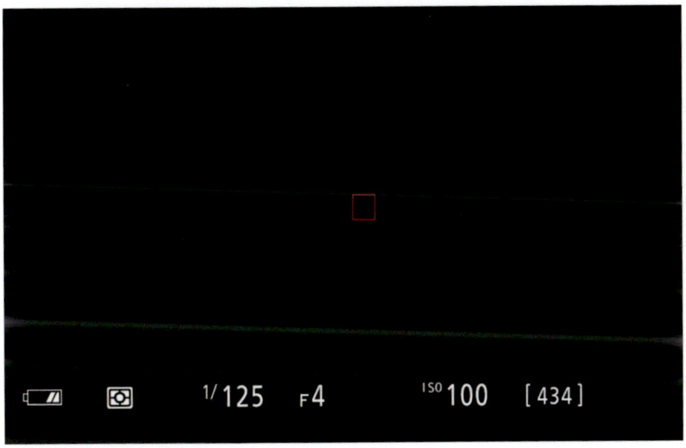

Monitoransicht Wenige Anzeigen: Hier hast du freie Sicht aufs Motiv: Nur die wichtigsten Anzeigen sind am unteren Bildrand eingeblendet.

Monitoransicht Histogramm: Bei dieser Ansicht wird zusätzlich ein Histogramm angezeigt, eine gute Hilfe, um die Belichtung besser abschätzen zu können. Ich wähle sie oft beim Filmen und auch beim Fotografieren, z. B. bei Nachtaufnahmen oder starkem Sonnenschein und Gegenlicht.

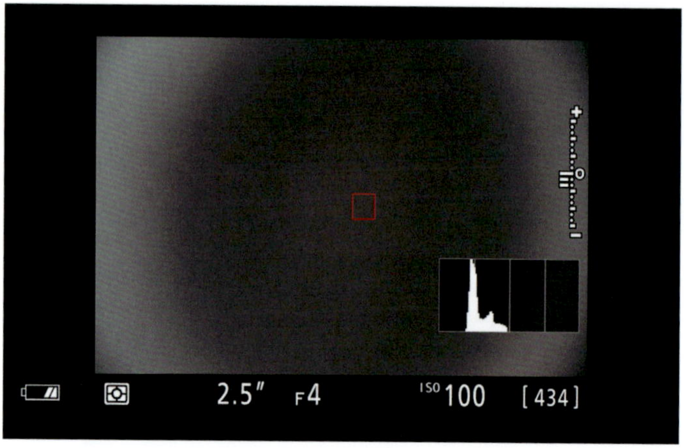

Monitoransicht Histogramm: Ein Live-Histogramm hilft dir bei anspruchsvollen Lichtsituationen.

Monitoransicht Wasserwaage: Der künstliche Horizont ist super, wenn die genaue Ausrichtung deiner Kamera wichtig ist, etwa bei Landschafts- und Architekturfotografie und allgemein allem, was vom Stativ aus fotografiert wird. Die Anzeige funktioniert sowohl im Quer- als auch im Hochformat und zeigt auch ein Neigen der Kamera nach vorn oder hinten an.

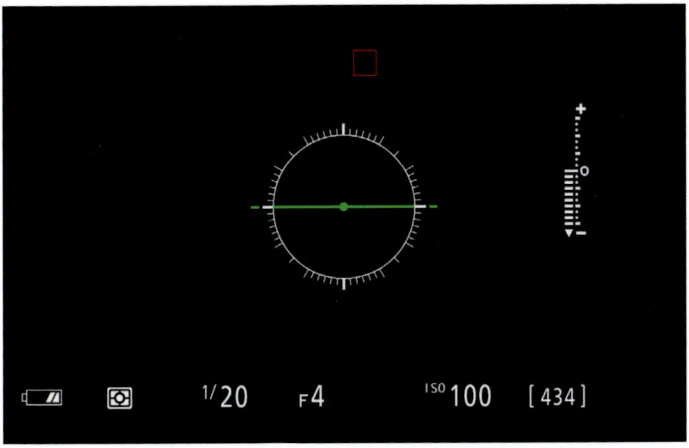

Monitoransicht Wasserwaage: In der Mitte wird ein künstlicher Horizont angezeigt. Wenn der kleine Punkt und die Linie grün sind, ist die Kamera perfekt ausgerichtet.

Monitoransicht Informationsanzeige: Wenn du vorwiegend über den Sucher fotografierst, wird dies vielleicht deine Lieblingsansicht. Neben den Belichtungswerten ist immer das komplette i-Menü eingeblendet, sodass du die volle Übersicht über die wichtigsten Einstellungen hast.

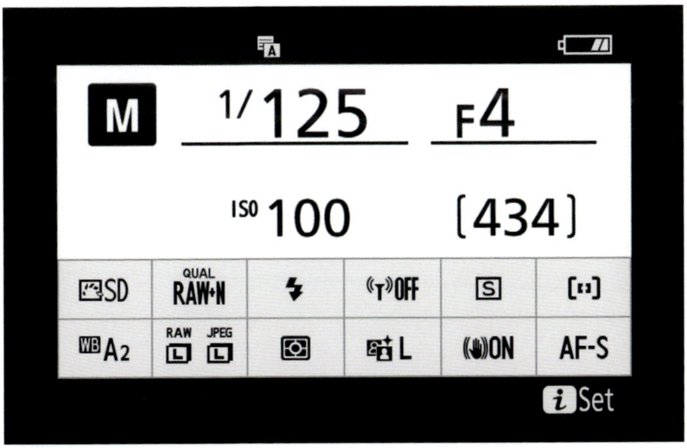

Monitoransicht Informationsanzeige: Diese Anzeige gibt es nur auf dem Monitor. Im Menü kannst du einen hellen oder dunklen Hintergrund wählen.

DIE NIKON Z INDIVIDUELL KONFIGURIEREN

Das i-Menü, die Tastenbelegung und die benutzerdefinierten Programme U1, U2 und U3 ermöglichen dir, deine Kamera intuitiver zu benutzen. Am Anfang werden dir die Optionen endlos erscheinen, aber in Zukunft wirst du davon profitieren, die für dich wichtigsten Einstellmöglichkeiten so schneller zu erreichen. Du musst auch nicht alle Möglichkeiten direkt nutzen. Schau einfach später wieder hier vorbei, wenn du deine Kamera individueller einstellen möchtest.

Das i-Menü im Überblick

Das i-Menü ist neben den Tasten und Einstellrädern dein wichtigstes Steuerelement beim Fotografieren. Hier hast du einen schnellen Zugriff auf eine Menge wichtige Funktionen. Du rufst es mit der i-Taste auf der Rückseite deiner Kamera auf. Dieses Menü kannst du ganz frei und individuell aus einer riesigen Anzahl an Einstellungen belegen. Sehen wir uns erst einmal das Menü in der Grundeinstellung an.

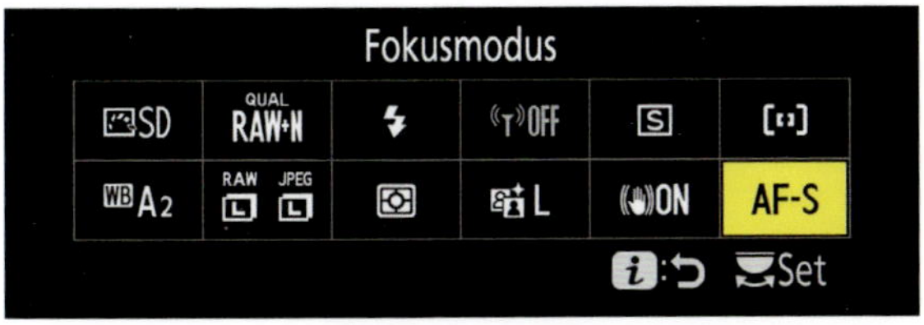

Das i-Menü der Nikon Z 6 der ersten Generation. Die Generation II hat hier in der Grundeinstellung einen Punkt für die Verwaltung der beiden Speicherkarten, sonst ist alles gleich.

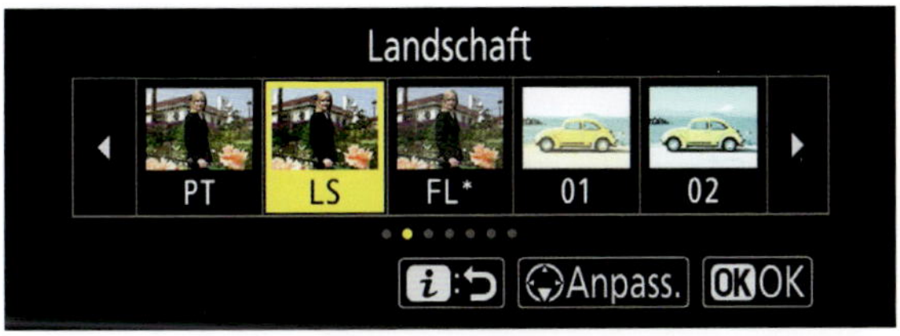

Die Picture Control beeinflusst Farben, Kontraste und die Scharfzeichnung. Auch Monochrom (Schwarz-Weiß) kannst du hier anwählen. Neben acht klassischen Profilen wie Porträt, Landschaft und Monochrom gibt es auch noch 20 Creative Picture Controls für besonders stimmungsvolle Fotos und Videos.

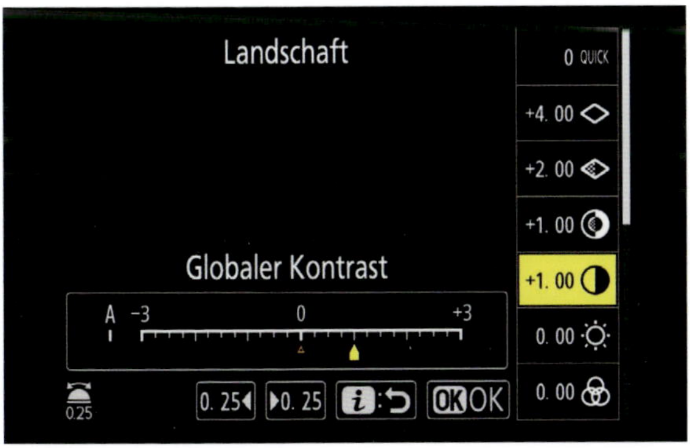

Du kannst jedes der Profile noch in der Schärfe, dem Kontrast und weiteren Punkten feintunen. Es ist sogar möglich, ganz eigene Profile abzuspeichern.

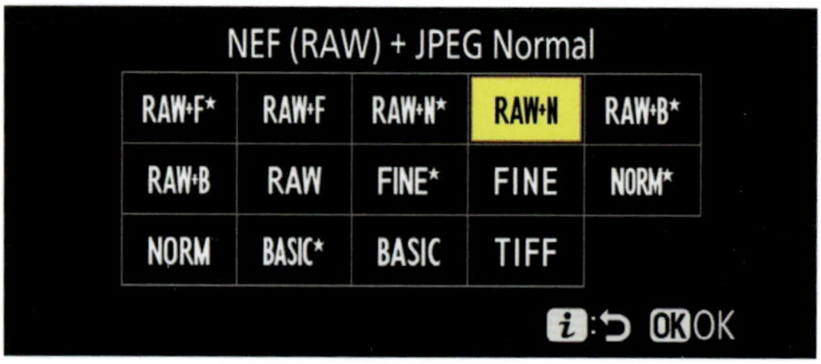

Hier bestimmst du die Bildqualität. Du kannst RAW, verschiedene JPEG-Qualitätsstufen (Komprimierungsgrade) und sogar TIFF einstellen (heutzutage eher selten benutzt). RAW und JPEG kannst du auch ganz frei kombinieren.

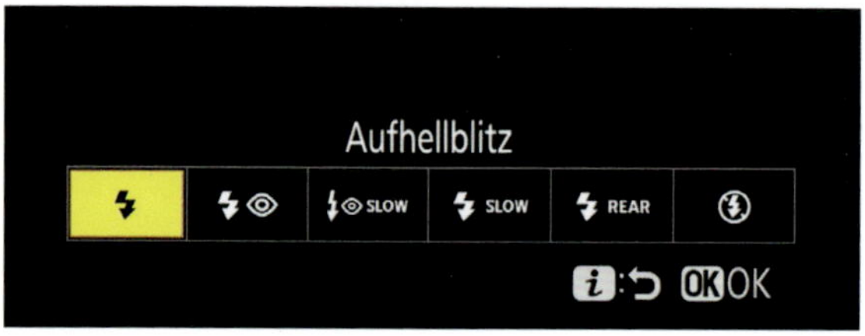

Mit diesem Punkt stellst du z. B. zwischen Aufhellblitz und Rote-Augen-Reduzierung um. Wenn du keinen Blitz besitzt, kannst du diese Funktion durch eine für dich wichtigere ersetzen.

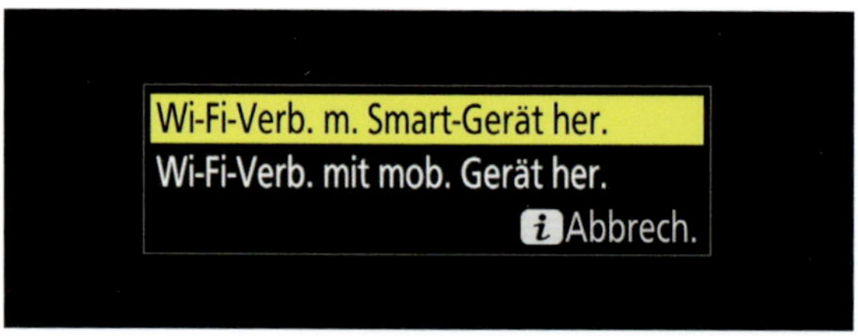

Wenn du deine Kamera häufig mit deinem Handy, Tablet oder PC per Funk verbinden willst, ist das hier ganz schnell möglich

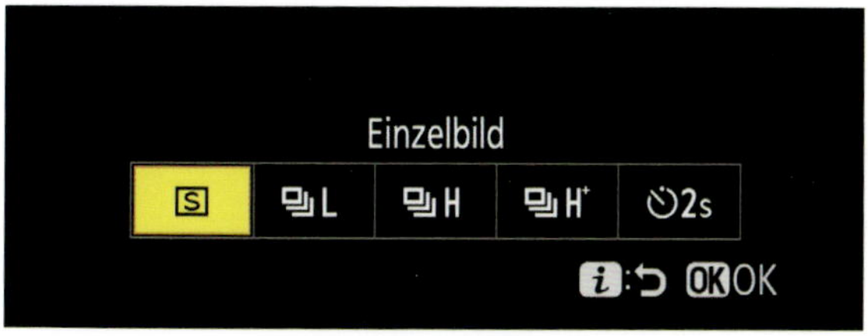

Hier kannst du die Aufnahmebetriebsart einstellen, das heißt, Einzel- oder Serienbilder oder den Selbstauslöser aktivieren. Das alles geht aber auch mit der Taste unter der Menü-Taste.

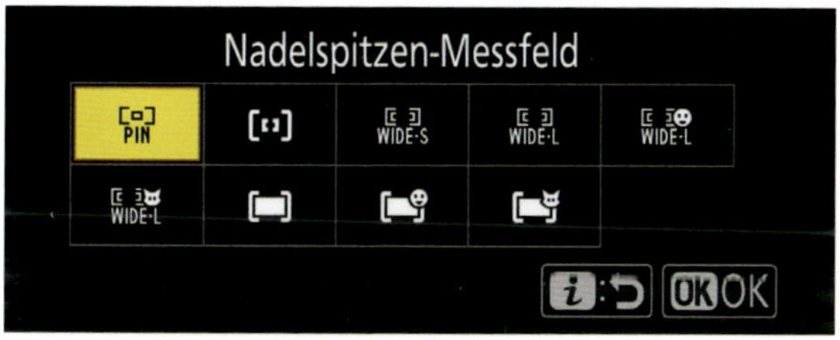

Hier wählst du die Messfeldsteuerungen für den Autofokus aus, Einzelfeld, die großen Messfelder oder die automatische Steuerung. Wofür welche Messfelder am besten geeignet sind, findest du im Abschnitt „Die Schärfe".

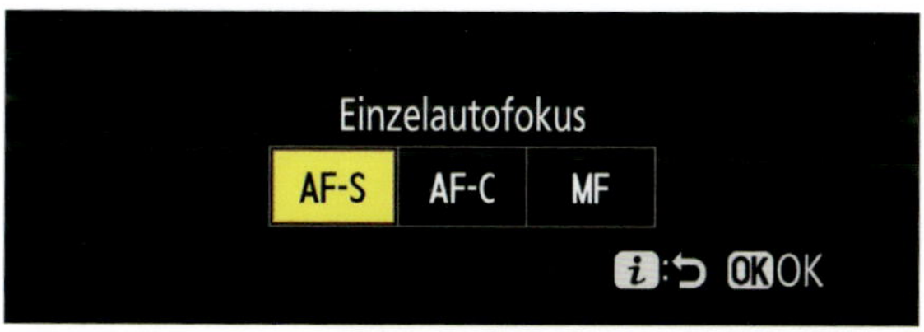

Hier stellst du die Autofokusmodi AF-S oder AF-C oder den manuellen Fokus MF ein. Auch diese unterschiedlichen Einstellungen werden im Abschnitt „Die Schärfe" erklärt.

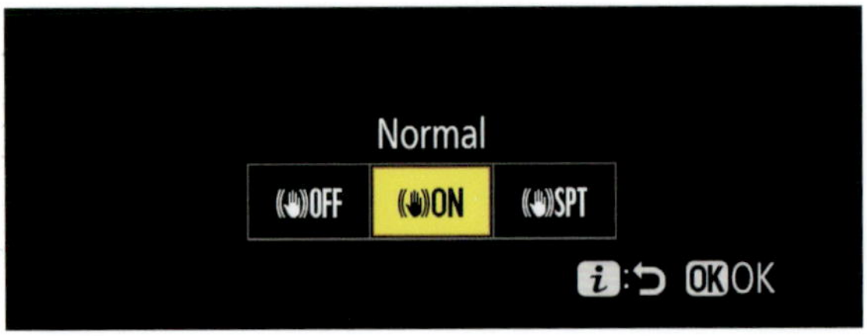

Deine Kamera besitzt eine eingebaute Sensorstabilisierung. Manche Objektive haben zusätzlich einen optischen Bildstabilisator (VR). Hier deaktivierst du die Stabilisierung, wenn du ein Stativ verwendest, oder stellst auf „Sport“ um, wenn du z. B. Rennwagen oder Vögel am Himmel mit der Kamera verfolgst.

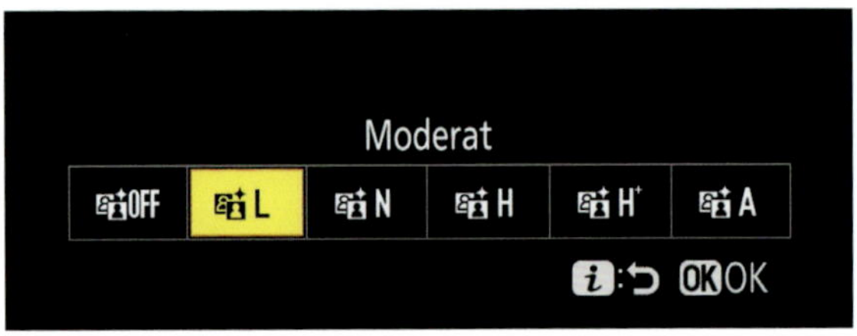

Active-D-Lighting kann einen sehr hohen Kontrastumfang des Motivs auf den kleineren Dynamikumfang des JPEG verteilen und so für Fotos mit einer besseren Detailzeichnung in sehr hellen (z. B. Wolken am Himmel) und sehr dunklen Bildbereichen (z. B. Bäume am Waldrand) führen. Bei den Z-Kameras mit zwei Kartenfächern kannst du hier einstellen, welche Karte deine primäre sein soll und ob du z. B. RAW- und JPEG-Fotos getrennt speichern willst oder ob du die zweite Karte als Back-up nutzen willst.

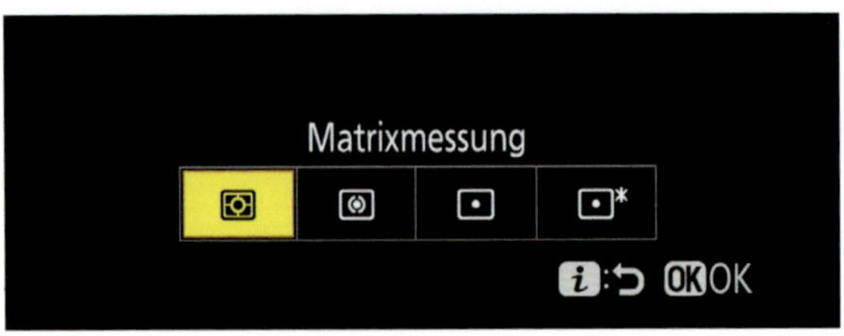

Die Belichtungsmessmethode kannst du hier einstellen. In den meisten Fällen kannst du die Matrixmessung verwenden. Sie führt fast immer zu einem guten Ergebnis, das du, wenn nötig, mithilfe der Belichtungskorrektur noch verbessern kannst. Die anderen Messmethoden sind für speziellere Anwendungen. Spot- und die lichterbetonte Messung sind z. B. gut für Theater- und Konzertfotografie geeignet.

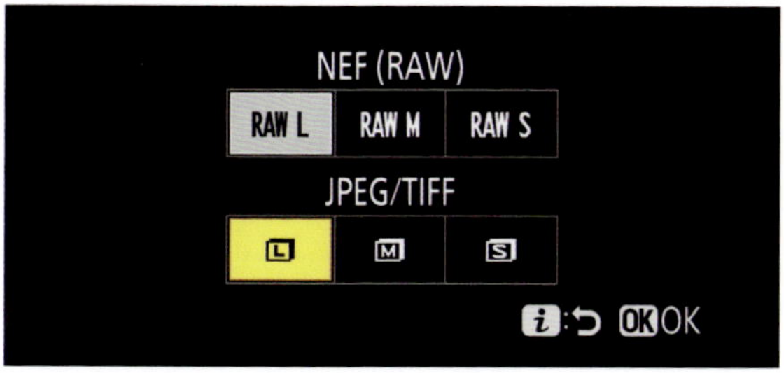

Schneller als im Menü kannst du hier die Pixelmenge, also die Bildgröße deiner RAW-, JPEG- oder TIFF-Aufnahmen verändern. Es stehen drei Größen zur Verfügung.

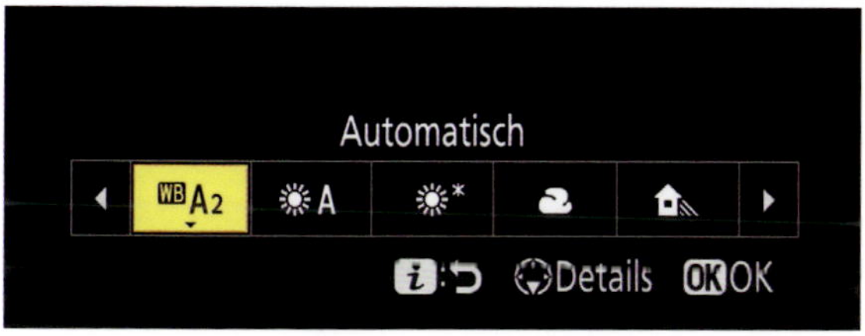

Den Weißabgleich kannst du hier einstellen und über einen Druck des Multifunktionswählers nach unten ganz individuell anpassen – ein ganz wichtiger Punkt im i-Menü, da du den Weißabgleich immer schon so gut wie möglich während der Aufnahme vornehmen solltest

DEN ÜBERBLICK BEHALTEN

Wenn du jederzeit den Überblick über deine Einstellungen im i-Menü haben möchtest, kannst du die Monitoransicht „Informationsanzeige" wählen.

Das i-Menü individuell belegen

Nach den Grundeinstellungen kommen wir nun dazu, wie du dein i-Menü individuell belegen kannst. Das Wichtigste: Ändere in deinem i-Menü nicht alle Punkte auf einmal, sondern nimm dir für die Konfiguration etwas Zeit. Wenn du merkst, dass du eine Einstellung aus dem i-Menü selten oder gar nicht verwendest, kannst du sie mit einer Funktion belegen, die du häufiger benutzen willst. Ich z. B. brauche den Punkt *Wi-Fi-Verbindung* nicht so häufig und habe dafür lieber *SL Stille Auslösung* ins i-Menü gelegt. Auch den Belichtungsverzögerungsmodus *DLY* nutze ich häufig bei der Arbeit vom Stativ, um die Kamera verwacklungsfrei auszulösen. Der Vorteil gegenüber dem Selbstauslöser ist, dass das DLY dauerhaft aktiv bleibt, bis ich es deaktiviere.

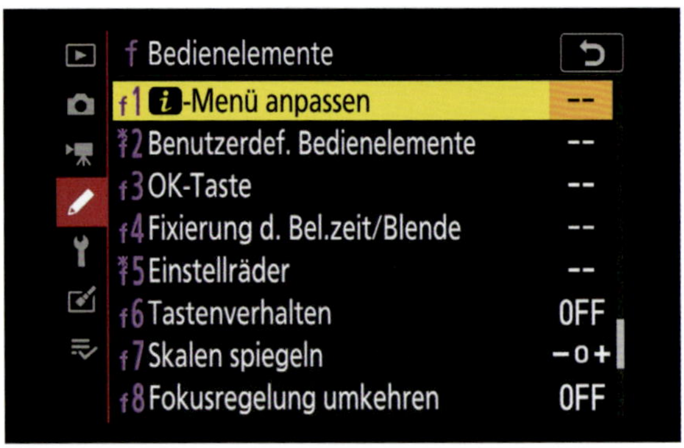

Unter diesem Menüpunkt kannst du dein i-Menü ganz individuell mit deinen Lieblingsfunktionen belegen

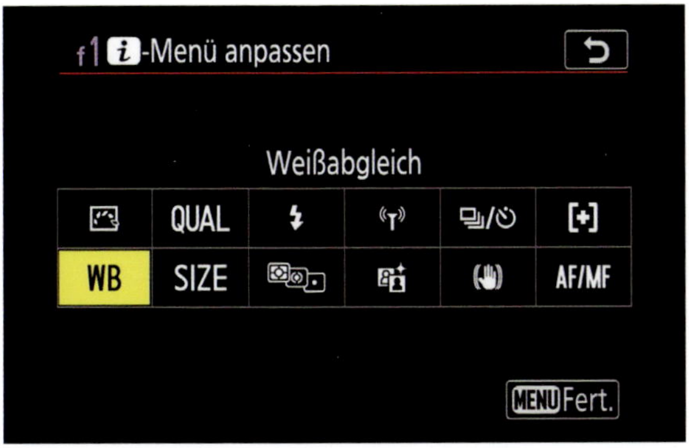

Das Feld, das du ändern möchtest, wird im Menü der Kamera farbig markiert

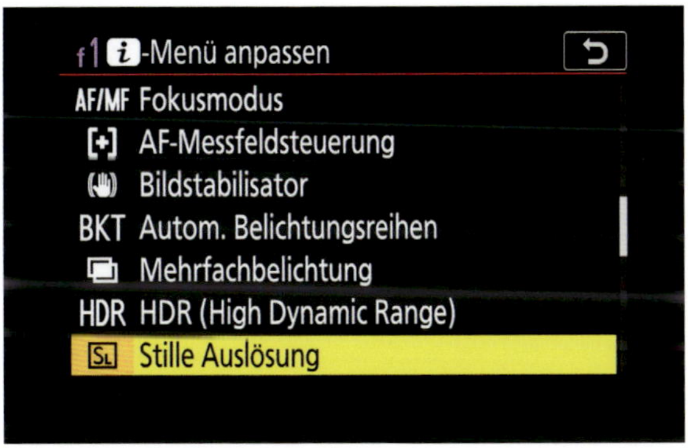

Du kannst aus den vielen Optionen die für dich passende auswählen

EXTRA I-MENÜ FÜR VIDEO

Für alle Videofilmer sehr interessant: Du kannst ein gesondertes i-Menü mit deinen zwölf wichtigsten Videofunktionen erstellen. Diese Einstellung findest du im Individualfunktionen-Menü im Untermenü *Video*. Zum Beispiel sind hier der Pegel für das Mikrofon oder die Einstellung für die Bildgröße und Bildrate wichtig. Weitere Tipps für bessere Videoaufnahmen bekommst du im Kapitel „Filmen mit der Nikon Z".

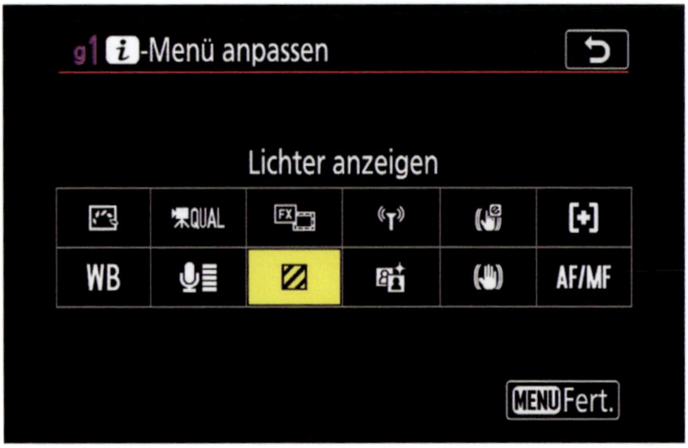

Ein Beispiel für eine sinnvolle Videoeinstellung des i-Menüs

Die Tastenbelegung

Deine Nikon Z verfügt über eine Menge Tasten. Viele davon kannst du frei nach deinen Wünschen belegen. Das ist ein Riesenvorteil, denn jeder Mensch ist anders und dir sind vielleicht andere Funktionen wichtiger als die vorprogrammierten. In diesem Abschnitt zeige ich dir verschiedene Möglichkeiten und gebe Empfehlungen, die du ganz individuell an deine eigenen Bedürfnisse anpassen kannst. Hauptsache, du nutzt dieses coole Feature, denn so kannst du beim Fotografieren schneller und effektiver Einstellungen verändern und auf Unvorhersehbares reagieren.

Ich habe z. B. die Motivverfolgung auf die Fn1-Taste gelegt, da ich sie so viel ergonomischer aufrufen kann als in der Grundeinstellung über die OK-Taste. Auch der Fokusring an den Nikon Z-Objektiven kann individuell belegt werden. Vielleicht möchtest du mit ihm den Blendenwert einstellen oder die Belichtungskorrektur vornehmen. Wenn dein Z-Objektiv einen zusätzlichen Funktionsring besitzt, belegst du stattdessen diesen mit individuellen Funktionen.

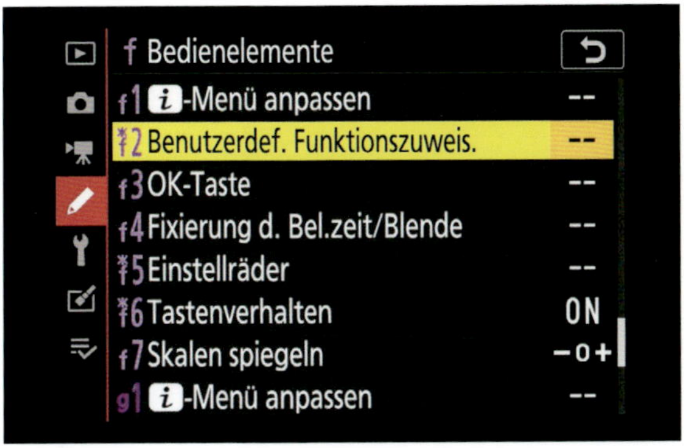

Im Menü deiner Kamera findest du den Punkt „Benutzerdefinierte Funktionszuweisung". Bei den Z-Kameras aus Generation II heißt der Punkt „Benutzerdefinierte Bedienelemente".

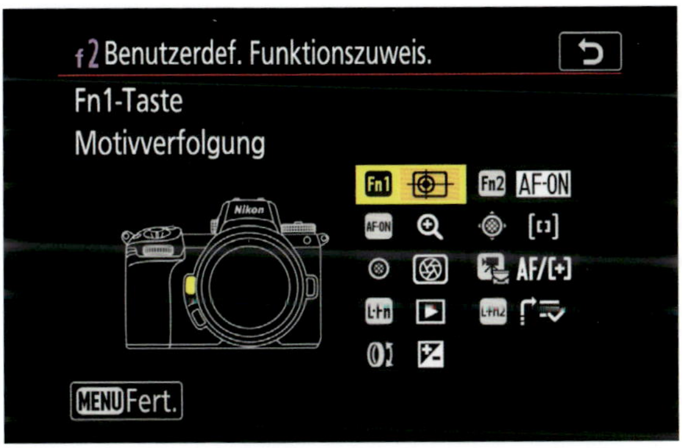

Das Menü zeigt dir eine Ansicht deiner Kamera, sodass du direkt weißt, welche Taste du programmieren kannst

Bei manchen Tasten, etwa der OK-Taste, kannst du unter einem eigenen Menüpunkt eine Funktion anpassen. Die OK-Taste kann so unterschiedliche Funktionen übernehmen, je nachdem ob du gerade fotografierst, filmst oder in der Wiedergabe Bilder anschaust. Auch die Einstellräder kannst du sehr genau programmieren.

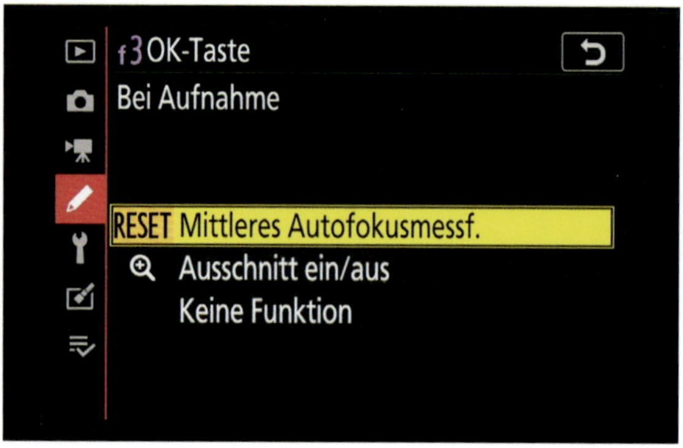

Wenn du die Funktion „Mittleres AF-Messfeld" auf die OK-Taste legst, kannst du ganz schnell, sogar ohne hinzuschauen, den Fokuspunkt in die Mitte setzen

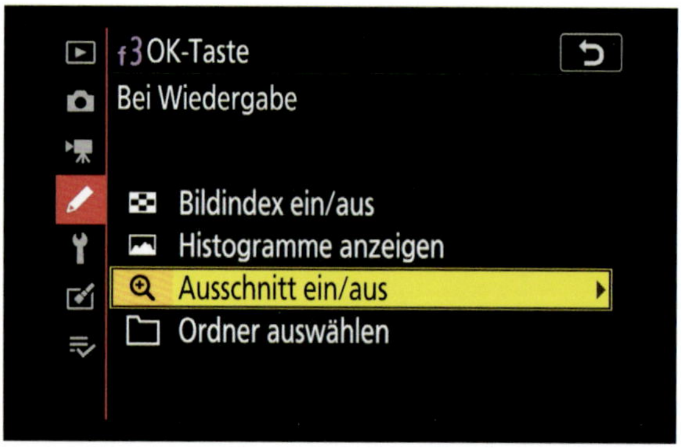

Durch einen Druck auf die OK-Taste in der Wiedergabe springt die Vergrößerung direkt an den Punkt, wo das AF-Messfeld sitzt. Diese Funktion ist für die Wiedergabe am sinnvollsten, da du sofort weißt, ob die Aufnahme gelungen ist. Der Vergrößerungsfaktor sollte am besten auf 100 % eingestellt werden.

Weitere Möglichkeiten, deine Einstellräder individuell zu nutzen, findest du im Abschnitt „Individualfunktionen-Menü".

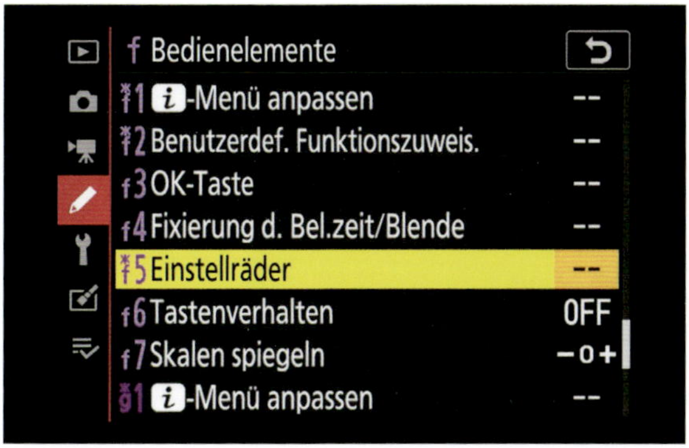

Die Einstellräder lassen sich ganz fein und sehr umfangreich konfigurieren, was die Bedienung deiner Nikon Z für dich maßgeschneidert macht

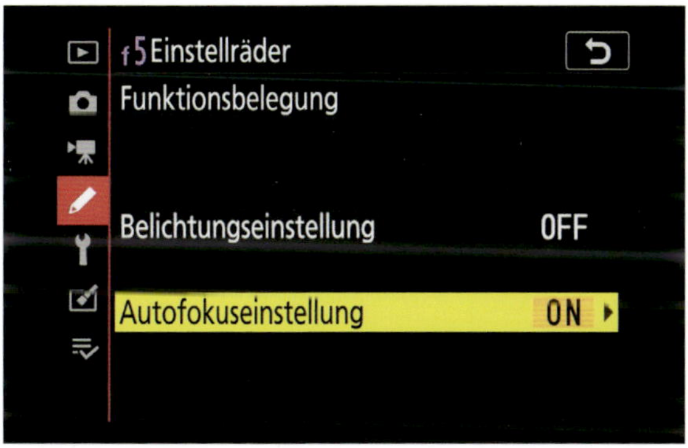

Hier kannst du die Einstellräder in ihrer Funktion tauschen. Das geht sogar nur für die Autofokussteuerung: Dann verstellt das vordere Rad den Fokusmodus, das hintere die Messfeldsteuerung.

In der Grundeinstellung verstellt das hintere Einstellrad beim Fotografieren die Verschlusszeit und das vordere die Blende. Hier kannst du das über *Belichtungseinstellung* vertauschen, wenn es dir lieber ist.

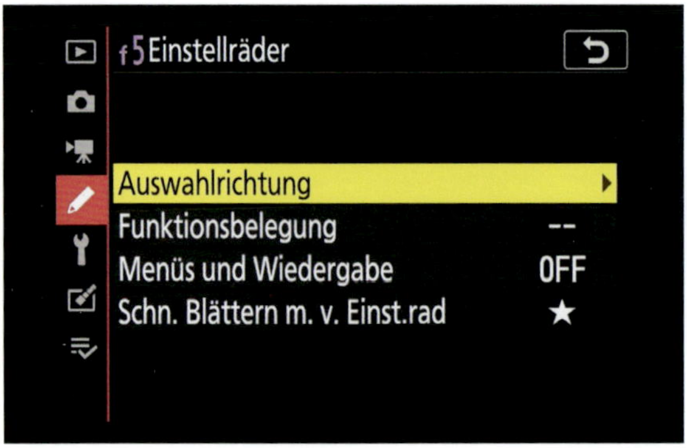

Auch über die Drehrichtung der Einstellräder ließe sich streiten. Bei deiner Nikon musst du dich nicht anpassen: Sie passt sich an deine Gewohnheiten an.

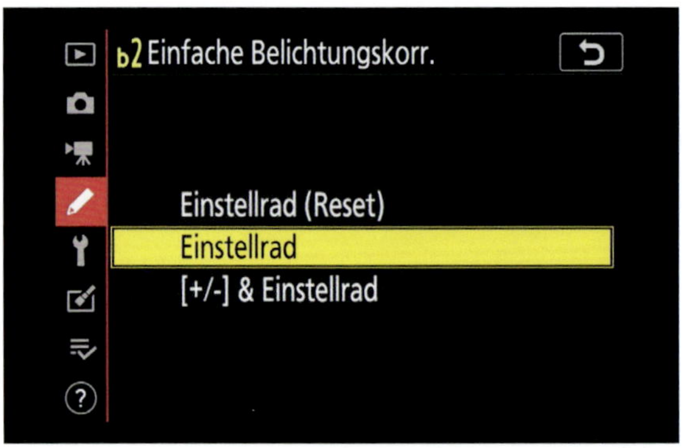

Wenn du häufig Belichtungskorrekturen machst, kannst du diese auch nur mit dem freien Einstellrad vornehmen. Du findest diesen Punkt unter „Belichtung" im Individualfunktionen-Menü.

Eine sehr praktische Funktion ist auch, die Belichtungskorrektur einfach mit dem Einstellrad vorzunehmen, das du gerade nicht brauchst, weil du im A-, S- oder P-Modus bist. Die Helligkeit deiner Fotos zu verändern ist eine sehr wichtige Einstellung für deine Fotos und auch Videos, etwa um während einer Bildserie schnell die Belichtung zu ändern.

Wenn dir das zusätzliche Drücken der Belichtungskorrekturtaste zu umständlich ist, kannst du im Individualfunktionen-Menü unter dem Überpunkt *Belichtung* den Punkt *Einfache Belichtungskorrektur* auf *Einstellrad* oder *Einstellrad (Reset)* stellen. Bei Letzterem wird die Korrektur nach dem Ausschalten der Kamera wieder auf null zurückgesetzt. Der unterste Menüpunkt ist die Standardeinstellung.

TASTENBELEGUNG FÜRS FILMEN

Im Individualfunktionen-Menü kannst du im Video-Menü eine eigene Belegung für die Bedienelemente vornehmen. So ist hier die Belichtungskorrektur direkt über den Fokusring am Objektiv sehr sinnvoll, da er keine Geräusche produziert, die dein Mikrofon aufzeichnen könnte. Wer viel filmt, kann hier auch den Fotoauslöser zum Aufnehmen nutzen.

Die benutzerdefinierten Programme U1, U2, U3

Neben der Tastenbelegung gibt es oben auf dem Moduswahlrad noch drei Speicherplätze für individuelle Fotografie- und Videoprogramme. Diese benutzerdefinierten Programme nennen sich U1, U2 und U3 (User Settings). Das bedeutet, du kannst z. B. ein Programm für Sport- und Actionaufnahmen erstellen. Dann sind alle Parameter, z. B. Verschlusszeit, ISO-Empfindlichkeit oder ISO-Automatik, Tastenbelegungen und der richtige Modus für die Bildstabilisierung, der Autofokusmodus und noch ganz vieles mehr schon richtig eingestellt und du kannst gleich loslegen. Genauso kannst du dir auf ein anderes Setting die richtigen Einstellungen für Hochzeits- oder Landschaftsfotografie legen oder was du sonst gern fotografierst. Für jedes der drei User Settings kannst du außerdem unterschiedliche Belegungen für die Foto- und Filmaufnahmen einstellen.

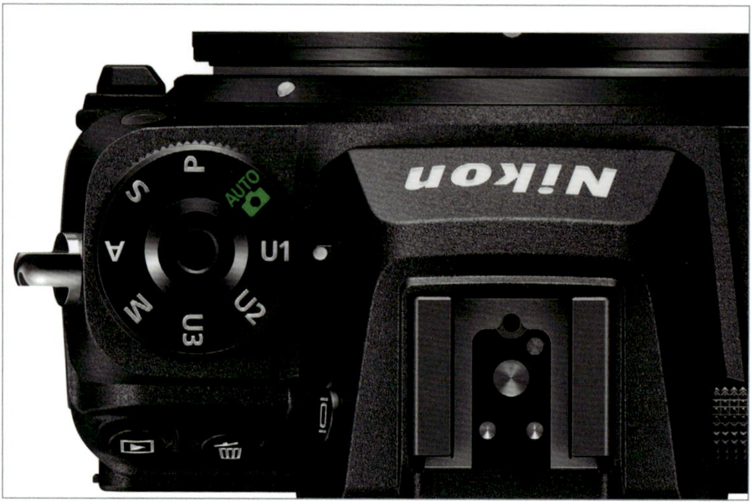

Das Moduswahlrad im benutzerdefinierten Setting U1

Das Konfigurieren der User Settings ist ganz einfach. Nehmen wir an, du willst ein Landschafts-Set-up auf U1 programmieren, dann stellst du auf dem Moduswahlrad zuerst das richtige Belichtungsprogramm ein. Das wäre A (Blendenpriorität) oder M (manuelle Belichtungseinstellung). So sorgst du dafür, dass du die Tiefenschärfe einstellen kannst und damit den Blick des Betrachters leitest. Bei M kontrollierst du zudem noch die Verschlusszeit.

Dann setzt du zusätzliche Einstellungen im i-Menü, ein kleines Fokusmessfeld wie den Nadelspitzen-AF oder das Einzelfeld und als Fokusmodus AF-S.

Jetzt willst du die Farbigkeit und den Kontrast anpassen und setzt die Picture-Control-Einstellung auf *Landschaft* oder eine Creative-Picture-Control-Variante wie *Sonntag*.

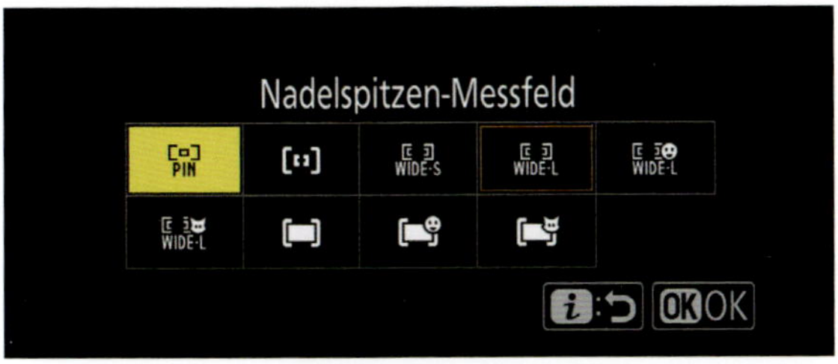

Das Nadelspitzen-Messfeld auswählen

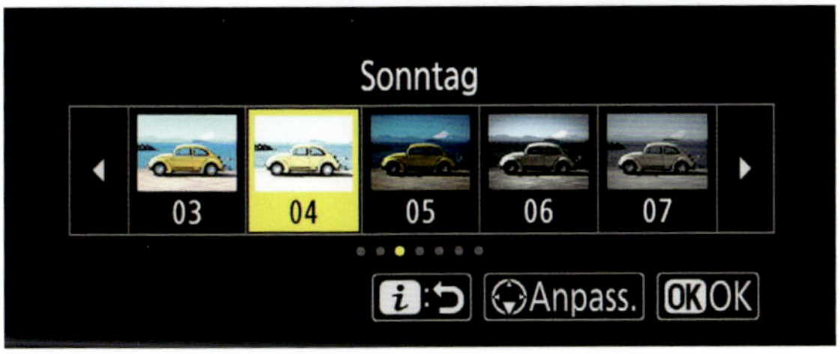

Mit einem Druck der Wippe nach unten kommst du in die Feineinstellungen und kannst die Picture Control weiter nach deinen Wünschen anpassen

Gleiches kannst du mit dem Weißabgleich und anderen Einstellungen machen. Wichtig wäre noch, die ISO-Automatik auszuschalten und einen niedrigen Wert wie ISO 100 einzustellen, da du Landschaften sicher häufiger mit einem Stativ fotografierst.

Nun speicherst du deine Einstellungen ab: Im Menü deiner Nikon Z gehst du im System-Menü direkt auf den zweiten Punkt *User Settings speichern* und wählst *Unter U1 speichern* aus.

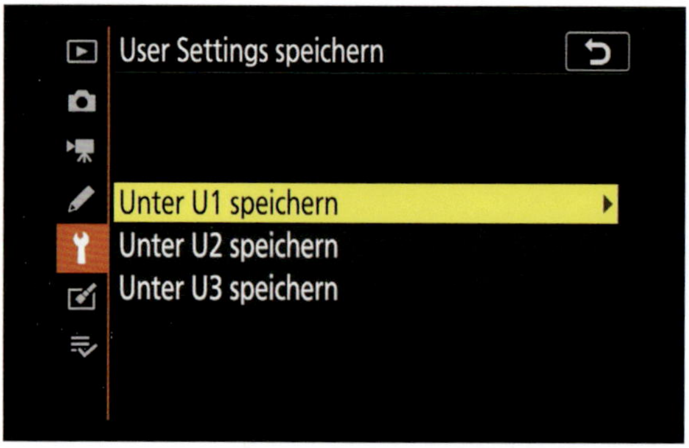

Hier werden deine aktuellen Einstellungen gespeichert

Während du in einem User Setting fotografierst, kannst du natürlich Einstellungen nach Belieben verändern. Schaltest du die Kamera aber aus, ist sie beim nächsten Benutzen wieder genauso eingestellt wie zum Zeitpunkt des Speicherns im System-Menü.

Doch damit sind die Möglichkeiten der User Settings noch nicht ausgereizt. Du kannst auch deine Tastenbelegungen anpassen und Funktionen in dein i-Menü legen, die du hier besonders wichtig findest. Zum Beispiel könnte die Einstellung für den Bildstabilisator hier wichtig sein, da du ihn bei Verwendung eines Stativs besser abschaltest. Außerdem können HDR-Aufnahmen und Intervallaufnahmen ein großartiges Feature für Landschaftsaufnahmen sein. In den anderen User Settings oder den Programmen P, S, A, M oder AUTO können natürlich wieder andere i-Menü- und Tastenbelegungssets gespeichert werden.

Möchtest du Settings für das Filmen festlegen, stellst du einfach den Kippschalter rechts neben dem Sucher auf das Filmkamerasymbol und nimmst hier deine Einstellungen vor. Bei Tieraufnahmen können etwa Zeitlupen sehr effektvoll sein und du benötigst vielleicht eher den AF-C statt des dauerhaft arbeitenden AF-F.

Um deine Filmeinstellungen zu speichern, rufst du wieder im System-Menü den Punkt *User Setting speichern* auf und wählst das gewünschte Setting aus. Wichtig: Du musst in dem Moment im Filmmodus deiner Kamera sein. So kannst du je drei ganz eigene Foto- und Filmkonfigurationen speichern.

ÄNDERN UND HINZUFÜGEN VON EINSTELLUNGEN

Wenn du während der Arbeit mit deiner Kamera merkst, dass es noch Einstellungen zu verbessern gibt, ist dies ganz einfach. Um beim Beispiel Landschaftsfotografie für U1 zu bleiben, nimmst du einfach weitere Feineinstellungen vor, wie z. B. das Aktivieren des *Konturfilters* als Hilfe für den manuellen Fokus beim Fotografieren, oder du nutzt *Lichter anzeigen* für ein besseres Einschätzen der Belichtung beim Filmen und speicherst alles wieder im System-Menü unter *User Setting speichern*.

FOTOGRAFIEREN MIT DER NIKON Z

Du hast deine Nikon Z aus der Verpackung genommen und willst am liebsten sofort den Akku einlegen und loslegen? Damit das nicht zu vielen Fragezeichen und frustrierenden Erfahrungen führt, bekommst du hier die wichtigsten Hinweise für die ersten Schritte mit deiner Kamera.

Erste Schritte

Bevor du loslegen kannst, benötigst du natürlich einen geladenen Akku. Sicherlich ist etwas Energie drauf, wenn du ihn neu auspackst, aber sie wird nicht lange halten. Vor der ersten Benutzung ist es auch besser, ihn nicht halb geladen zu verwenden. Also gib der Lebensdauer deines Akkus gleich die richtige Richtung und lade ihn vor der Erstbenutzung einmal komplett auf.

Jeder Akku ist irgendwann mal leer – damit das nicht gerade dann passiert, wenn du das eindrucksvollste deiner Urlaubsmotive ablichten willst oder dein Kind gerade die ersten Schritte macht, hier schon der Hinweis auf den obligatorischen Ersatzakku. Er zahlt sich aus – immer!

POWERBANK

Für alle Sparfüchse und Dauerfilmer ein Hinweis: Du kannst den Akku der Z 6- und Z 7-Reihe auch mit einer Powerbank oder über den USB-Anschluss laden. Aber nicht nur das, die Kameras der zweiten Generation kannst du so auch dauerhaft mit Energie versorgen, während du fotografierst oder filmst.

Das Moduswahlrad

Deine Nikon Z kann so viel, da wäre es schade, immer nur im Automatikmodus zu fotografieren. Weit mehr Spielraum ermöglichen dir die Belichtungsmodi P, S, A und M. Den sicheren Umgang mit ihnen lernst du im Folgenden. Damit du alle Einstellungen in diesem Kapitel schon jetzt vornehmen kannst, solltest du spätestens jetzt den AUTO-Modus verlassen.

Bildqualität und Bildgröße

Zu Beginn bist du mit dem JPEG-Format immer auf der sicheren Seite, wenn du viele Fotos auf der Speicherkarte unterbringen und sie direkt benutzen willst, ohne viel Bildbearbeitung am Computer zu machen. Es sei aber an dieser Stelle gesagt, dass der JPEG-Standard aus dem Jahr 1994 ist und eine Menge an Bildqualität liegen lässt. Wer das volle Potenzial seiner Kamera nutzen möchte, sollte mit dem RAW-Format, auch NEF genannt, diese Grenze überschreiten.

Das TIFF-Format wird in der Regel nur noch als hochwertiges Endresultat nach einer Bildbearbeitung am Computer genutzt. Es bietet nicht die umfangreichen Möglichkeiten der nachträglichen und verlustfreien Optimierung der Bilder wie das RAW-Format und hat auch weniger Farbtiefe und Dynamik.

Wer aus Platzgründen oder zur einfachen Weitergabe der Fotos an andere zum JPEG greift, kann die Stärke der Zusammenfassung von Bildelementen steuern und damit entweder zur Verkleinerung oder andererseits zur Verbesserung der Bilddateien beitragen. Mit *Fine* oder *Fine** hast du eine sehr hohe Bildqualität mit der Möglichkeit für spätere kleine Korrekturen zur Verfügung. Wer noch mehr Fotos auf die Speicherkarte bekommen will, kann auch zu *Normal** greifen. Alle anderen Qualitätsstufen gehen einen zu starken Kompromiss zugunsten kleiner Dateigröße, aber zulasten der Bildqualität ein.

Es ist auch möglich, das RAW- und JPEG-Format gleichzeitig abzuspeichern. Dann hast du zwei Dateien je Foto auf der Speicherkarte. Hier kannst du frei kombinieren und auch ein JPEG mit weniger Auflösung (*M* oder *S*) wählen, um neben dem RAW nur ein JPEG-Vorschaubild zur schnellen Ansicht zu haben.

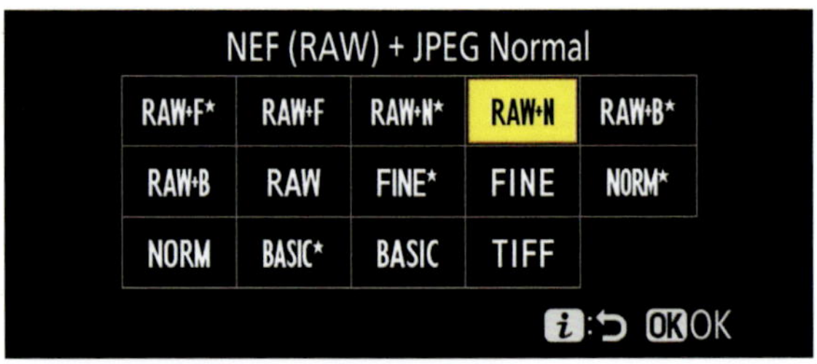

Auswahl des Dateiformats RAW, JPEG, TIFF oder einer Kombination

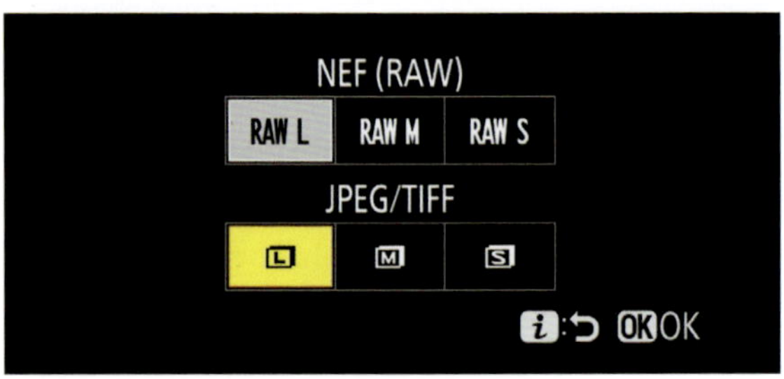

Die Bildgröße kann getrennt für das JPEG-/TIFF- und RAW-Format gewählt werden

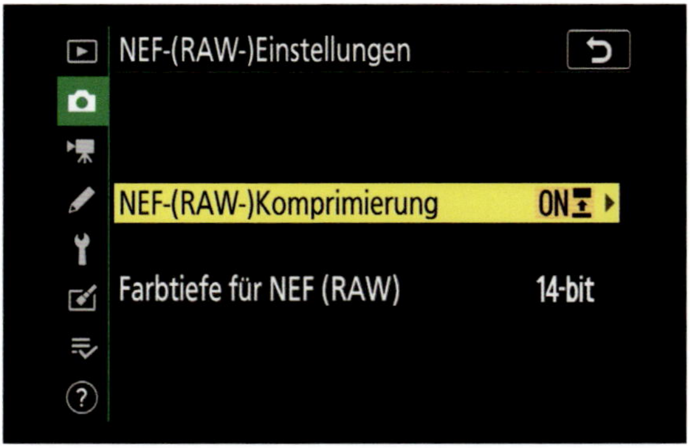

Auch die Qualität der RAW-Aufnahmen kann noch weiter optimiert werden. Klare Empfehlung ist hier: Verlustfrei komprimieren und 14-bit Farbtiefe.

Die ISO-Empfindlichkeit

Die Empfindlichkeit, mit der der Sensor eingestellt wird, ist entscheidend für die Bildqualität. Vor allem Detailreichtum, Farben und die Dynamik deiner Fotos werden davon beeinflusst. Dabei gilt als Faustregel, die ISO so niedrig wie möglich und so hoch wie nötig einzustellen.

Für Fotos von Stillleben, Food, Landschaften oder Architektur stellst du am besten einen festen und niedrigen Wert wie ISO 100 ein. Bei Porträts eignet sich manchmal auch die ISO-Automatik. Versuche hier aber, nicht zu hohe Werte zu nutzen. Bei Events, Actionaufnahmen oder Aufnahmen für Online-Zwecke und kleinere Fotoabzüge funktionieren auch Werte oberhalb der 10000 ISO noch sehr gut. Nutze hier den vollen Spielraum der Empfindlichkeit, die dir die ISO-Automatik bietet.

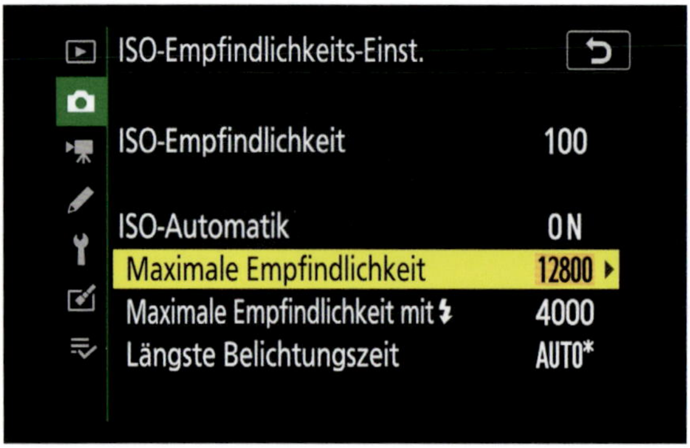

Hier stellst du die ISO-Werte ein oder aktivierst die ISO-Automatik. Du kannst hier auch festlegen, wie hoch der ISO-Wert in der Automatik maximal eingestellt werden darf. Für Aufnahmen mit Blitzlicht kannst du einen gesonderten Wert einstellen.

Damit die ISO-Automatik nicht zu hoch geht und Werte einstellt, bei denen du mit der Bildqualität nicht mehr ganz zufrieden bist, kannst du die Obergrenze auf einen Wert deiner Erfahrung setzen. Die Untergrenze sollte immer auf den tiefsten Wert (100 bzw. 64 ISO) gesetzt werden. Das machst du ganz einfach, indem du die *ISO-Empfindlichkeit* auf diesen Wert einstellst. Als Obergrenze habe ich meistens ISO 12800 eingestellt. Für Sport- und Wildtierfotos stelle ich aber auch den höchsten Wert *Hi 2* ein. So kann ich auch unter schwierigsten Lichtverhältnissen immer noch Fotos machen.

Mit der *Längsten Belichtungszeit* sagst du deiner Kamera, welche Verschlusszeit du mindestens haben möchtest, um scharfe Aufnahmen zu bekommen. Die Kamera erhöht den ISO-Wert immer nur dann und nur so weit wie nötig, wenn diese Zeit nicht mehr erreicht werden kann. Für einen fliegenden Vogel kann das 1/2000 Sekunde sein, für eine Feier mit ausgelassenen Personen 1/250 Sekunde.

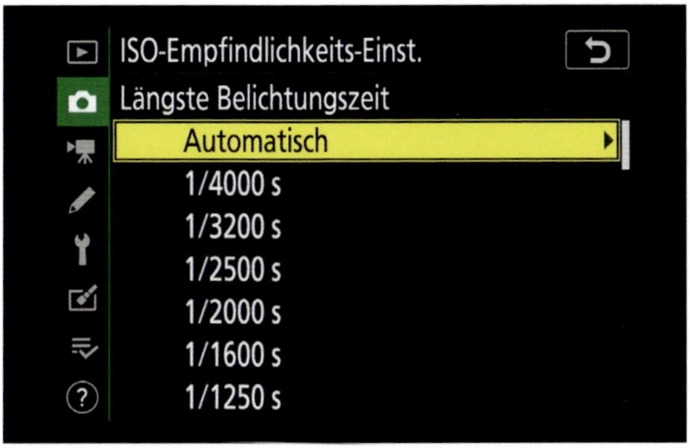

Hier wählst du aus, ab welcher Belichtungszeit die ISO-Automatik die ISO-Werte erhöhen soll. Es gibt auch eine Automatik, bei der die Brennweite des Objektivs berücksichtigt wird.

Soll nur verhindert werden, dass Fotos durch das eigene Verwackeln mit der Kamera unscharf werden, kannst du *Automatisch* wählen. So passt die Kamera die längst mögliche Zeit an die Brennweite deines Objektivs an, bei Zoomobjektiven sogar an die gerade eingestellte Zoomposition. Bei 50 mm ist es 1/50 Sekunde. Wenn du mit der Wippe nach rechts klickst, kannst du noch *Längere Zeiten* oder *Kürzere Zeiten* wählen. Durch den eingebauten Bildstabilisator und eine ruhige Kamerahaltung funktionieren die längeren Zeiten auch sehr gut.

DIE EINSTELLRÄDER FÜR DIE ISO NUTZEN

Wenn du deine ISO-Automatik im Menü nach deinen Vorlieben eingestellt hast, kannst du fortan deine Einstellräder für ISO-Einstellungen nutzen. Mit der ISO-Taste neben dem Auslöser und dem hinteren Einstellrad verstellst du die Werte, mit dem vorderen Einstellrad schaltest du die ISO-Automatik ein und aus.

Sehen wir uns jetzt die ISO-Werte an, damit du ein Gefühl dafür bekommst, welche Werte du wann nutzen solltest, wenn du sie selbst auswählen möchtest. Ganz klar solltest du bei Sonnenschein oder der Verwendung eines Stativs den niedrigsten Wert einstellen. Dieser liegt bei der Nikon Z 6 bei ISO 100. Damit hast du die feinste Detailauflösung (Schärfe), die besten Farbabstufungen (Farbtiefe) und die differenzierteste Abstufung von Helligkeiten (Dynamik).

Die Z 7-Reihe hat eine Besonderheit: Sie verfügt über eine niedrigere Grundempfindlichkeit von ISO 64. Dies ist besonders für die Farbtiefe und die Dynamik ein Plus. Gerade bei der Landschaftsfotografie hast du also noch einen Vorteil mehr als nur die höhere Auflösung des Sensors.

Nun sind die Lichtverhältnisse schnell mal schlechter und ein Stativ ist nicht immer zur Hand. Da braucht man auch tagsüber mal Werte von um die ISO 200. Dies ist für alle Nikon Z-Modelle kein Problem. Einen visuellen Unterschied kann man frühestens ab etwa ISO 800 sehen. Warum also nicht ganz entspannt immer mit solchen Werten fotografieren? Gerade wenn du deine Fotos noch stärker nachbearbeiten und dann auf hochwertigem Papier groß ausdrucken möchtest oder einen guten 4K-Fernseher zum Betrachten nutzen willst, können diese feinen Unterschiede in den Farben und der Dynamik ins Gewicht fallen. Bei großartigen Fotomotiven wäre das schade.

Außerdem fotografierst du ja nicht nur für den Moment, sondern möchtest deine Fotos auch in zehn oder 20 Jahren noch genießen. Wie weit sich dann die Drucktechnik oder auch die Qualität von Monitoren weiterentwickelt hat, lässt sich jetzt noch nicht sagen. Versuche also immer, die möglichst beste Qualität zu erreichen.

Sichtbares Rauschen in Form von unregelmäßigen Mustern in dunklen oder eher detailarmen Bildteilen beginnt bei den Nikon

Z-Vollformatkameras mit sehr kritischem Blick ab Werten von ISO 2000 bis ISO 4000. Je nach Motiv und Beleuchtung (Tageslicht, LED-Scheinwerfer, Halogenlampen oder Leuchtstoffröhren beeinflussen die Bildqualität) fällt das hier aber immer noch nicht auf und die Farbtiefe und die allgemeine Schärfe sind immer noch sehr gut. Außerdem vertragen viele Motive wie Action- oder Konzertfotos auch ein bisschen Bildrauschen.

Ab Werten von etwa ISO 6400 bis 10000 kann man das Rauschen und den Detailverlust schon recht gut erkennen. Bei Werten über 12800 ISO musst du deutlichere Verluste in der Bildqualität hinnehmen. Zuletzt muss aber gesagt werden, dass es hier keine absoluten Werte gibt und du dir am besten selbst ein Bild davon machst, welche ISO-Werte für dich in bestimmten Fotosituationen gute Aufnahmen liefern.

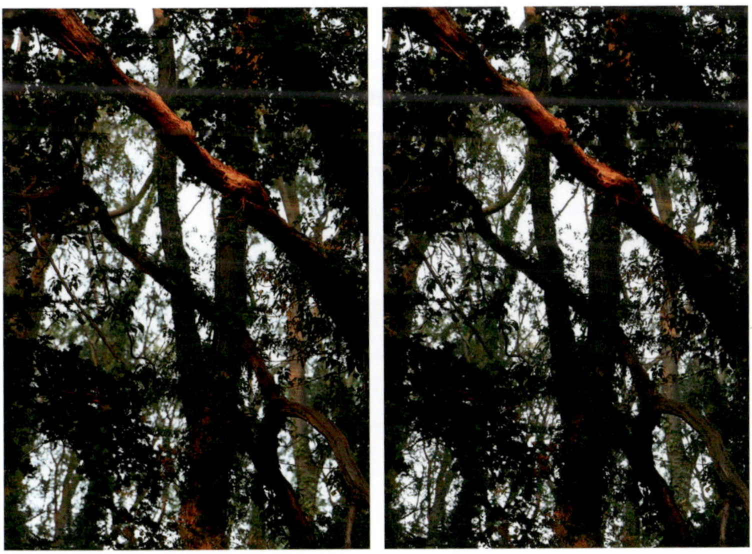

Links kam ISO 6400 zum Einsatz, das Rauschen ist noch gering. Rechts bei der Einstellung Hi2 (entspricht 204800 ISO) ist es unübersehbar.

LO- UND HI-EINSTELLUNGEN

Unterhalb der ISO-Werte von 100 bzw. 64 findest du *Lo 0,3, Lo 0,7* und *Lo 1*. Diese Werte sind Absenkungen der Grundempfindlichkeit des Sensors. *Lo 1* entspricht einer Verringerung der Empfindlichkeit eines Lichtwerts, also einer Halbierung. Somit entspricht *Lo 1* 50 ISO (32 ISO bei der Z 7). Die Bezeichnung *Hi* ist eine Erhöhung des nativen ISO-Bereichs. *Hi 1* ist dann ein Lichtwert mehr, also eine Verdopplung der Empfindlichkeit, also 102400 ISO; *Hi 2* ist 204800 ISO.

Nikon ist traditionell sehr zurückhaltend mit der Angabe von ISO-Werten oberhalb oder unterhalb des nativen ISO-Bereichs. Daher nennen sie diese Einstellungen *Lo* und *Hi* und mahnen uns dadurch, diese extremen Werte bewusst und nur falls nötig zu verwenden.

Die niedrigen *Lo*-Werte kannst du z. B. benutzen, wenn du eine längere Verschlusszeit nutzen möchtest, weil du dadurch die Bewegung von Wasser verwischt darstellen möchtest. Siehe dazu den Workshop „Sanfte Wellen". Wenn du solche Spielereien öfter machen möchtest, solltest du dir einen ND-Filter, auch Graufilter genannt, zulegen, der auch ohne extra niedrige ISO lange Belichtungszeiten ermöglicht (siehe auch den Abschnitt „Filter").

Die *Hi*-Werte haben starkes Bildrauschen, flachere Farben und weniger Details. Benutzt du solche Werte öfter, kann ein Objektiv mit besserer Lichtstärke hier helfen, solche hohen Werte zu vermeiden.

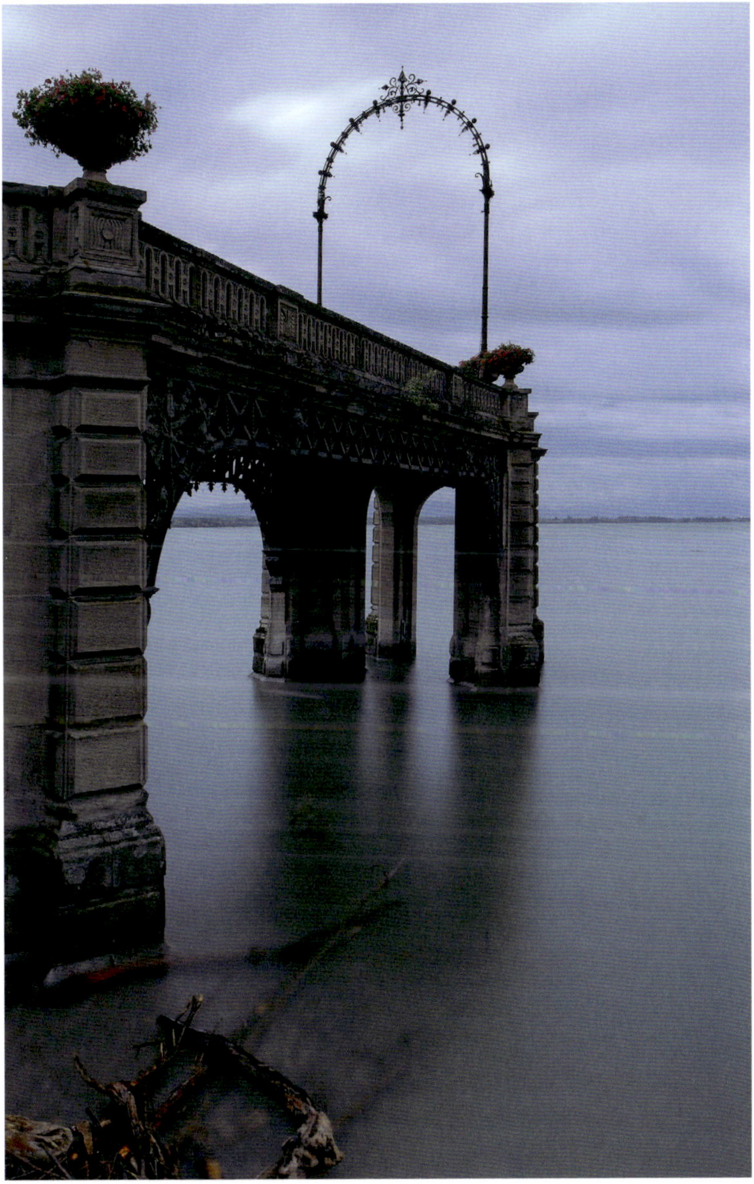

f/8, 30 sek, ISO 100, Zubehör: ND-Filter 3,0. Ein starker ND-Filter ermöglicht auch tagsüber lange Verschlusszeiten. Das Wasser wird ganz glatt dargestellt.

Die Schärfe

Eine Sache, über die du von Anfang an Bescheid wissen solltest, ist die Schärfe bzw. wie du sicherstellst, dass sie dort sitzt, wo du sie auch haben willst. Denn nichts ist ärgerlicher als unscharfe Bilder. Im folgenden Abschnitt geht es um die umfangreichen **Fokusmessfeldsteuerungen** und die **Fokusmodi**.

Die Fokusmessfeldeinstellungen unterscheiden sich leicht zwischen der ersten und der zweiten Generation der Nikon Z-Kameras.

Die Fokusmessfeldsteuerungen

Um der Kamera zu sagen, wo genau sie scharfstellen soll, nutzt du die *AF-Messfeldsteuerung* im i-Menü. Hier gibt es verschiedene Auswahlmöglichkeiten: von einem sehr kleinen Fokusfeld, dem *Nadelspitzen-Messfeld* (*Pinpoint*) über das *Einzelfeld,* zwei *großen Messfeldern (klein* und *groß),* dem *großen Messfeld mit Menschen- oder Tieraugenerkennung* bis zur *automatischen Messfeldsteuerung* mit und ohne Augenerkennung.

Bei der Nikon Z 6II und Z 7II hast du die Möglichkeit, die verschiedenen Augensteuerungen direkt im i-Menü oder per Tastenbedienung aufzurufen. Bei der ersten Generation musst du dazu ins Menü.

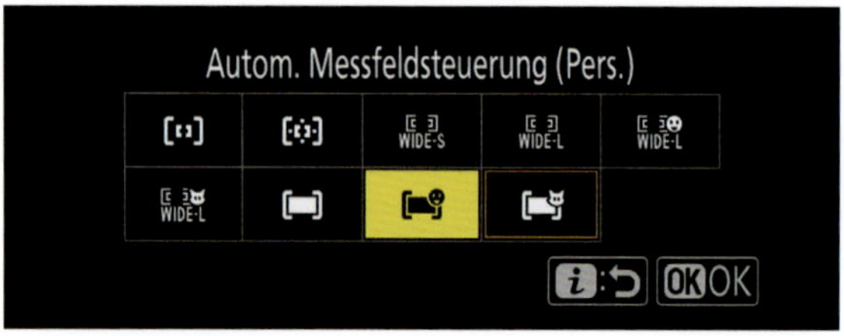

Die AF-Messfeldsteuerung im i-Menü der Nikon Z 6II. Die erste Generation hat hier weniger Optionen, da die Augenerkennung für Mensch und Tier im Menü festgelegt wird.

Bei der *automatischen Messfeldsteuerung* bestimmt die Kamera selbstständig, wo scharfgestellt wird. Das klappt gut, wenn es ein eindeutiges Motiv gibt, das sich gut vom Hintergrund abhebt. Aber es gibt auch Situationen, bei denen die Kamera nicht das Motiv anwählt, das du gern im Fokus haben möchtest. Jetzt gibt es mehrere Möglichkeiten. Entweder aktivierst du per Tastendruck die *Motivverfolgung* (Standard ist hier die OK-Taste auf der Rückseite der Kamera). Dann erscheint ein kleines Rechteck in der Mitte des Monitors oder Suchers. Du kannst nun damit auf dein Motiv zielen oder auch vorher mit der Wippe oder dem Joystick die Position des Rechtecks dorthin verschieben.

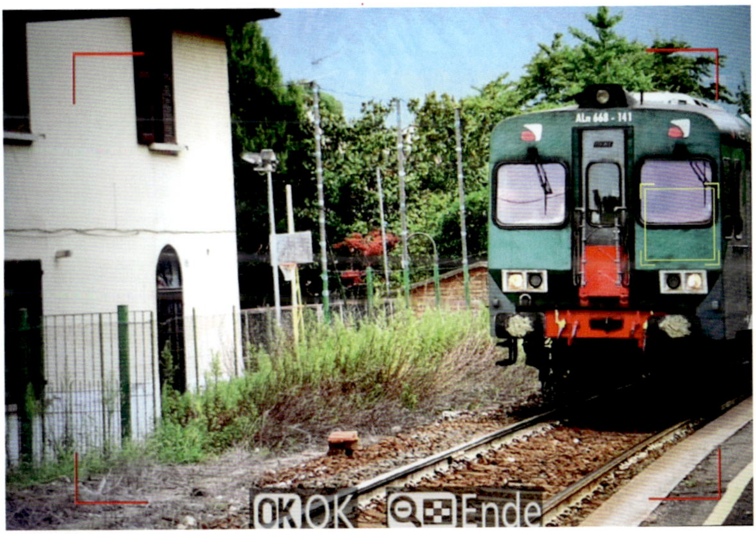

Die Kamera weiß nun, dass der Zug das Motiv ist, erkennt ihn eigenständig mit der Motivverfolgung und stellt ihn scharf

Wenn du schon vor dem Auslösen gut abschätzen kannst, wo dein Motiv sich im Bildausschnitt befindet, ist die *Einzelfeldsteuerung* oder eines der beiden *großen Messfelder* oft intuitiver und du kannst ganz sicher sein, dass die Kamera nichts anderes fokussiert. Die Position steuerst du mit der Wippe, dem Joystick oder per Touch-Funktion, also durch Antippen des Monitors.

Bei sehr detailreichen Motiven und Nah- und Makroaufnahmen ist das *Nadelspitzen-Messfeld* die beste Wahl. Hiermit lassen sich auch kleinste Motivteile ganz genau scharfstellen. Es eignet sich gut z.B. bei der Produkt- und Food-Fotografie.

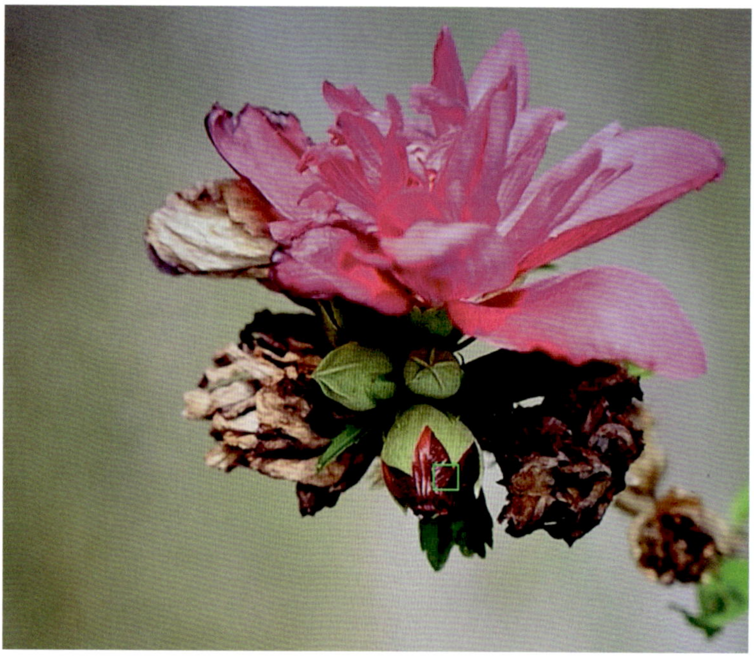

Mit dem Nadelspitzen-Messfeld kannst du ganz genau bestimmen, wo die höchste Schärfe im Bild sein soll

Eine der spannendsten Autofokus-Neuerungen der letzten Jahre ist sicher die *Augenerkennung*. Die Nikon Z-Kameras können nicht nur zuverlässig die Augen von Personen, sondern auch einiger Tierarten automatisch erkennen und darauf scharfstellen. Am besten funktioniert dies bei Katzen und Hunden. Dies gibt Nikon selbst auch offiziell so an.

Bei der ersten Generation der Nikon Z funktioniert die Augenerkennung nur bei der automatischen Messfeldsteuerung. Das stört mich allerdings weniger als erwartet, da ich bei Porträts sowieso am liebsten diese Option wähle. Insgesamt erlaubt die Augenerkennung ein sehr dynamisches und intuitives Fotografieren und du kannst dich viel besser auf die wichtigen Dinge beim Porträtieren konzertieren, z. B. die Kommunikation mit deinem Modell, ob Mensch, Hund oder Katze.

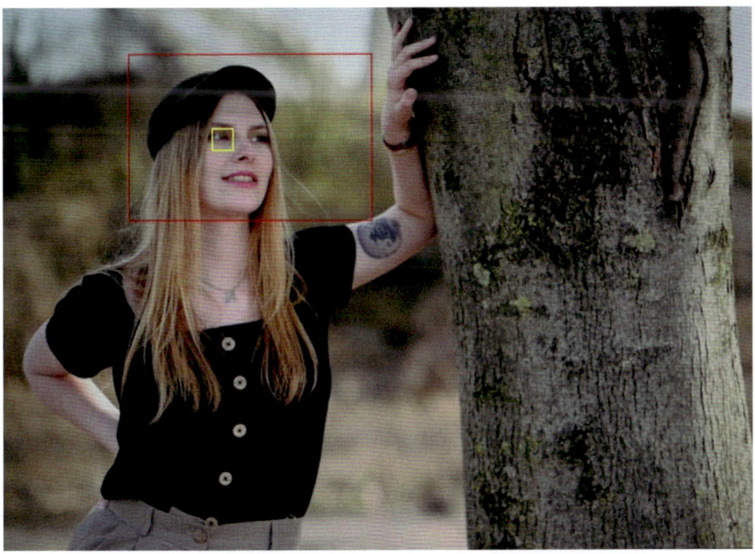

Die Porträtfotografie ist durch die Augenerkennung viel einfacher geworden

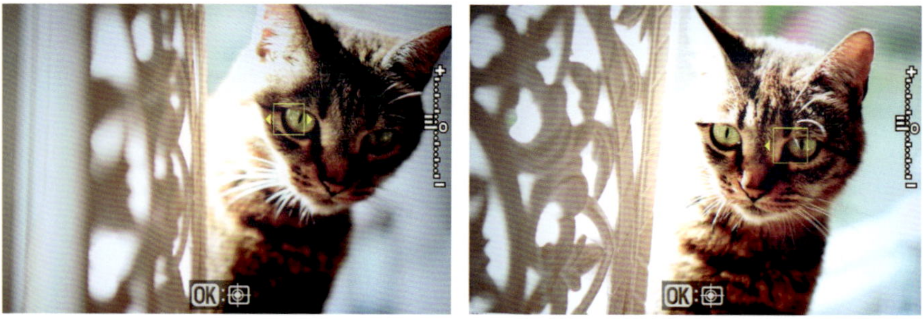

Wenn du mal nicht zufrieden mit der Auswahl des Auges bist, kannst du durch einen Druck der Wippe nach links oder rechts auf das andere Auge fokussieren. Das funktioniert auch, wenn mehrere Menschen oder Tiere im Bild sind.

Am besten probierst du gleich einmal mit den unterschiedlichen Messfeldern aus, etwas scharfzustellen und ein Foto zu machen. So merkst du schnell, welche Messfelder sich wozu am besten eignen und ob du lieber die Touch-Funktion, den Joystick oder die Wippe benutzt. Als Motiv kannst du alles Mögliche nehmen, am besten jedoch zu Beginn etwas, das sich nicht bewegt: eine Vase mit Schnittblumen, eine Spielfigur, einen Obstteller oder deine Lieblingsschuhe – ganz egal was.

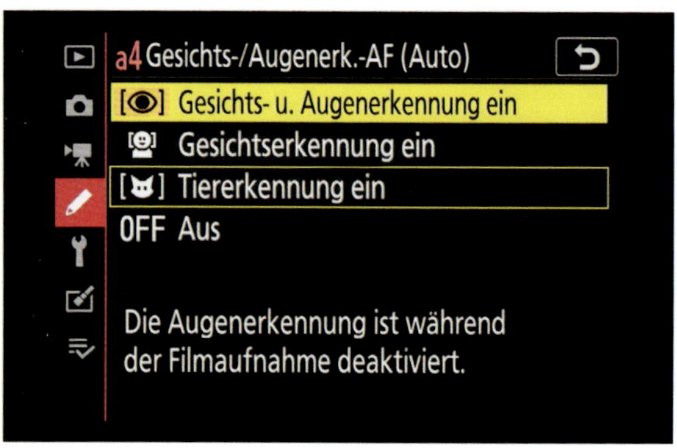

Die Auswahl zwischen Mensch- und Tieraugen-Autofokus bei der Z 6/Z 7

Die Fokusmodi

Du hast mit der AF-Messfeldsteuerung bestimmt, wo die Kamera scharfstellen soll. Nun wählst du mit dem Fokusmodus, wie du scharfstellen möchtest. Fokussieren ist immer eine Kombination dieser beiden Einstellungen. Sieh dir im i-Menü die Liste mit den Fokusmodi an. Du hast die Wahl zwischen *AF-S*, *AF-C* und *MF*.

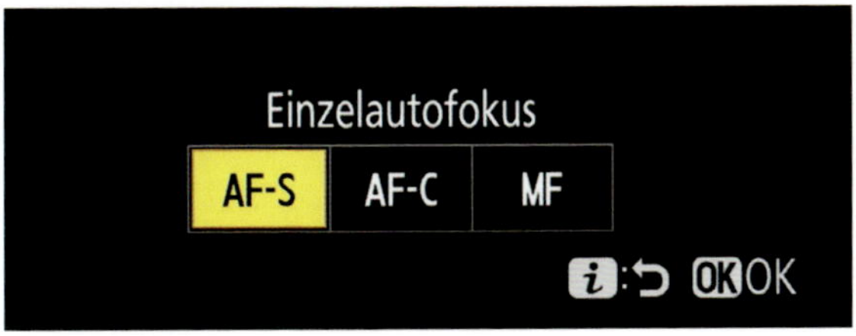

Hier wählst du den Fokusmodus aus

AF-S und AF-C

Wir beginnen mit dem Fokusmodus *AF-S*. Damit noch klarer wird, wie die Kamera im *AF-S* arbeitet, wählst du als AF-Messfeldsteuerung das *Einzelfeld*. Nimm dir wieder dein Lieblingsmotiv vor. Du solltest nah herangehen und bei einem Zoomobjektiv mindestens 35 mm oder besser 50 mm Brennweite einstellen. Jetzt ziele mit dem AF-Messfeld darauf. Tippe den Auslöser an und halte den ersten Druckpunkt des Auslösers gedrückt, ohne ganz durchzudrücken. Das Messfeld leuchtet nun grün.

Jetzt schwenke die Kamera ein bisschen nach links und rechts. Siehst du, dass das Objekt weiterhin scharf ist und der Hintergrund unscharf bleibt? So kannst du also ganz einfach einen interessanteren Bildausschnitt wählen und auslösen, wenn er dir gefällt. Du darfst nur nicht zwischen dem Scharfstellen und dem Fotografieren den Finger vom Auslöser nehmen.

Jetzt stellst du den Fokusmodus auf *AF-C*. Sonst änderst du nichts. Stelle wieder mit dem Auslöser scharf und halte den ersten Druckpunkt. Beim AF-C bleibt das Messfeld rot, auch wenn scharfgestellt ist. Schwenke wieder die Kamera. Nun solltest du einen Unterschied bemerken. Die Schärfe wandert nun auf den Hintergrund, weil dein Objekt nicht mehr an der Position deines Fokusmessfelds ist. Der AF-C, auch Nachführ-AF genannt, hat genau das getan, was er soll. Er hat die Schärfe nachgeführt und die scharfe Ebene liegt nun auf dem Hintergrund, worauf auch dein Fokusfeld zeigt. Die Einstellungen sind also für diese Situation nicht die richtigen.

Stell jetzt noch mal auf dein Objekt scharf und bewege die Kamera mal zurück und wieder vor in Richtung des Objekts. Du kannst auch den Gegenstand vor- und zurückschieben. Achte aber darauf, dass dein Fokusfeld immer auf dem Gegenstand bleibt. Jetzt solltest du sehen, dass das Objekt immer wieder scharfgestellt wird. Diese Situation ist genau die richtige für den Fokusmodus AF-C: Genauso funktioniert es, wenn ein Tier oder eine Person auf dich zukommt oder sich entfernt.

Würden jetzt alle Objekte immer schnurgerade auf dich zulaufen, wäre schon alles getan. Da Menschen, Hunde oder Rennmotorräder aber auch mal Haken schlagen oder Kurven fahren, brauchst du die anderen Fokusfeldsteuerungen wie die großen Messfelder, die du ja auch noch verschieben kannst, oder die Augenerkennung oder die automatische Messfeldsteuerung mit der Motivverfolgung.

SPEZIELLE AF-MESSFELDSTEUERUNGEN FÜR AF-S UND AF-C

Beim AF-S gibt es den *Nadelspitzen-AF* für feinstes Fokussieren, beim AF-C stattdessen die Steuerung *Dynamisch*. Bei dieser sind rings um dein Hauptfeld weitere kleine Hilfsfelder, die versuchen, auf dem Objekt zu bleiben, wenn es sich aus dem Fokus bewegt.

Probiere gleich die anderen AF-Messfeldsteuerungen mit dem AF-C aus. Wenn du das *Große Messfeld (groß)* nimmst, wirst du merken, dass du oder das Objekt sich schon relativ viel bewegen können und das Feld immer noch auf dem Objekt sitzt und es weiterhin scharfgestellt wird. Bei der automatischen Messfeldsteuerung siehst du mehrere Felder, die auf dem Objekt liegen. Wenn du die Kamera bewegst, bleiben sie darauf liegen, auch wenn das Objekt nun weiter am Bildrand ist.

Ist das Objekt für die Kamera nicht gut zu erkennen (z. B. eine einzelne Blüte in einem ganzen Blumenstrauß), kannst du mit der OK-Taste die Motivverfolgung aktivieren. Diese erkennt nun die Farbe und Form und das Objekt wird zuverlässiger verfolgt.

TASTENBELEGUNGEN FÜR AUTOFOKUS-EINSTELLUNGEN

Da du öfter deine AF-Einstellungen ändern wirst, sollten diese eine eigene Taste zugewiesen bekommen. Schau dazu in den Abschnitt „Die Tastenbelegung". Am besten eignet sich eine der Fn-Tasten vorn am Gehäuse oder die Video-Start-Taste. Mit den beiden Einstellrädern änderst du dann blitzschnell die Fokusmodi und die AF-Messfeldsteuerungen.

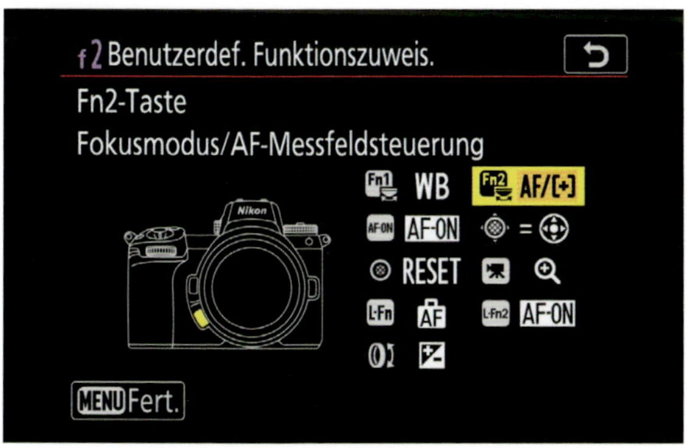

Im Individualfunktionen-Menü kannst du eine Tastenbelegung für die AF-Einstellungen vornehmen

MF – manuelles Fokussieren

Es klingt fast paradox: Warum sollte man mit so einer modernen Kamera wie einer Nikon Z überhaupt manuell scharfstellen? Genau weil sie so modern ist und man im Vergleich zu einer Spiegelreflex einfacher manuell fokussieren kann. Mit dem Sucher oder dem Monitor hilft sie dir mit verschiedenen Ansichtshilfen.

Wähle den Fokusmodus *MF* aus und dreh am Fokusring deines Objektivs. Wenn du ein original Nikon Z-Objektiv verwendest, wird das Messfeld grün, wenn an seiner Position exakt scharfgestellt ist. Diese Hilfe ist schon zwar sehr genau, lässt sich aber auch schnell übersehen und funktioniert nicht, wenn Objektive mit F-Bajonett über den Adapter angeschlossen werden (siehe „Objektive“).

Deine Kamera bietet dir aber auch noch zwei weitere Hilfen: Du kannst mit der Lupentaste „+“ in die Live-View-Ansicht hineinvergrößern, und die Kamera kann die Bereiche, die scharfgestellt sind, farbig markieren.

Die Lupenfunktion kann auch auf eine Taste gelegt werden. Die Kamera vergrößert dann den Bereich, auf dem das Fokusmessfeld liegt. Es ist also möglich, das wichtige Detail bei einer Nahaufnahme anzuwählen und beim manuellen Fokussieren dann genau zu erkennen, wann das Detail perfekt scharf ist.

Die farbige Markierung wird *Konturfilter* genannt und lässt sich im Menü aktivieren. Hier kannst du die Farbe und den Pegel einstellen, damit die Hervorhebung der scharfen Bereiche gut und schnell zu erkennen ist.

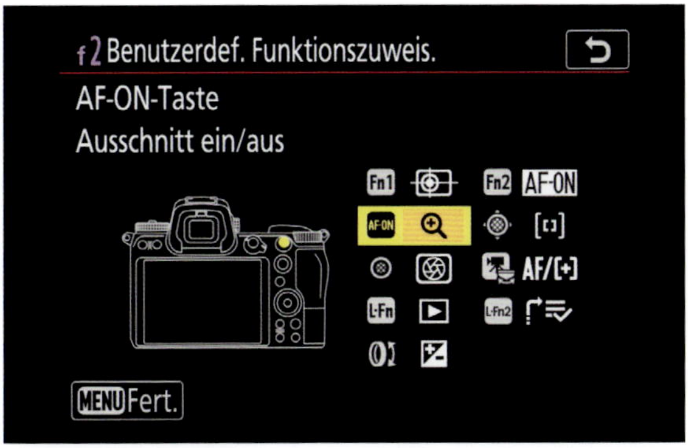

Die AF-ON-Taste belegt mit der Lupenfunktion

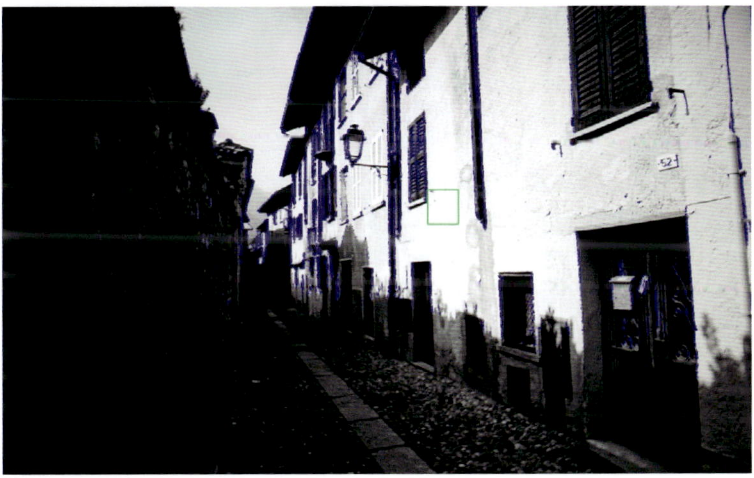

Der Konturfilter, auch Fokus-Peaking genannt, zeigt die scharfen Bereiche

Du kannst aus Rot, Gelb, Blau und Weiß wählen. Rot wäre z. B. in einem herbstlichen Laubwald nicht so auffällig, daher auch die anderen Optionen. Ich verwende diese Hilfe gern bei manuellen Objektiven. Mit ein bisschen Übung ist man hier schnell genug für Porträts oder Street-Fotos. Die Lupenfunktion eignet sich vor allem bei Sachaufnahmen und wenn du mit einem Stativ fotografierst.

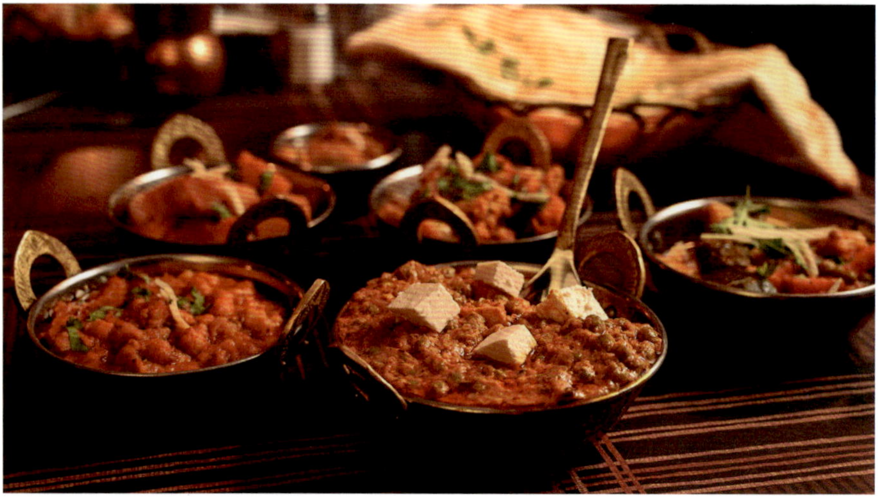

Auch kleinste Details werden mit der Lupe perfekt scharfgestellt

JEDERZEIT MANUELL FOKUSSIEREN

Du kannst mit deiner Nikon jederzeit manuell fokussieren, ohne etwas an der Kamera oder dem Objektiv umstellen zu müssen. Sowohl die Nikon Z- als auch die Nikon AF-S-Objektive, die über den Adapter angeschlossen werden, reagieren, sobald du den manuellen Fokusring drehst. Das ist bei Sport- und Tieraufnahmen ein Vorteil, wenn der Autofokus sich an einem Hindernis wie einem Zaun oder einer dreckigen Glasscheibe im Zoo festbeißt.

Der Back-Button-Autofokus

Vielleicht hast du den Begriff schon mal gehört. Der Back-Button-Autofokus ist eine besondere Einstellung, um beim Fotografieren den Autofokus nur bei Bedarf zu nutzen. Dafür wird eine Taste (gewöhnlich die AF-ON-Taste auf der Rückseite der Kamera) mit der Aktivierung des Autofokus belegt und andererseits der Autofokus mit dem Auslöser deaktiviert. Als Fokusmodus nutzt man dann den kontinuierlichen *AF-C*. Jetzt kannst du jederzeit fotografieren, ob scharfgestellt wurde oder nicht.

Um zu fokussieren, drückst du die AF-ON-Taste einmal und löst dann aus. Möchtest du ein bewegtes Motiv dauerhaft scharfstellen, hältst du die AF-ON-Taste gedrückt und löst währenddessen aus. So kannst du ganz einfach zwischen den verschiedenen Fokusarten *AF-S* und *AF-C* wechseln. Und sogar den manuellen Fokus hast du so immer direkt zur Hand. Und das Ganze nur, indem du die Taste für den Fokus entweder einmalig (*AF-S*) oder dauerhaft drückst (*AF-C*) oder gar nicht drückst (*MF*) sondern stattdessen am Fokusring deines Objektivs drehst.

Diese Möglichkeit, blitzschnell zwischen den Fokusmodi wechseln zu können, ist ein Luxus. Wenn du ergonomisch nicht damit zurechtkommst, dafür den Daumen auf der AF-ON-Taste (Back-Button) zu benutzen und immer wieder Momente beim Fotografieren verpasst, da du nicht schnell genug auf die Taste drückst, kannst du diese Funktion auch auf eine der vorderen Fn1- oder Fn2-Tasten legen. Diese haben ähnlich wie der Auslöser einen sehr fein dosierbaren Druckpunkt und du kannst sie mit dem Mittel- oder Ringfinger benutzen. Ich finde diese Methode viel intuitiver und nutze in fast allen Situationen diese Art des Fokussierens – quasi den Front-Button-Autofokus!

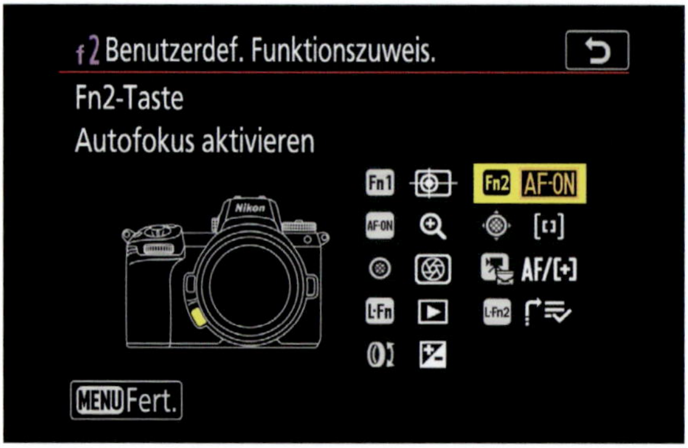

Hier belegst du eine der beiden Fn-Tasten mit der Funktion AF-ON

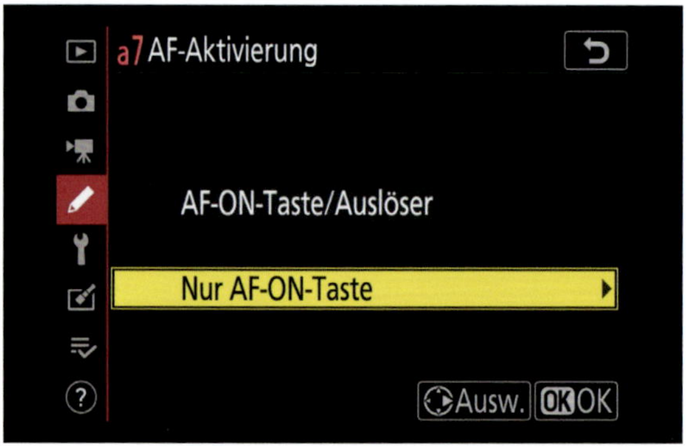

Um die alternative Fokussierart zu nutzen, stellst du hier auf OFF. Nun wird nur noch mit der vorher festgelegten Taste scharfgestellt.

Dadurch, dass nun die AF-ON-Taste frei ist, kannst du eine andere Funktion darauflegen. Hier bietet sich der Ausschnitt (Lupenfunktion) für den manuellen Fokus an.

Die Belichtung

Vielleicht fotografierst du bisher vorwiegend im Automatikmodus oder hast an deinen bisherigen Kameras Scene-Programme für besondere Fotos genutzt. Aber es gibt keine fotografische Anforderung, die nicht auch mit den klassischen Programmen P, S, A und M gemeistert werden kann. Damit du einen guten Überblick bekommst, wann du welches Programm am besten einsetzt, nimmst du dir für diesen Abschnitt am besten ein Objekt deiner Wahl zur Hand, z. B. eine Spielfigur, ein Spielzeugauto oder einen Blumenstrauß.

Modus P: Programmautomatik

Die Programmautomatik kommt dem Automatikmodus noch am nächsten. Aber du kannst schon alle Parameter im i-Menü und auch im Hauptmenü einstellen, die bei AUTO noch grau unterlegt und nicht zu ändern sind.

Die Kamera wählt bei P eine Verschlusszeit- und Blendenkombination aus, die nach technischen Gesichtspunkten sinnvoll ist. Das heißt, die Verwacklungsgefahr für normale und eher ruhige Motive ist gering und die Tiefenschärfe liegt im mittleren Bereich. Wenn du eine andere Kombination haben möchtest, z. B. mit mehr Tiefenschärfe, kannst du am hinteren Einstellrad drehen. Dann wird deine Blendenzahl größer (die Blendenöffnung wird kleiner) und deine Verschlusszeit wird länger (bei aktivierter ISO-Automatik kann auch die ISO-Empfindlichkeit leicht variieren). Drehst du in die andere Richtung, ändern sich die Werte ebenso in die andere Richtung.

Wenn die Lichtverhältnisse sich aber deutlich ändern, wenn du z. B. tagsüber ein Gebäude betrittst, ändern sich die Zeit und Blendenwerte wieder. Das ist ein Vor- und Nachteil zugleich. Die Kamera schützt dich davor, dass du im Innenraum mit weit geschlossener Blende fotografierst, indem sie sie wieder öffnet, du hast aber auch nicht die volle Kontrolle über den Blendenwert und daher ändert sich der Look deiner Fotos durch die Tiefenschärfe.

Einstellungen zum Üben bei ruhigem Motiv

Geh am besten nach draußen oder nah ans Fenster oder auf den Balkon, damit du mehr Licht zum Ausprobieren hast.

1. Mach ein Foto eines Objekts, bei dem auch viel Hintergrund im Bild zu sehen ist.
2. Dreh nun dein hinteres Einstellrad ein paar Klicks nach links. Dein Blendenwert (die „F-Zahl") wird kleiner und deine Verschlusszeit wahrscheinlich kürzer. Mach auch hier ein Foto. Sollten sich keine Werte ändern, ist es so dunkel, dass die Kamera keine große Veränderung zum vorherigen Bild einstellen kann.
3. Jetzt dreh dein Einstellrad weit nach rechts. Die Werte verschieben sich in die andere Richtung: Dein Blendenwert wird größer und die Verschlusszeit länger. Mach wieder ein Foto.
4. Jetzt dreh dich um und fotografiere in den dunkleren Innenraum oder suche dir draußen eine dunklere Stelle. Achte darauf, wie sich deine Blenden und Zeitwerte verändern. Du solltest jetzt wieder einen relativ kleinen Blendenwert, also eine niedrige „F-Zahl" haben.

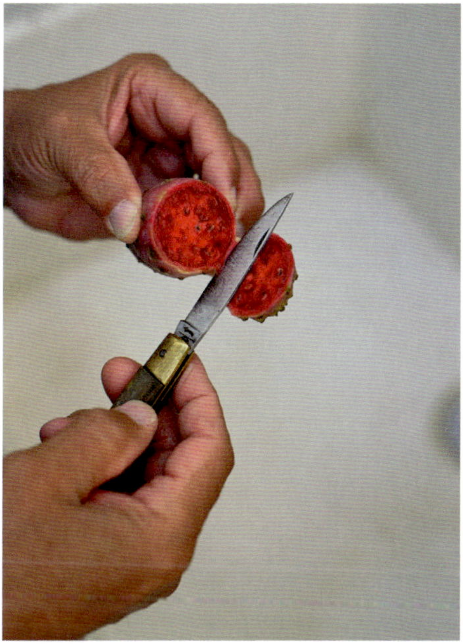

Fotografieren im Modus P, 50 mm, f/3.5, 1/250 sek, ISO 100: Die Kamera wählt eine kurze Verschlusszeit in Kombination mit einer leicht geschlossenen Blende und niedrigem ISO-Wert.

Modus A: Blendenpriorität

Dies ist die beste Wahl, wenn die Tiefenschärfe für deine Fotos besonders wichtig ist. Also z. B. bei Porträts und Sachaufnahmen, aber auch Landschafts- oder Architekturfotos. Bei Porträts oder stimmungsvollen Detailaufnahmen will man meistens eine geringe Tiefenschärfe, bei der Architektur- oder Landschaftsfotografie häufig eine große Tiefenschärfe.

Die Abkürzung A für die Blendenpriorität kommt vom englischen Wort *aperture*, was so viel wie Öffnung heißt. Gemeint ist damit die Blendenöffnung deines Objektivs.

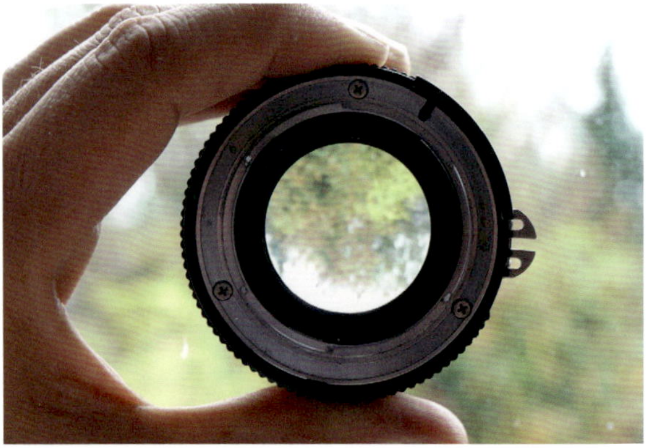

Blendenwert f/1.4. Es gilt: kleine Zahl = große Öffnung.

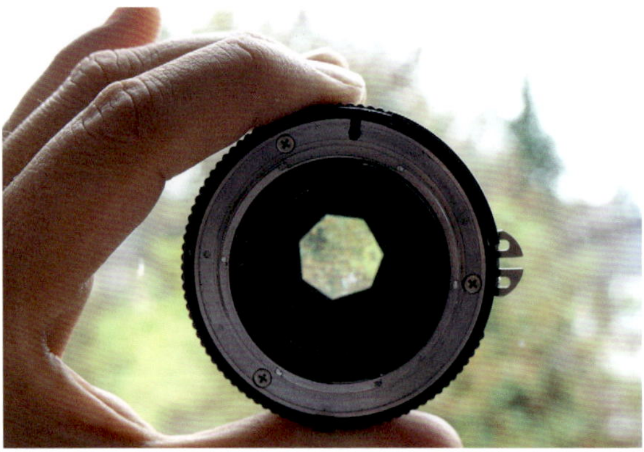

Blendenwert f/4: Die Blendenöffnung ist schon viel kleiner.

Wenn das Licht durch eine kleine Blendenöffnung fällt, werden die Lichtstrahlen der Objekte in deinem Bild gebündelt und das Foto hat eine größere Tiefenschärfe. Der Unterschied der Schärfe zwischen dem Objekt, auf dem der Fokus sitzt, und den Objekten, die näher dran und weiter entfernt sind, ist so gering, dass du beim Betrachten des Fotos alles gleichmäßig scharf siehst. Ist die Blendenöffnung sehr weit geöffnet, ist das Bild nur in der Ebene scharf, wo du fokussiert hast. Die anderen Objekte werden immer unschärfer dargestellt, je weiter sie vor oder hinter der fokussierten Ebene liegen. Die Unterschiede sind durch die vielen verschiedenen Blendenwerte, die eingestellt werden können, sehr fein dosierbar: Zwischen ganz weit geöffnet und ganz geschlossen liegen viele Abstufungen.

Im Modus A hast du also die Kontrolle über die Tiefenschärfe und regelst sie ganz einfach mit dem vorderen Einstellrad, das für das Verstellen des Blendenwerts zuständig ist. Die Verschlusszeit wird von der Kamera angepasst.

Das heißt, du kannst dich bei einem Porträtshooting ganz auf dein Modell konzentrieren und sicher sein, immer die geringe Tiefenschärfe zu bekommen, die du möchtest. Genauso kannst du für Landschaftsfotos eine kleinere Öffnung einstellen, um eine große Tiefenschärfe zu erhalten. Anders als im Programm P ändert sich nun der Blendenwert nicht, auch wenn die Lichtverhältnisse sich ändern oder du sogar die Kamera ausschaltest.

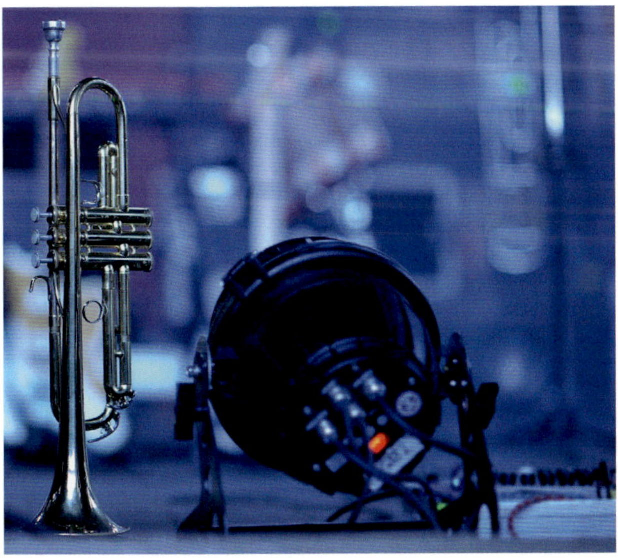

85 mm, f/1.8, 1/320 sek, ISO 3200: unscharfer Vorder- und Hintergrund durch offene Blende

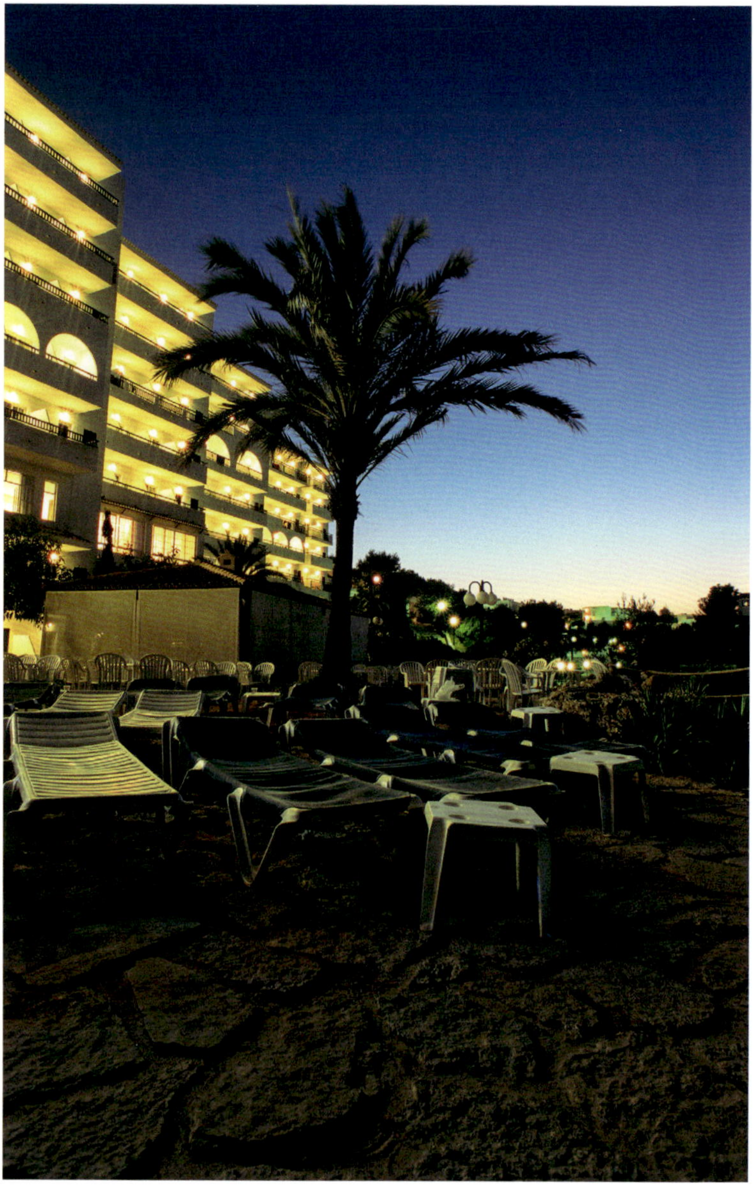

20 mm, f/11, 8 sek, ISO 100: große Tiefenschärfe durch geschlossene Blende

MERKSATZ FÜR DIE BLENDE

Kleine Zahl → kleine Tiefenschärfe
Große Zahl → große Tiefenschärfe

Einstellungen zum Üben bei einem Detailfoto

Nimm wieder dein Lieblingsobjekt, die Spielfigur, deine Armbanduhr oder was dir sonst gefällt. Geh nah an das Objekt ran, achte aber darauf, dass der Hintergrund auch im Bild zu sehen ist.

1. Stell die ISO-Automatik ein, damit du dich ganz auf die Blende konzentrieren kannst.
2. Stell die Blende mit dem Einstellrad auf den kleinstmöglichen Wert, z. B. f/1.8 oder f/4, und mach ein Foto.
3. Stell nun die Blende auf f/11 und mach wieder ein Foto. Es sollte nicht zu dunkel im Raum sein. Geh ans Fenster oder nach draußen, wenn es sonst nicht klappt. Vergleiche die beiden Fotos. Zoome auch mit der Plustaste hinein.
4. Versuche es jetzt noch mal mit festen ISO-Werten. Bei Tageslicht solltest du mit 100 oder 200 ISO auskommen. Im Innenraum wirst du bei Blendenwert f/11 wahrscheinlich mindestens 1600 ISO oder ein Stativ brauchen, um auch bei Blende 11 nicht zu verwackeln.

Modus S: Zeitpriorität

Wenn es um Action, schnelle Bewegung oder besondere gestalterische Raffinessen durch Verwischeffekte geht, ist das Programm S das richtige. „S“ steht für das englische Wort *shutter*. Damit ist der Verschluss vor dem Sensor deiner Kamera gemeint. Du legst hier deine Verschlusszeit über das hintere Einstellrad fest: eine besonders kurze, wie z. B. 1/1000 Sekunde für das Einfrieren von schnellen Bewegungen, oder eine längere, wie 1/20 Sekunde, um Bewegung dynamisch im Bild zu zeigen.

Die Kamera bildet dazu nun den passenden Blendenwert. Fotografiere im Modus S am besten mit ISO-Automatik, damit die Kamera die Belichtung auch bei großen Veränderungen der Verschlusszeit richtig einstellen kann. Jetzt kannst du dich ganz auf die Verfolgung deines Motivs konzentrieren, und wenn du einmal die passende Verschlusszeit gefunden hast, werden die Bilder immer bewegungsscharf oder haben die von dir gewünschte Dynamik.

Aber Achtung! Du kannst leider nicht in jeder Situation eine ganz kurze Verschlusszeit wählen. Im Beispiel rechts siehst du, dass an einem bewölkten Tag für 1/1600 Sekunde schon mal der ISO-Wert 2500 eingestellt wird. In Innenräumen ist oft schon bei 1/250 Sekunde Schluss, auch bei sehr hohen ISO-Werten. Abends oder nachts wird es schwer, überhaupt kürzere Belichtungszeiten wie z. B. 1/60 Sekunde zu nutzen, ohne dass deine Aufnahme zu dunkel oder durch starkes Bildrauschen qualitativ zu schlecht wird. Hier schon einmal der Hinweis auf ein lichtstarkes Objektiv, das dir in Kombination mit einem höheren, aber noch nicht extrem hohen Wert noch kurze Verschlusszeiten ermöglicht.

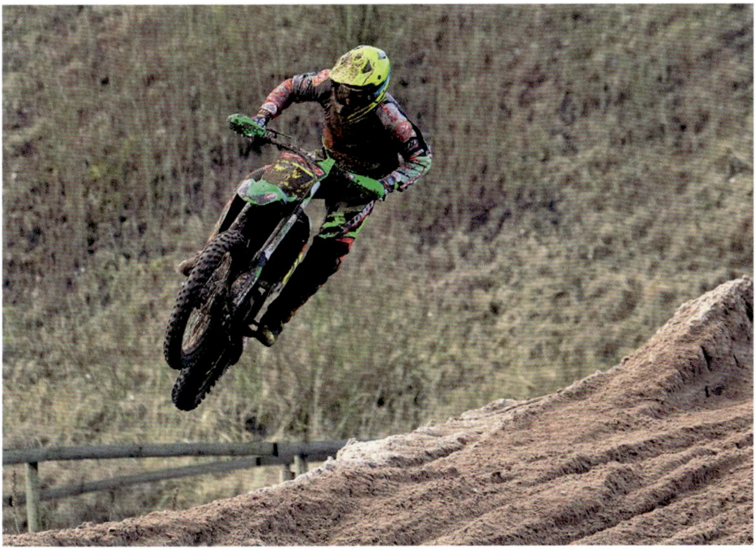

280 mm, 1/1600 sek, f/5.6, ISO 2500: eingefroren durch kurze Verschlusszeit

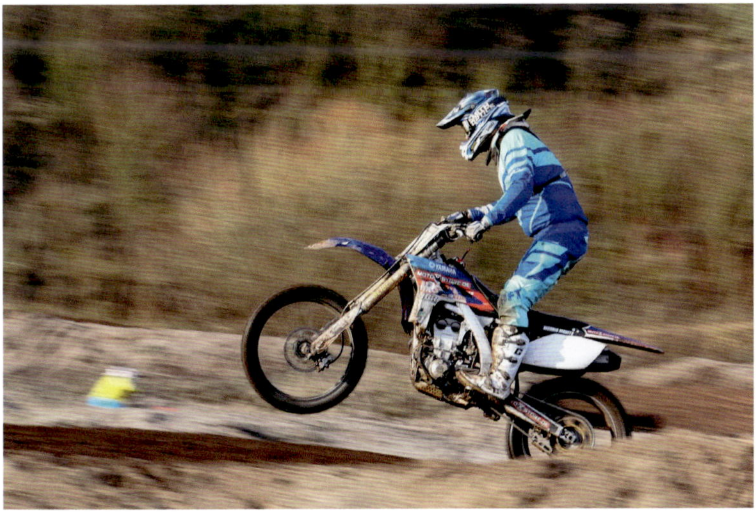

190 mm, 1/125 sek, f/16, ISO 640: Hintergrund durch Mitziehen der Kamera verwischt

Einstellungen zum Üben bei einem ruhigem Motiv

1. Schalte die ISO-Automatik ein.
2. Stell die Verschlusszeit auf 1/20 Sekunde ein und versuche, eine scharfe Aufnahme von einem unbewegten Gegenstand zu machen. Wenn das noch nicht reicht, verkürze die Verschlusszeit schrittweise, bis es funktioniert. So weißt du für die Zukunft, welche Verschlusszeiten du mindestens brauchst, um verwacklungsfreie Fotos von einem unbewegten Gegenstand zu machen.

Einstellungen zum Üben bei einem bewegten Motiv

1. Schalte die ISO-Automatik ein.
2. **Eingefrorenes Motiv**: Stell die Verschlusszeit auf 1/125 Sekunde ein und versuche, eine scharfe Aufnahme von einem bewegten Objekt, z. B. einem fahrenden Auto oder Fahrrad zu machen. Wenn das Foto noch nicht scharf ist, verkürze die Verschlusszeit schrittweise, bis das Objekt scharf ist.
3. **Dynamisches Motiv**: Stell die Verschlusszeit auf 1/40 Sekunde ein und zieh die Kamera mit der Bewegung des Fahrzeugs mit.
4. Stell die Helligkeit über die Belichtungskorrektur ein, bis sie dir gefällt.
5. Wenn das Objekt relativ scharf ist, kannst du die Verschlusszeit schrittweise verlängern, damit der Effekt des verwischten Hintergrunds stärker sichtbar wird. Diesen Trick kannst du bei allen bewegten Motiven anwenden. Besonders oft wird er beim Motor- oder Radsport angewendet.

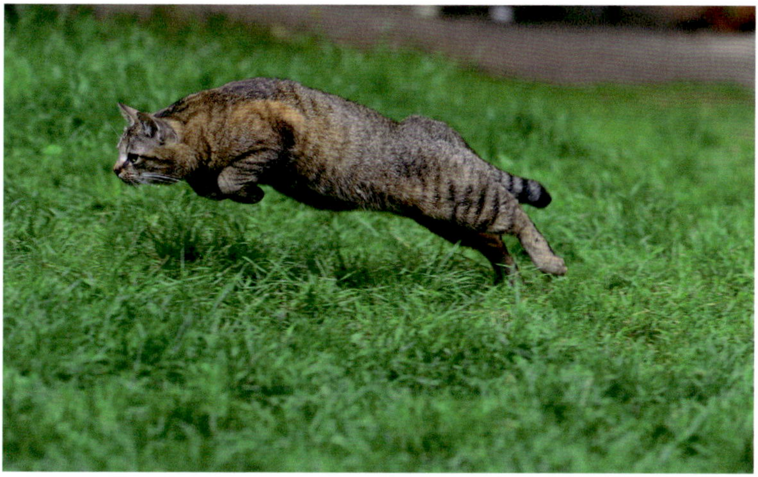

135 mm, 1/640 sek, f/4, ISO 720: Milli springt, die Bewegung ist eingefroren.

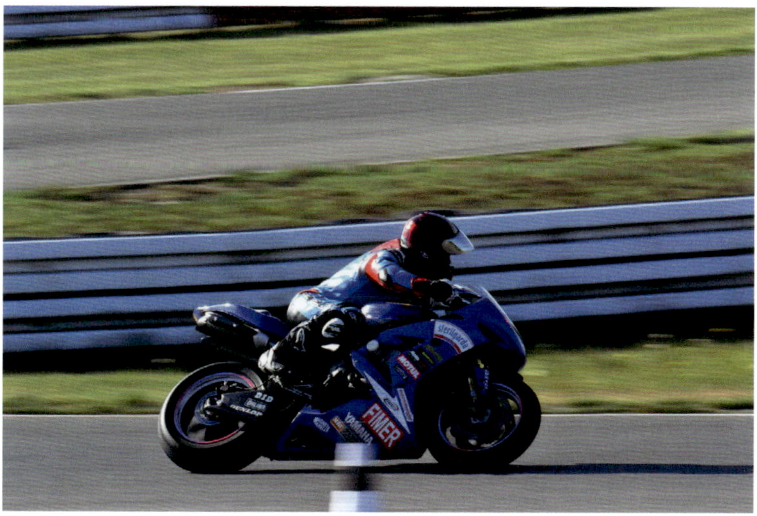

500 mm, 1/100 sek, f/22, ISO 500: Das Motorrad ist scharf, der Hintergrund unscharf: Die Kamera wurde mitgezogen.

Modus M: Manuelle Belichtung

Im Modus M zu fotografieren, gilt als besonders professionell. Eigentlich ist es aber am besten, das für die Situation passende Belichtungsprogramm zu wählen. Die manuelle Belichtung ist dann besonders gut geeignet, wenn die Lichtverhältnisse sehr schwierig sind, z. B. im Theater oder Konzert oder bei Nacht.

Durch den sehr hohen Kontrast zwischen hell und dunkel, verursacht durch Bühnenscheinwerfer, Leuchtreklamen oder Laternen oder die Sterne am Nachthimmel, wird die Belichtung der Kamera meistens viel zu hell. Im Modus M kannst du die Helligkeit durch Einstellen des Blendenwerts und der Verschlusszeit ändern. Auf dem Live-Bild im Sucher oder Monitor kannst du die Helligkeit deines Bildes schon gut abschätzen. Im Abschnitt „Die Monitoransichten" kannst du nachschauen, wie du das Histogramm zur Belichtungsprüfung aufrufst.

Die manuelle Belichtung M ist auch immer dann gut geeignet, wenn sich die Lichtverhältnisse nicht ändern, also bei Nachtaufnahmen oder im Fotostudio mit Blitzlicht oder speziellen LED- oder Halogenlampen. Einmal die richtigen Blendenwerte und Verschlusszeiten eingestellt, kannst du einfach deine Aufnahmen machen. Standardmäßig wird die Blende mit dem vorderen und die Verschlusszeit mit dem hinteren Einstellrad verändert.

Die Belichtungskorrektur hat im Modus M keine Auswirkung, es sei denn, du benutzt die ISO-Automatik. Dann kann die Kamera die Helligkeit deines Fotos über den ISO-Wert ändern. Aber Achtung, das ist eine eher von Profis genutzte Einstellung, z. B. bei Event- oder Hochzeitsfotografie. Um dich mit dem Modus M vertraut zu machen, solltest du hier zunächst mit festen ISO-Werten fotografieren.

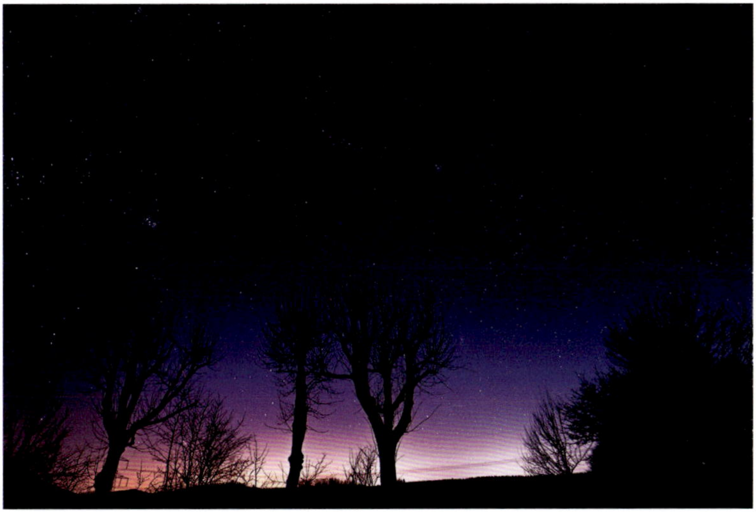

20 mm, 20 sek, f/2, ISO 1600: manuelle Belichtung des Sternenhimmels über der Eifel

Einstellungen zum Üben

1. Stell die ISO auf feste Werte, 1250 im Innenraum oder 100 draußen bei Tageslicht. Dies sind nur geschätzte Werte, da die Helligkeit in deinem Raum individuell ist. An einem bewölkten Tag können auch 200 oder 400 ISO besser sein.
2. Stell den Blendenwert auf die kleinste Zahl/größte Öffnung, z. B. f/4 oder was bei deinem Objektiv möglich ist.
3. Verändere die Verschlusszeit so lange mit dem anderen Einstellrad, bis dir die Helligkeit des Fotos auf dem Monitor gefällt.
4. Danach stellst du den Blendenwert auf f/11 ein und veränderst wieder die Verschlusszeit so lange, bis die Helligkeit passt.

Hast du gemerkt, wie groß der Unterschied zwischen der offenen Blende und Blende f/11 ist?

DAS VERHÄLTNIS VON BLENDE UND VERSCHLUSSZEIT

Zwischen Blendenwert 4 und Blendenwert 11 liegen drei Lichtwertstufen, auch LW genannt. 1 LW Unterschied bedeutet eine Verdopplung bzw. Halbierung der Lichtmenge: Wenn du beispielsweise die Blende von f/4 auf f/11 schließt, wird die Verschlusszeit achtmal so lang.

Blendenwert	1.4	2	2.8	4	5.6	8	11	16	22
Verschlusszeit	1/1000	1/500	1/250	1/125	1/60	1/30	1/15	1/8	1/4

Wenn du nach diesen Übungen gemerkt hast, welche Programme dir einfacher und welche dir schwerer fallen, hast du schon einen guten Hinweis, ob du lieber in P, A, S oder M fotografierst. Bei Sport und Action greift man meistens zwangsläufig zu S oder M, um die Verschlusszeit genau kontrollieren zu können. Dazu aktivierst du die ISO-Automatik, damit du dich um diese Einstellung nicht kümmern musst.

Die Belichtungskorrektur

Die Belichtungskorrektur ist ein sehr wichtiges Werkzeug, um zu guten Bildern zu kommen. Oft belichtet die Kamera etwas zu hell oder zu dunkel. Du kannst Werte von bis zu +5 LW (Lichtwerte) und –5 LW einstellen. Die Pluswerte liefern hellere Fotos, die Minuswerte dunklere Fotos. Damit du diese am Anfang etwas abstrakt wirkenden Zahlen ein bisschen besser einordnen kannst: Ein Lichtwert plus bedeutet, dein Foto wird doppelt so hell. Zwei Lichtwerte plus bedeuten schon eine viermal so helle Aufnahme. Das gilt umgekehrt auch für die Minuswerte. Meistens bewegt man sich im Bereich +/–1,0.

Du kannst die Belichtungskorrektur bei den Programmen A, S und P benutzen. Bei M funktioniert sie nur, wenn du die ISO-Automatik eingeschaltet hast. In AUTO ist die Belichtungskorrektur nicht möglich. Das ist schon ein starkes Argument für die professionellen Belichtungsprogramme.

Die richtige Belichtung oder Helligkeit gehört neben der Schärfe zu den wichtigsten Punkten für gute Fotos und lässt sich im Nachhinein nicht ohne Verluste korrigieren. Du solltest also schon beim Fotografieren auf eine gute Belichtung achten.

Es war auch noch nie so einfach wie heute, zu perfekten Bildern zu kommen. Dein Monitor und Sucher zeigen dir im Live-View schon ganz genau, wie hell oder dunkel die Aufnahme wird. Solltest du dir noch nicht ganz sicher sein, ob die Belichtung richtig ist, kannst du mit der DISP-Taste das Histogramm aufrufen. Mit ihm kannst du kontrollieren, ob es zu helle oder zu dunkle Bereiche in deinem Foto gibt. Im Praxisworkshop findest du zu Beginn des Abschnitts „Landschaft“ eine genauere Erklärung zum Histogramm.

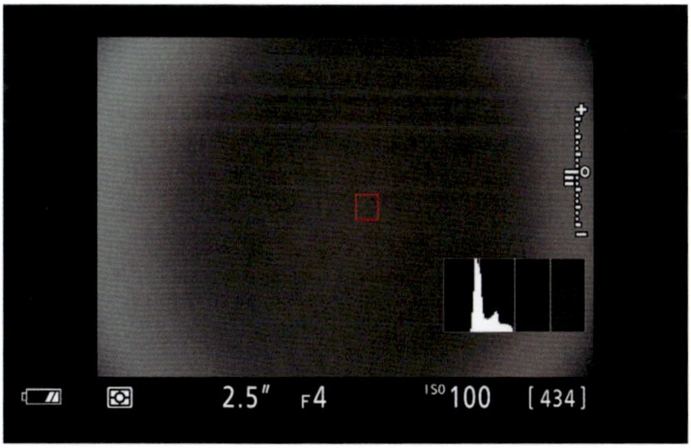

Über die DISP-Taste kannst du dir ein Live-Histogramm anzeigen lassen

ZUBEHÖR

Deine Nikon und ein Objektiv, mehr brauchst du am Anfang nicht zum Fotografieren. Aber je nachdem welche Motive du fotografieren möchtest oder ob du auch nachts Fotos machen möchtest, wirst du um einige wichtige Zubehörteile nicht herumkommen. Objektive, Stative und Filter machen deine Ausrüstung besser und ermöglichen dir, deine Fotoideen auch in schwierigeren Situationen umzusetzen.

Objektive

Die Brennweite

Bestimmt hast du schon an einem Objektiv gezoomt, also etwas auf nah oder fern eingestellt. Bei der kleinen Brennweite, z. B. 24 mm, hast du einen sehr großen Bildwinkel. Alles ist im Bild. Bei einer großen Brennweite, also beim Nah-Heranzoomen, beispielsweise 200 mm, hast du einen kleinen Bildwinkel.

50 mm entsprechen in etwa dem Blickwinkel des menschlichen Auges. Werte kleiner als 50 mm nennt man Weitwinkel (also 14, 20, 24, 28 und 35 mm), damit siehst du sozusagen die Weite des Raumes. Bei Werten größer als 50 mm, z. B. 70, 85, 135, 200 mm oder größer spricht man von Tele. Es sieht dann so aus, als sei man nah dran.

Zoomobjektive

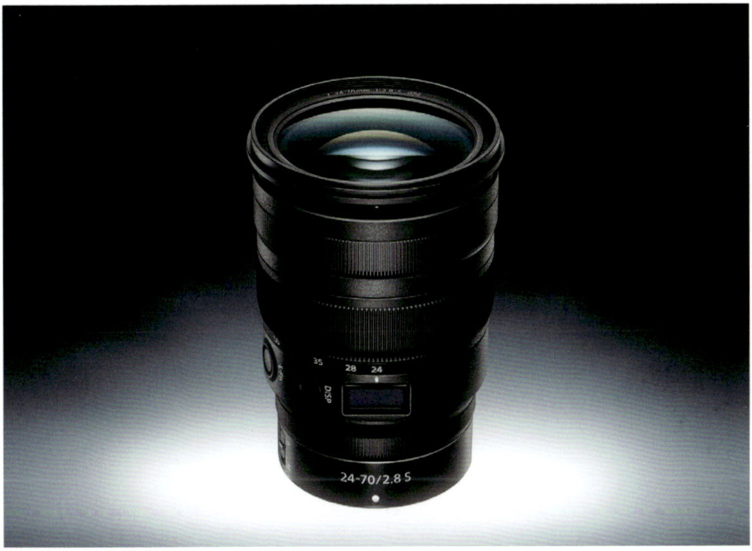

Der Klassiker im neuen Gewand: das 24–70mm mit Blende 2.8 und zusätzlichem Funktionsring

Wahrscheinlich hast du deine Kamera mit einem Zoomobjektiv gekauft oder dir mindestens eins zugelegt. Es gibt Zoomobjektive, die einen sehr großen Brennweitenbereich abdecken, z. B. das Nikkor 24–200 mm f/4–6.3. Solche Objektive sind sehr praktisch, wenn du z. B. im Urlaub kein weiteres Objektiv mitnehmen oder vor einem Ausflug nicht überlegen willst, welche Objektive du einpacken möchtest. Mit so einem Zoomobjektiv hast du quasi alles dabei und es werden dir kaum Motive entgehen können.

Bei wenig Licht oder wenn du die allerhöchste Qualität deiner Kamera erreichen willst, kann ein Objektiv mit einem so großen Brennweitenbereich aber an seine Grenzen stoßen. Daher gibt es auch Zoomobjektive mit kleineren Brennweitenbereichen, z. B. die

Klassiker Nikkor 24–70 mm f/2.8 oder f/4. Diese Objektive haben eine höhere Lichtstärke, das heißt, du kannst bei schwindendem Licht am Abend oder in Innenräumen mit niedrigeren ISO-Werten fotografieren. Auch sind die Schärfe und Auflösung höher und Bildfehler wie Verzeichnung und Vignettierung geringer.

Vielleicht ist für deine fotografischen Herausforderungen auch das Nikkor 24–120 mm f/4 das interessanteste Z-Zoom-Objektiv. Es bietet einen sehr guten Kompromiss aus Bildqualität, Größe und variablem Zoombereich. Allgemein kann man sagen, dass alle neuen Nikon Z-Objektive vor allem, was Auflösung und Randschärfe angeht, durch ihr großes Bajonett neue Maßstäbe setzen. Und der Bildstabilisator kompensiert auch ein wenig die geringere Lichtstärke eines Reisezooms.

Wenn du für Landschaften, Feierlichkeiten in Innenräumen oder Architekturfotos noch mehr Weitwinkel möchtest, gibt es auch hier aktuell zwei Zoomobjektive, das Nikkor 14–30 mm f/4 und das 14–24 mm f/2.8. Ersteres ist vor allem für Landschaftsfotos und auf Reisen ideal, da du leichter Filter direkt ansetzen kannst. Aber Nikon hat es geschafft, auch das lichtstärkere 14–24 mm so zu konstruieren, dass über die beiliegende Gegenlichtblende direkt Filter angesetzt werden können (diese sind aber mit 112 mm Durchmesser sehr groß und dadurch teuer). Zusätzlich bietet es sogar die Möglichkeit, rückseitig einen Einsteckfilter zu verwenden. So kannst du mehrere Filter miteinander kombinieren, z. B. vorn einen Verlaufsfilter und hinten einen Graufilter.

Im Telezoom-Bereich gibt es z. B. das Nikkor 70–200 mm f/2.8. Dieses Objektiv gehört zur absoluten Spitzenklasse und lässt sich mit zwei Telekonvertern in seiner Brennweite verlängern: einmal um das 1,4-fache auf 280 mm und um das 2-fache auf 400 mm. Die Lichtstärke reduziert sich dann jeweils um den Verlängerungsfaktor. Du hast also 280 mm mit verfügbarer Blende f/4 und 400 mm mit f/5.6.

Das sind beides noch sehr gute Werte in Anbetracht des Gewichts und der Größe des kompletten Pakets. Der Vorteil dieser Kombination ist, dass du sowohl eine hohe Lichtstärke zur Verfügung hast, wenn du das Objektiv ohne Telekonverter benutzt, als auch längere Brennweiten mit Konverter.

Wenn vor allem die längere Brennweite für dich wichtig ist, kann auch das 100–400 mm f/4.5–5.6 das passende Tele sein. Hier hast du dann immer die 400 mm zur Hand. Aber in der Objektiventwickung tut sich viel, und es kann gut sein, dass es bereits weitere Teleobjektive für das Nikon Z-Vollformatsystem gibt, wenn du dieses Buch in Händen hältst.

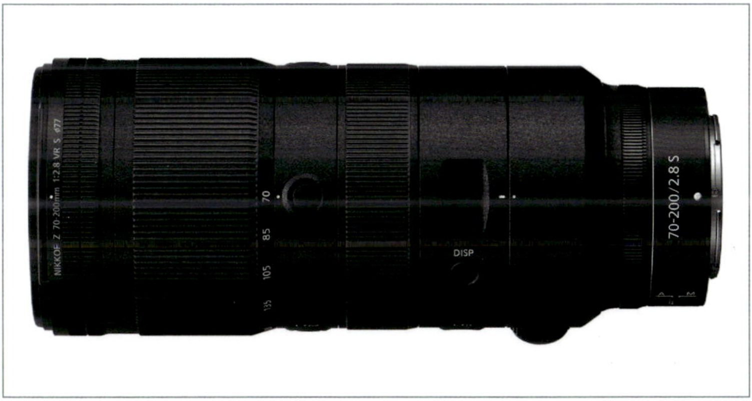

Das exzellente Telezoom Nikkor 70–200 mm f/2.8

Um weitere Brennweiten oder auch Objektive, die du vielleicht bereits besitzt, an deine Nikon Z anzuschließen, gibt es den FTZ-Adapter. Mit ihm kannst du ältere Nikon-Objektive mit F-Bajonett ansetzen, also dem Anschluss der Spiegelreflexkameras („F to Z").

Mittlerweile gibt es zwei Versionen dieses Adapters, einmal mit eingebauter Stativhalterung und einmal ohne. Dieser heißt dann FTZ II. Dank des eingebauten Bildstabilisators in den Nikon Z-Kameras kannst du diese Objektive noch besser nutzen. Der Workshop „Sanfte Wellen“ gibt dir ein Beispiel für ein Foto, das mit einem 40 Jahre alten Nikon-Zoomobjektiv plus Adapter gemacht wurde.

Festbrennweiten

Viele Fotograf*innen schwören auf Festbrennweiten. Sie bieten noch mal deutlich höhere Lichtstärken als die besten Zoomobjektive und haben oft eine noch bessere Schärfe und Auflösung. Sie müssen eben nur für diese eine Brennweite, die sie besitzen, konstruiert werden. Natürlich kann man kaum alle Brennweiten, die man jemals benötigen könnte, über Festbrennweiten abdecken. Die Fototasche wäre wohl zu voll und das Bankkonto leer. Aber wenn du ein ganz bestimmtes Genre der Fotografie sehr liebst, z. B. Porträts oder Fotos vom Sternenhimmel, dann lohnt es sich schon, sich eine oder zwei dieser absoluten Spezialisten näher anzuschauen.

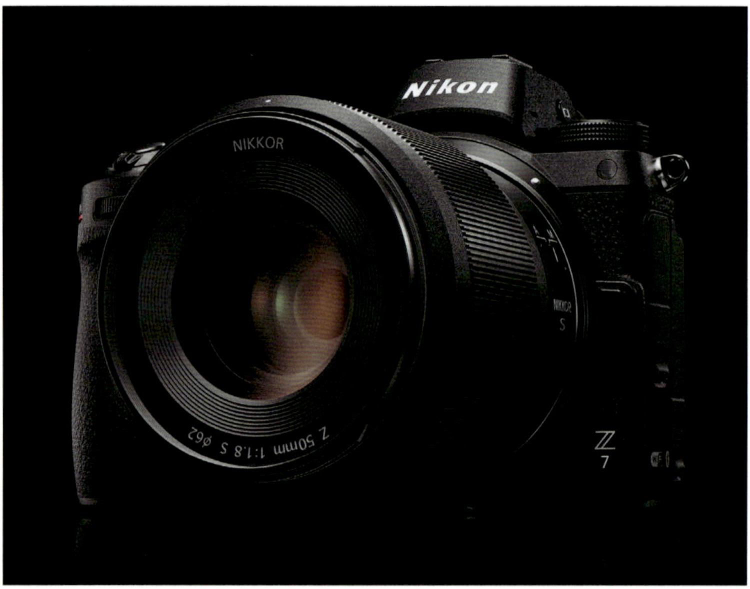

Die Z 7 mit dem 50 mm f/1.8

Der absolute Klassiker ist ein 50-mm-Objektiv. Da gibt es von Nikon aktuell zwei verschiedene Versionen. Das Nikkor 50 mm f/1.8 bietet schon eine mehr als doppelt so hohe Lichtstärke wie ein Profi-Zoomobjektiv mit Blende 2.8 und etwa achtmal so viel, wie das Reisezoom 24–200 mm f/4–6.3 bei dieser Brennweite leistet. Die Bildqualität des 50ers ist schon bei der offenen Blende absolut fantastisch. Wer aber häufig bei extrem wenig Licht wie bei Konzerten fotografiert oder noch einen spezielleren Look durch selektive Schärfe sucht, kommt beim 50 mm f/1.2 ins Schwärmen, das ebenfalls auf allerbeste Bildqualität getrimmt ist.

Nikon hat für das Z-System noch ein 58-mm-Objektiv auf den Markt gebracht, das man wohl nicht mehr Normalobjektiv nennen kann, das 58 mm Noct mit der enormen Lichtstärke von f/0.95. Ich hatte bisher nur einmal die Gelegenheit, mit diesem Objektiv zu fotografieren und fotografiert zu werden.

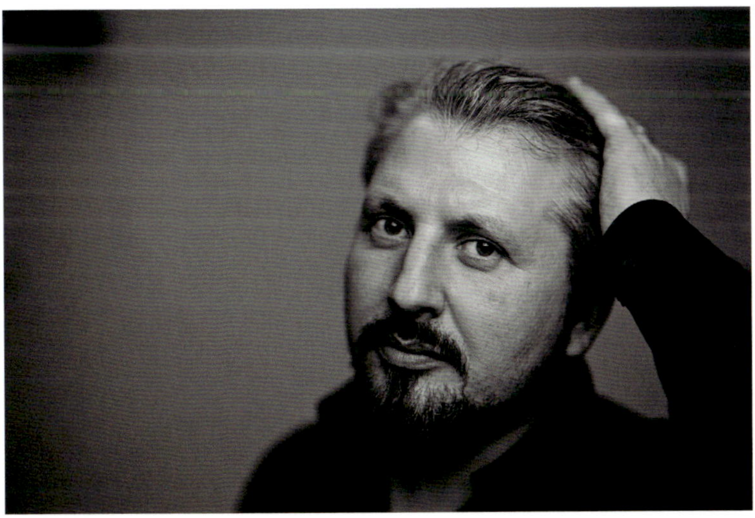

Nikon Z 7, 58 mm f/0.95 Noct, 1/200 sek, f/1.2, ISO Lo1 (ISO 32): Mit diesem Objektiv gelingen Porträts von extrem geringer Tiefenschärfe.

Bei all diesen Objektiven ist der Bereich der Unschärfe, das sogenannte Bokeh, besonders schön ausgeprägt – umso lichtstärker die Optik, desto mehr. Doch anders als frühere Objektive mit so großen Blendenöffnungen sind diese Objektive heute allesamt wahnsinnig scharf und nahezu frei von Bildfehlern wie chromatischer Aberration, den sogenannten Farbsäumen.

Als Porträtobjektiv ist das Nikkor 85 mm f/1.8 im Programm. Unterhalb der Normalbrennweite gibt es ein 35 mm, ein 28 mm, ein 24 mm und ein 20 mm. Sie alle haben die Lichtstärke f/1.8. Es lassen sich also auch im Weitwinkel schöne Freistellungen durch selektive Schärfe erzeugen.

Neu ins Programm sind ganz kompakte Objektive mit der Lichtstärke f/2.0 gekommen, ein 28 mm und ein 40 mm, sehr praktisch als Immer-dabei-Objektive für kleine Fotoausflüge oder die Street-Fotografie. Auch der Makrobereich wird mit zwei nativen Z-Bajonett-Objektiven bedient, einem weiteren 50 mm f/2.8 und einem 105 mm f/2.8.

Wie bei den Zoomobjektiven gibt es auch im Bereich der Festbrennweiten eine riesengroße Anzahl Objektive mit F-Bajonett. Für diesen Anschluss baut Nikon schon seit über 60 Jahren Objektive. Da findet sich eine große Anzahl an spannenden und auch sehr speziellen Brennweiten: Insgesamt wird hier aktuell vom 8-mm-Fish-Eye bis zum 800-mm-Tele alles geboten.

Insgesamt muss man sagen, dass Nikon mit dem Z-System seit 2018 ein großes Objektivsystem mit sehr hoher Qualität aufgebaut hat.

Es gibt mittlerweile auch weitere Anbieter für Objektive mit dem Z-Bajonett. Diese können eine preiswertere Alternative bilden. Du solltest aber bedenken, dass das Objektiv natürlich auch wesentlich zur Bildqualität beiträgt. Spare also hier nicht am falschen Ende.

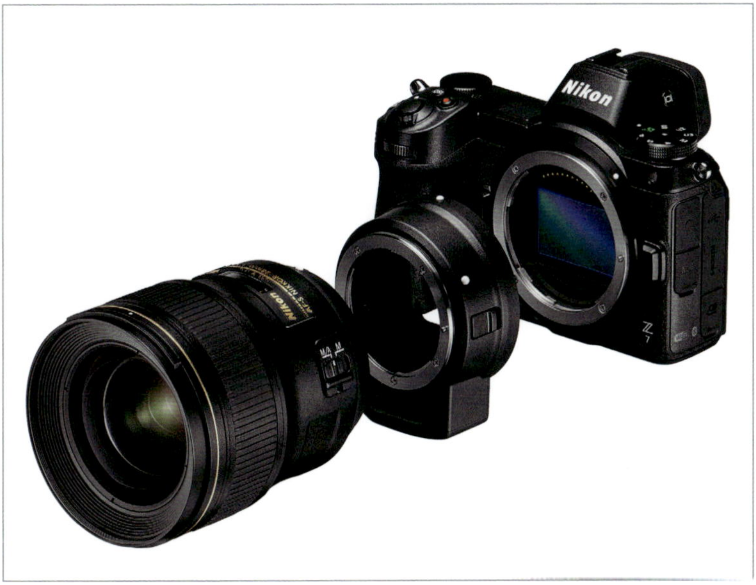

Die Nikon Z mit FTZ-Adapter und 28 mm f/1.4 mit F-Bajonett

Stative

Hier gibt es alles von günstig bis richtig teuer. So viel vorab: Es muss kein wahnsinnig teures Karbonstativ sein, aber spare nicht zu sehr. Sonst kaufst du dir mit Sicherheit bald ein zweites, besseres Stativ oder du nimmst es am Ende gar nicht mit zu deinen Fotoabenteuern, weil es zu schwer oder zu fummelig ist.

Ich besitze mehrere Stative. Das sammelt sich einfach mit den Jahren so an. Dabei ist mein absolutes Lieblingsstativ ein kleines stabiles Tischstativ. Es hält locker meine Kamera mit Objektiv. Da es nur etwa 20 cm hoch ist, fotografierst du damit sehr bodennah, quasi aus der Froschperspektive. Das kann aber auch sehr interessant aussehen. Durch seinen eingebauten Kugelkopf kannst du die Kamera schnell positionieren und sogar im Hochformat fotografieren.

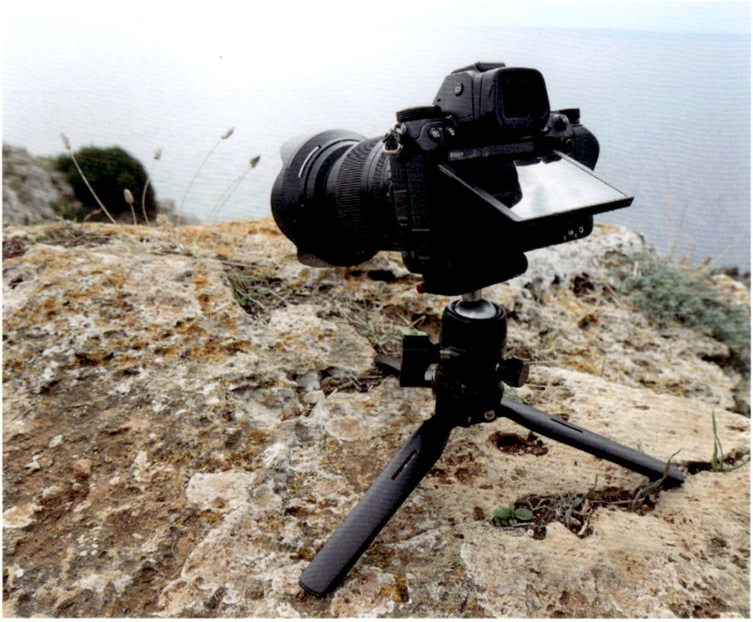

Die Z 6 auf einem Ministativ

Richtig schwere und robuste Stative eignen sich für Jobs, wenn du sowieso mit dem Auto anreist. Dann kannst du das Gewicht richtiggehend genießen, denn einmal aufgestellt, steht es wie ein Fels, und du kannst dich darauf verlassen, dass dein Bildausschnitt über Stunden der gleiche bleibt.

Der Stativkopf

Viele Stative, gerade die kleineren, werden mit einem mehr oder weniger guten Stativkopf ausgeliefert. Aber manchmal hält der Kopf nicht das, was das Stativ verspricht. Häufig ist es ein Kugelkopf. Er ist für allgemeine Fotografie sehr praktisch, weil man mit ihm sehr schnell arbeiten kann. Wenn du aber z. B. Architekturfotos machen möchtest, ist ein Kugelkopf nicht unbedingt die beste Wahl, denn du bekommst damit sehr schwer eine wirklich genaue Kameraausrichtung hin. Wenn du dann noch mal deinen Ausschnitt verfeinern willst, weil du etwas nach links oder rechts verschwenken willst, ist dein Bildausschnitt meistens wieder schief.

Es gibt auch Kugelköpfe, die die horizontalen und vertikalen Ebenen getrennt voneinander verstellen können. Das ist eine feine Sache, aber nicht gerade günstig. Für Landschaft oder Architektur sind Drei-Wege-Neiger besser geeignet.

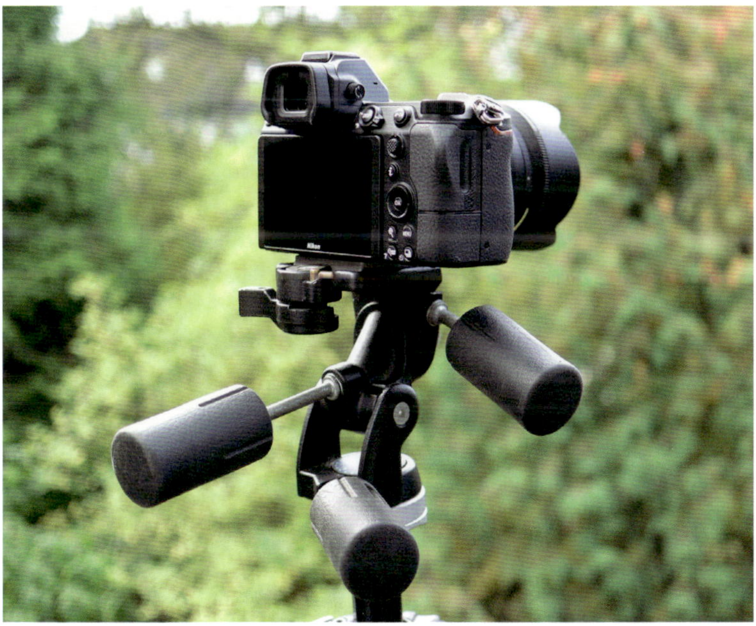

Mit dem Drei-Wege-Neiger kann die Kamera schnell in alle Richtungen geneigt werden

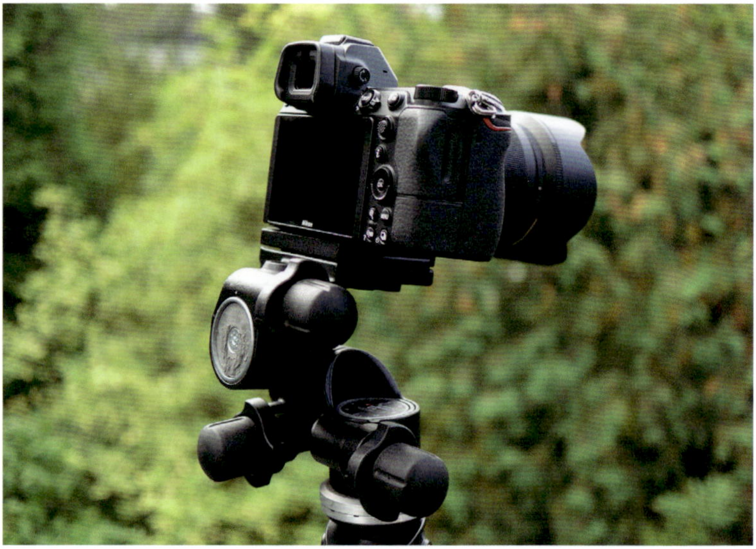

Ein Getriebeneiger, millimetergenau einstellbar, bringt Ruhe in die Fotografie

Das i-Tüpfelchen ist ein sogenannter Getriebeneiger. Hier kannst du alle Ebenen ganz genau und unabhängig voneinander verstellen. Mittlerweile sind diese Köpfe auch deutlich leichter geworden. Wann immer ich sehr genaue Kameraperspektiven brauche, nehme ich diesen Stativkopf.

Zuletzt gibt es noch einen ganz speziellen Stativkopf-Typ, den Kardankopf. Er ist geeignet, wenn du Vögel im Flug fotografieren möchtest. Er sieht wie eine Schaukel aus, und man hängt die Kamera bzw. das Objektiv in diese Konstruktion. Der Vorteil ist, du kannst nun den Vogel durch Schwenken verfolgen und auch, wenn er seine Höhe verändert, einfach darauf reagieren. Diese Köpfe sind allerdings meistens sehr teuer und erfordern ein sehr schweres Stativ, sonst reißt man das Stativ beim Schwenken gleich mit.

Wenn du auch gerne filmen möchtest, gibt es dafür spezielle Videoneiger. Wichtig ist dort, dass du einen verstellbaren Arm hast und sehr weich, das heißt ruckelfrei schwenken kannst. Deswegen sind diese Köpfe häufig mit einer flüssigkeitsgelagerten Mechanik ausgestattet. Es steht dann meistens irgendetwas mit „fluid“ drauf. Dann kannst du auch den Widerstand des Kopfes so fein einstellen, dass er immer zum Gewicht deiner Kamera passt.

Gerade in den letzten Jahren sind sogenannte Gimbals immer populärer fürs Filmen geworden. Mit ihnen kannst du während des Drehs gehen oder sogar laufen, und sie gleichen deine Bewegungen aus. Hier ist es sehr wichtig, dass der Gimbal das Gewicht deiner Kamera und Objektivkombination trägt, sonst hängt dein Objektiv ständig nach unten.

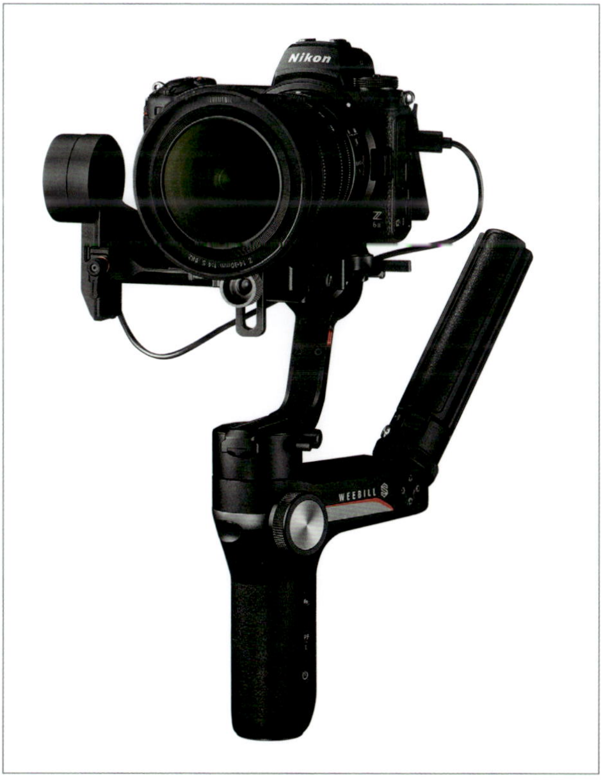

Die Z 6II auf einem Gimbal

Filter

Es gibt unzählige Filter. Vielleicht hast du schon von ein paar Filtertypen gehört oder besitzt auch schon den einen oder anderen. Welche du wirklich brauchst, erfährst du hier.

UV- und Schutzfilter

Es gibt die UV- oder Neutralfilter, die man gerne als Schutzglas für die Frontlinse des Objektivs verwendet. Wichtig ist hier: Der Filter verbessert nicht die Bildqualität. Im besten Fall, das heißt, wenn es ein qualitativ hochwertiger Filter ist, verschlechtert er die Bildqualität nicht merkbar.

Ob du deine Objektive durch Filter schützen solltest, ist zum einen eine Frage des Preises des Objektivs, und zum anderen, ob die Gefahr besteht, dass deine Frontlinse beschädigt wird. Das wäre der Fall, wenn du Motocross, BMX oder gerne am Strand fotografierst – da könnte mal ein Steinchen in deine Richtung fliegen oder Sand die Linse verkratzen. Wenn du dagegen gerne Porträts in Räumen machst oder du in anderen eher „ungefährlichen" Gegenden unterwegs bist, brauchst du für dein Objektiv eher keinen Schutz. Die Gegenlichtblende, die bei den meisten Objektiven dabei ist, schützt dein Objektiv ausreichend.

Polfilter

Dieser Filter ist wohl der bekannteste. Er besteht aus zwei Filterscheiben, die sich gegeneinander verdrehen lassen. Dadurch kannst du seine Wirkung verstärken oder abschwächen. Man benutzt ihn, um Seen oder das Meer farbintensiver darzustellen, weil durch den Filter die Reflexion des Wassers gemindert wird. Er wird auch bei der Architekturfotografie eingesetzt, wenn man Spiegelungen in Glasscheiben vermindern will.

Außerdem kann er die Farbintensität bei Landschaftsfotos verstärken. Zum Beispiel wirkt der Himmel blauer und die Wolken weißer, aber auch Blattgrün oder die Farben von Blüten können deutlich intensiviert werden. Aber Vorsicht bei Porträts, hier ist der Effekt eher unerwünscht. Rötungen der Haut würden deutlich verstärkt. Bei Porträts will man meist eher sanfte Farbübergänge.

Polfilter sind etwas teurer. Ihre Konstruktion ist schwierig und ihre Farbneutralität wichtig, damit die Farben zwar intensiviert, aber nicht verfälscht werden.

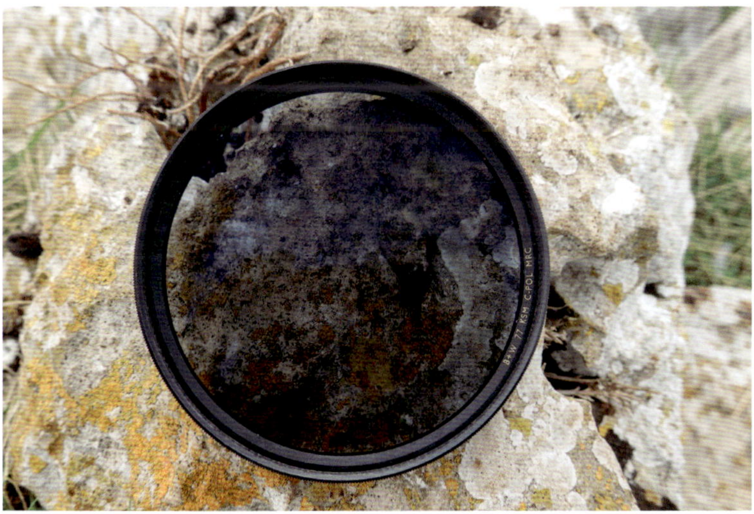

Der Polfilter verstärkt Kontraste, schluckt aber auch Licht

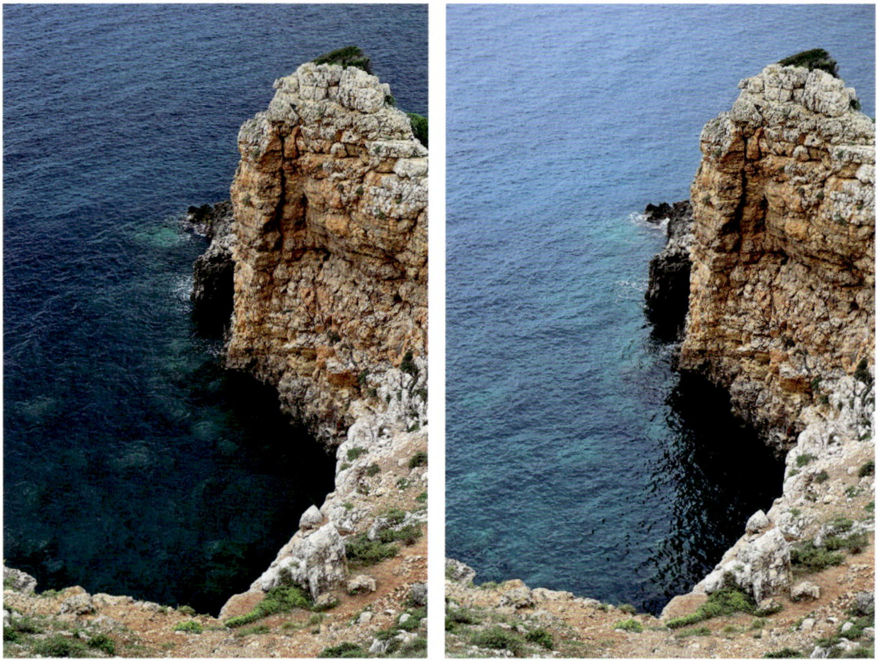

Links mit Polfilter, rechts ohne: Die Farbintensität des Wassers wird durch den Polfilter verstärkt, die Spiegelungen verschwinden fast vollständig. Die Intensität kann durch Drehen des Filters gesteuert werden.

POLFILTER SCHLUCKEN LICHT

Achtung: Der Polfilter schluckt auch Licht, manche Polfilter bis zu zwei Lichtwertstufen! Ein Objektiv mit Blende f/4 lässt dann nur noch die Lichtmenge eines Objektivs mit f/8 durch.

Nimm beim Polfilter immer die Verpackung mit, damit du ihn sicher verstauen kannst, wenn du ihn nicht brauchst.

Graufilter

Dieser Filtertyp ist wichtig, wenn du zu viel Licht hast. Häufiger Einsatzzweck sind Landschaftsfotos mit Wasserfällen oder die Brandung an Stränden oder Klippen.

Vielleicht hast du schon mal abends einen Brunnen oder am Strand fotografiert und diese schöne weiche Darstellung des Wassers eingefangen. Abends ist so wenig Licht vorhanden, das deine Verschlusszeit zwangsläufig länger wird und dadurch dieser Effekt entsteht. Aber tagsüber ist für längere Verschlusszeiten einfach zu viel Licht vorhanden: Das Bild würde zu hell.

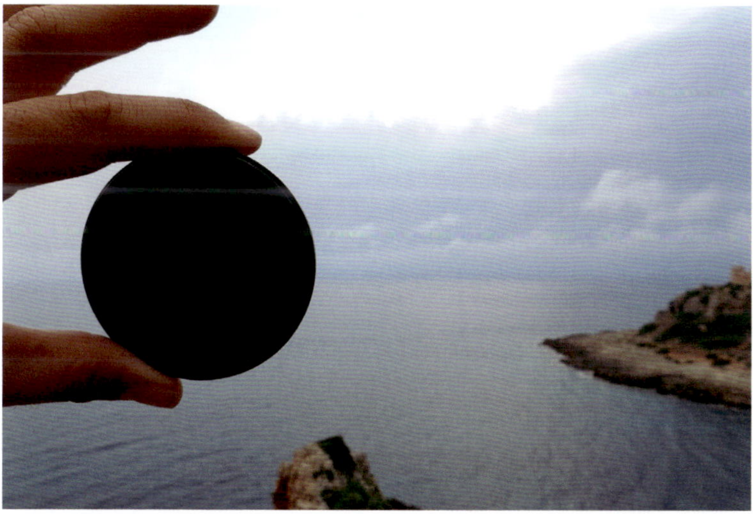

Ein sehr starker Graufilter, bezeichnet als ND 3,0 oder 1000-fach-Graufilter

Deswegen brauchst du für diesen Effekt einen Graufilter. Es gibt ihn in verschiedenen Stärken. Am besten lässt du dich in einem Fotofachgeschäft beraten, damit du die richtige Stärke, also Abdunklung für deine Zwecke bekommst. Mit einem ND 500 bekommst du bei Sonnenschein schon eine Belichtungszeit von etwa 30 Sekunden hin.

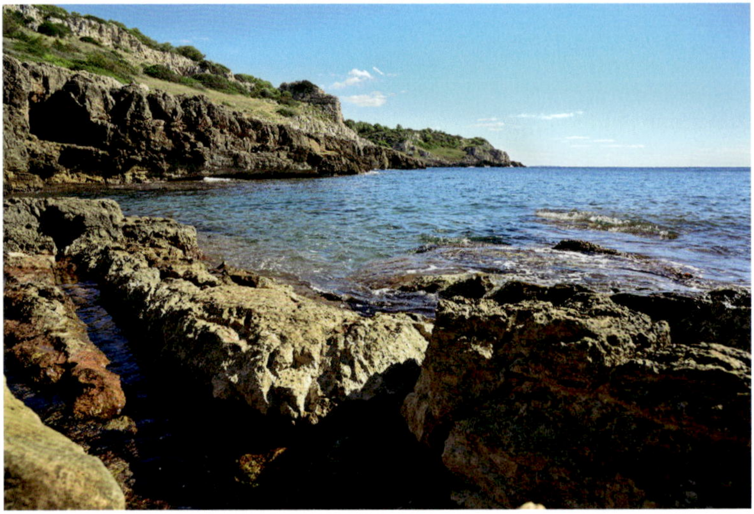

1/160 sek, f/10, ISO 100, eine Aufnahme ohne Graufilter: Die Wellenkämme sind scharf.

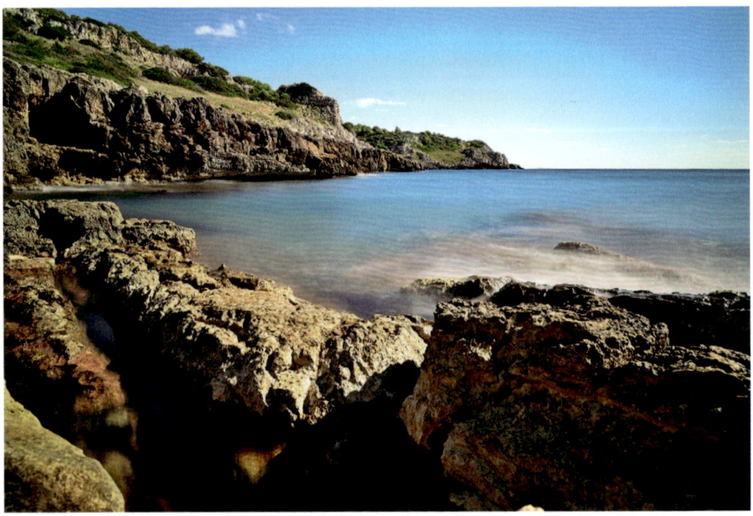

8 sek, f/10, ISO 100, die gleiche Aufnahme mit einem 1000-fach-Filter: Das Wasser ist ganz glatt, ein schöner Kontrast zu den schroffen Felsen.

Verlaufsfilter

Mit diesem Filtertyp kannst du Teile des Bildes abdunkeln. Am häufigsten ist das der helle Himmel. Bestimmt hast du schon einmal bemerkt, dass du vor dir einen intensiven blauen Himmel mit schönsten Postkartenwolken hast, aber wenn du dein Foto gemacht hast, siehst du darauf nur einen blassblauen Himmel ohne Wolkenkonturen. Der Verlaufsfilter dunkelt den hellen Teil ab, und auf deinem Foto sind Struktur und Farbintensität der Wolken wieder sichtbar. Rechteckige Filterscheiben setzt man in einem Rahmen ans Objektiv. Dann kannst du den Verlauf verschieben, und der Horizont muss nicht immer in der Mitte sein.

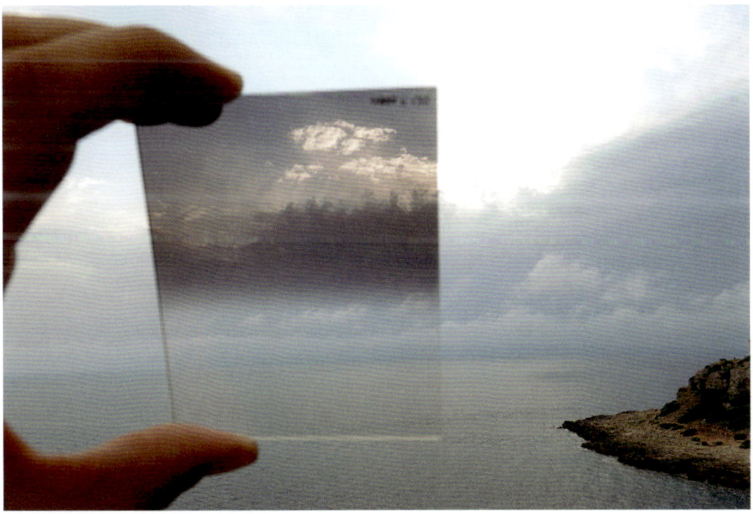

Grau- und Verlaufsfilter braucht man vor allem in der Landschaftsfotografie. Es gibt sie rund, aber auch rechteckig.

DAS MENÜ DER NIKON Z

In diesem Kapitel findest du alle Menüposten deiner Nikon Z zum Nachschlagen. Einfach und verständlich wird erklärt, wozu du die Einstellungen brauchst. Nicht alle Menüfunktionen sind für das Fotografieren gleichermaßen wichtig. Aber wenn du beispielsweise mit deiner Nikon auch mal dein Handy als Auslöser nutzen möchtest oder tiefer in die Videografie einsteigen willst, zahlt es sich aus, wenn du mit dem Menü vertraut bist.

Übersicht

Damit du nicht alle Funktionen auswendig kennen musst, bekommst du hier ein super Nachschlagewerk an die Hand, wenn du mal eine Einstellung suchst und/oder verändern möchtest. Du kannst dieses Kapitel auch erst einmal überspringen oder nur kurz überfliegen, wenn du lieber erst ein paar Praxisworkshops machen möchtest.

Einige Menüpunkte, vor allem aus dem System-Menü, wirst du wahrscheinlich nie benutzen. Falls doch, findest du hier die Erklärung. Nikon hat in seinen Kameras eine sehr praktische Funktion eingebaut: die Fragezeichentaste. Hier werden eine Menge Menüposten ausführlicher erklärt – aber leider nicht alle. Wenn trotz der eingebauten Hilfe noch Fragen offenbleiben, kannst du in diesem Buch nachschlagen.

Die Abbildungen der Menüs sind von der Nikon Z 6II Stand Ende 2021. Durch zukünftige Firmware-Updates könnten einzelne Menüpunkte anders heißen oder dazugekommen sein.

DIE „RETTUNGSTASTE"

Um das Menü zu verlassen, kannst du entweder die Menü-Taste drücken oder den Auslöser kurz antippen. Er ist also zusätzlich eine Rettungstaste, wenn du aus verworrenen Menüs wieder herausfinden möchtest.

Schauen wir uns nun zuerst das gesamte Menü an. Auf der linken Seite findest du die verschiedenen Menü-Registerkarten, man könnte auch Hauptmenüs sagen, in denen die Einstellungswerte nach Kategorien sortiert sind. Keine Angst: Das ist einfacher, als es sich anhört. Betrachten wir diese Menü-Registerkarten mal genauer:

1. Karte (Blau): **Wiedergabe:** Hier dreht sich alles um Anzeige und Verwaltung deiner gemachten Bilder.
2. Karte (Grün): **Fotoaufnahme:** Hier geht es um Einstellungen wie Bildqualität, ISO und andere, die deine Fotos direkt bei der Aufnahme beeinflussen.
3. Karte (Hellgrün): **Filmaufnahme:** Dieses Menü ist ähnlich aufgebaut wie das Fotoaufnahme-Menü, aber mit den für Videoaufnahmen relevanten Einstellungen.
4. Karte (Rot): **Individualfunktionen:** Das ist das umfangreichste Menü, das wiederum in einzelne Themen wie Autofokus, Belichtung, Blitz usw. aufgeschlüsselt ist.
5. Karte (Orange): **System:** Hier findest du vorwiegend Hardware-/ Kameraeinstellungen, z. B. wie du deinen Monitor oder Sucher einstellst, deine Speicherkarte löschst oder deine Akkudiagnose.
6. Karte (Violett): **Bildbearbeitung:** Du kannst nicht nur JPEGs direkt in deiner Kamera bearbeiten, sondern sogar RAW-Fotoentwicklung machen.

7. Karte (Hellbraun): **Mein Menü** oder **Letzte Einstellungen:** Hier kannst du auswählen, ob du dir ein Menü mit deinen Lieblingsfunktionen anlegen möchtest, bei dem du dann auch die Reihenfolge der Punkte selber vorgibst, oder ob die Menüposten, die du zuletzt geändert hast, hier chronologisch aufgeführt werden sollen. Beides eine tolle Möglichkeit.

Bei vielen Punkten, vor allem im Individualfunktionen-Menü, siehst du unten links ein Fragezeichen. Wenn du dann die untere Lupentaste drückst, bekommst du eine ausführliche Erklärung zu dem Menüpunkt. Am rechten Rand findest du einen grauen Balken, die dir deine Position in der aktuellen Menü-Registerkarte zeigt.

Die Navigation durchs Menü

Wie navigierst du nun durchs Menü? Mit dem Multifunktionswähler (Wippe) drückst du nach links oder rechts und oben und unten. Ganz nach links kommst du in die Hauptmenüs, wählst das passende, z. B. die *Individualfunktionen* aus und klickst dann einmal nach rechts. Willst du nun etwas in *f Bedienelemente* ändern, wanderst du nach unten oder in diesem Fall sogar schneller ein paarmal nach oben, da die Menüs umlaufend sind. Nun drückst du entweder die OK-Taste oder klickst nach rechts. Wie gehabt navigierst du nun mit Klicks nach unten zu dem Punkt, den du ändern möchtest.

Nehmen wir mal den Punkt *f2 Benutzerdef[inierte] Funktionszuweis[ung]* bzw. *Bedienelemente.* Wieder nach rechts geklickt oder die OK-Taste gedrückt, kommst du in die Ansicht, in der du nun deine Einstellungen vornimmst. Das klingt erst mal kompliziert. Aber wenn du das ein paarmal gemacht hast, geht das ganz intuitiv.

Alternativ kannst du auch die Touch-Funktion deines Monitors verwenden. Dazu tippst du einfach auf die jeweiligen Menüposten. Bist du dann in einem Menüpunkt, hast du manchmal Pfeilsymbole oder Zahlenwerte, die du direkt antippen kannst. Um aus einem Menüpunkt wieder rauszukommen, tippst du auf das Pfeilsymbol oben in der rechten Ecke deines Monitors.

Auch eine Kombination aus Touch-Bedienung und Navigation über den Multifunktionswähler ist jederzeit möglich. Ich persönlich mache das gerne, wenn die Kamera auf einem Stativ steht. Wenn ich sie in der Hand halte, benutze ich lieber ausschließlich den Multifunktionswähler.

Wiedergabe-Menü

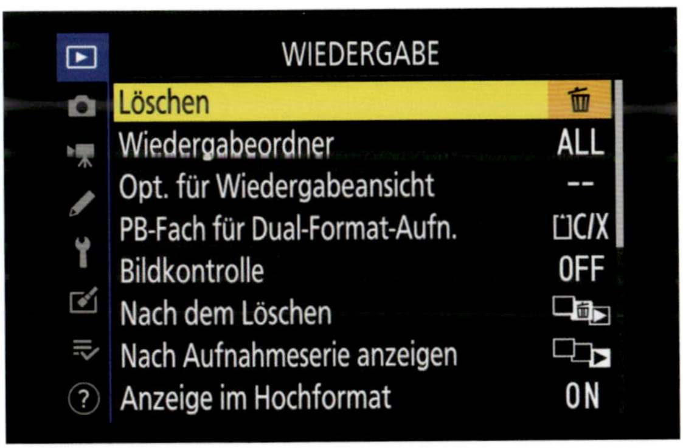

Das Menü in „Wiedergabe"

Löschen: Hier hast du komfortable Möglichkeiten, wenn du mehrere Fotos löschen möchtest. Du kannst manuell eine Auswahl über *Ausgewählte Bilder* treffen, alle Fotos löschen, die du an einem bestimmten Tag gemacht hast (*Datum auswählen*) oder *Alle* Fotos auf der Speicherkarte löschen.

Wiedergabeordner: Hier kannst du auswählen, ob du nur einen bestimmten Ordner ansehen willst oder in der Wiedergabe deine Fotos aus *Allen Ordnern* sehen möchtest. *Aktuell* zeigt dir nur die Fotos des Ordners, mit dem du gerade fotografierst. Wenn du deine Speicherkarte z. B. auch in einer anderen Kamera benutzt hast, kannst du diese Fotos dann nicht sehen.

Opt[ionen] für Wiedergabeansicht: Ein Menüpunkt, den du sofort aufrufen solltest. Hier kannst du dir für die Wiedergabe deiner Fotos sehr hilfreiche weitere Ansichten aktivieren. Wenn du Sport oder Tierfotos machst, ist das *Fokusmessfeld* eine nützliche Option. Auf jeden Fall aktivieren solltest du *Lichter, Übersicht* und *Keine (nur Bild).*

Bildkontrolle: Ist sie auf *Ein* gestellt, zeigt die Kamera automatisch nach der Aufnahme ein paar Sekunden lang das Foto. Bei *Ein (nur Monitor)* hast du im Sucher immer freie Sicht aufs Motiv und siehst das Bild nur automatisch auf dem Monitor. Bei *Aus* musst du zur Bildkontrolle die Wiedergabetaste drücken.

Nach dem Löschen: Eine sehr praktische Funktion. Du kannst bestimmen, ob die Kamera dir nach dem Löschen eines Fotos immer stur das *vorherige* oder das *nächste* gemachte *Bild* anzeigt oder (meine bevorzugte Einstellung) die *Letzte Reihenfolge* von dir übernimmt. Das heißt, wenn du nach dem Löschen vorblätterst, wird die Kamera dir beim nächsten Mal automatisch das nächste Bild zeigen, und wenn du ein anderes Mal zurückblätterst, beim nächsten Mal das vorher geschossene Bild zeigen.

Nach Aufnahmeserie anzeigen: Diese Funktion bestimmt, ob die Kamera dir bei Serienaufnahmen das letzte gemachte Foto zeigen soll und du dann gegebenenfalls zurückblättern musst oder das erste Foto deiner Serie zeigt.

Anzeige im Hochformat: Sie steht bei mir immer auf *Aus*. Dann dreht die Kamera nicht automatisch Fotos, die ich im Hochformat gemacht habe. Dadurch kann es auf dem Monitor größer angezeigt werden und ich kann die Kamera zum Betrachten der Fotos einfach drehen. *Ein* wähle ich nur, wenn ich die Kamera über ein HDMI-Kabel an einen Fernseher oder Beamer anschließe – die kann ich ja nicht so leicht drehen ...

Diaschau: Eine schöne Möglichkeit, deine Fotos oder Videos automatisch zu zeigen. Unter *Dateityp* kannst du auch nur *bewertete* Bilder anzeigen lassen.

Bewertung: Hier kannst du die Bewertungen durch Klicks nach oben zwischen einem und fünf Sternen vornehmen. Mit einem Klick nach unten markierst du das Foto mit einem *Mülleimer*. Die Sternebewertungen können von vielen Bildbearbeitungsprogrammen gelesen werden und helfen beim Sortieren am PC. Du kannst deine Bilder auch über das i-Menü bewerten, wenn du in der Wiedergabe von Fotos bist.

Fotoaufnahme-Menü

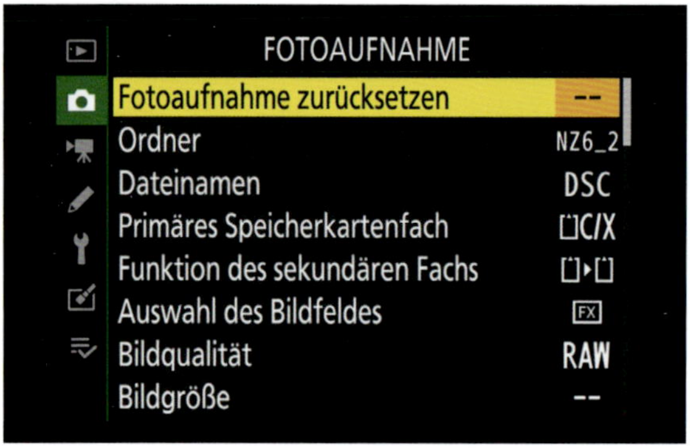

Die erste Seite des Fotoaufnahme-Menüs

Fotoaufnahme zurücksetzen: Diese Funktion stellt nur die Einstellungen in diesem Hauptmenü zurück, betrifft also nicht das Individualfunktionen-Menü oder andere.

Ordner: Hier kannst du für einen Urlaub, einen Fotojob oder andere Situationen einen eigenen Ordner wählen. Du kannst über *Umbenennen* einen eigenen bis zu fünfstelligen Namen geben (das geht übrigens deutlich angenehmer mit der Touch-Funktion). Dann kannst du weitere *Ordner nach Nr. wählen* bzw. vergeben. So könntest du z. B. bei einer Rundreise jeden Tag eine neue Ordnernummer anlegen. Und wenn auf deiner Speicherkarte mehrere Ordner sind, kannst du einen *Ordner aus Liste wählen,* in den du jetzt hineinfotografieren möchtest.

Dateinamen: Den Dateinamen deiner Fotos kannst du selbst bestimmen. Dafür hast du drei Buchstaben und Zahlen zur Verfügung. Das reicht z. B. für deine Initialen.

Primäres Speicherkartenfach: Hier kannst du entscheiden, ob deine XQD- oder deine SD-Speicherkarte als Hauptkarte benutzt werden soll. Das hat dann Auswirkungen für die Einstellungen im nächsten Menüpunkt.

Funktion des sekundären Fachs: Meistens wird das SD-Kartenfach mit der *Funktion des sekundären Fachs* belegt, sie wird also als Zweitkarte genutzt. Jetzt kannst du bestimmen, ob du sie als zusätzliche Speicher*reserve* verwenden willst oder ob auf ihr *Sicherungskopien* deiner Fotos gespeichert werden sollen, besonders wichtig für die Fotografie einmaliger Gelegenheiten wie Feierlichkeiten, Events, Hochzeiten oder Pressefotografie. Vielleicht möchtest du auch deine RAWs und JPEGs auf den beiden Karten getrennt sichern. Da macht es auf jeden Fall Sinn, den schnelleren XQD-Kartenslot als primäres Speicherkartenfach einzustellen. Diese Punkte zu den Speicherkartenfächern gibt es nur bei den Kameras mit zwei Kartenfächern.

Auswahl des Bildfeldes: Deine Nikon Z kann in mehreren Bildformaten Fotos aufnehmen. *FX* ist das volle Sensorformat, *DX* ist etwa die Hälfte und entspricht dem Format der Nikon-Kameras mit DX-Sensor, *1:1* nimmt quadratische Fotos auf und *16:9* passt super, wenn du deine Fotos in ein Video einbauen möchtest oder sie ausschließlich am Fernseher betrachten willst. Die Z 7-Modelle haben noch das *5:4*-Seitenverhältnis. Das ist besonders attraktiv bei Porträtaufnahmen im Hochformat. Bedenke aber, alle Formate außer dem FX-Format haben weniger Auflösung.

Bildqualität: Hier stellst du ein, ob du im *NEF-* bzw. *RAW-* oder im *JPEG-* oder *TIFF-*Format aufnehmen willst. RAW und JPEG lassen sich auch vielfältig kombinieren. JPEGs mit Sternsymbol sind immer die Option, die die Bildqualität priorisiert. Ohne Stern komprimiert detailarme Motive stärker, um Speicherplatz zu sparen.

Das TIFF-Format wird heutzutage sehr selten benutzt und ist ein sehr großes Dateiformat. Wenn du also die höchste Bildqualität haben willst, solltest du das RAW-Format wählen. Wenn du möchtest, kannst du dann JPEGs mit *Basic* oder *Normal* ohne Sternchen dazu speichern. Wenn du nur JPEGs abspeichern willst, solltest du hier *Fine* wählen*.

Bildgröße: Auch sie beeinflusst die Bildqualität. Du kannst sowohl für JPEG- als auch für RAW-Aufnahmen getrennt aus drei Größen (*S, M, L*) wählen. Wenn du im vorherigen Menüpunkt *Bildqualität* eine Kombination aus RAW und JPEG gewählt hast, kannst du hier noch mal deine JPEG-Aufnahme verkleinern.

Die Option, die Bildgröße für RAW-Aufnahmen zu reduzieren, ist insbesondere für die Sport- und Veranstaltungsfotografie interessant. Da hier häufig an einem Tag tausende Fotos gemacht werden, die dann nur in kleiner Größe gedruckt oder im Internet veröffentlicht werden, kannst du eine Menge Datenspeicher sparen und hast trotzdem die Möglichkeit, die Fotos noch umfangreich zu bearbeiten.

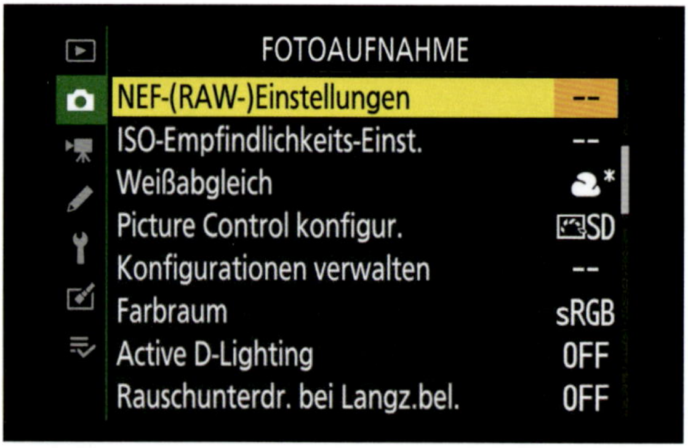

Auf Seite 2 geht es mit den NEF-(RAW-)Einstellungen weiter

NEF-(RAW-)Einstellungen: Mit ihnen hast du eine weitere Möglichkeit, die Dateigröße deiner Fotos zu optimieren. Es gibt drei Komprimierungsstufen für die RAW-Aufnahmen. *Verlustfrei komprimieren* spart etwa 25 % an Dateigröße, ohne dass es einen sichtbaren Verlust an Bildqualität gibt. Auch die Bearbeitungsmöglichkeiten sind gleichrangig. Bei *Komprimieren* wird etwa 50 % eingespart. Auch hier sind die Verluste an Bildqualität nicht visuell wahrzunehmen. Bei stärkerer nachträglicher Bildbearbeitung, also starkem Aufhellen oder Abdunkeln, bleibt aber weniger Spielraum. Besonders bei der Landschafts- oder Produktfotografie kann das dann zu Bildstörungen führen. *Nicht komprimieren* ergibt die größte Datei. Meine Empfehlung ist ganz klar die verlustfreie Komprimierung.

Als zweiten Punkt kannst du auch die *Farbtiefe* reduzieren. Dann werden die RAW-Bilder nur mit *12-* anstatt *14-bit* gespeichert. Auch hier sieht man erst bei der Bearbeitung einen Unterschied, und wieder leiden dann vor allem sehr detail- und kontrastreiche Motive.

ISO-Empfindlichkeits-Einst[ellungen]: Auch diese findest du im Menü. Hier kannst du nicht nur deine ISO-Werte einstellen, sondern findest vor allem alle Optionen für die *ISO Automatik*, z. B. ab welcher Verschlusszeit *(Längste Belichtungszeit)* die ISO-Werte erhöht werden sollen. Wenn hier *Automatisch* gewählt wird, berücksichtigt deine Kamera die Brennweite deines Objektivs und sogar, welche Zoomposition gerade eingestellt ist. Das schafft man selbst nicht so individuell.

Weißabgleich: Auch hier im Menü kann er eingestellt werden. Viel komfortabler ist es aber, dies im i-Menü oder über eine Taste zu machen. Etwas versteckt gibt es noch Optionen für den *Eigenen Messwert*. Hier kannst du zusätzlich zu den Möglichkeiten im i-Menü auch einen Kommentar zu den Presets eingeben und ein Foto als Referenz auswählen. Auch kannst du hier die Presets gegen schnelles Löschen schützen. Das sind Features, die man eher in der Werbe- oder Studiofotografie braucht, woran man wieder sieht, dass Nikon ein Hersteller ist, der immer die professionelle Fotografie mitberücksichtigt.

Picture Control konfigur[ieren]: Auch diesen Punkt kannst du ganz einfach im i-Menü ändern. Vielleicht gefällt dir die aufgeräumtere Grafik hier im Menü ja besser.

Konfigurationen verwalten: Dies ist ein sehr interessanter Punkt bei vielen Nikon-Kameras, der häufig gar nicht genutzt wird. Du kannst hier deine voreingestellten Picture Controls *Speichern [und] bearbeiten*. Aber das ist noch lange nicht alles. Es gibt neben den Standards und den *Creative Picture Controls* noch neun weitere Speicherplätze. Hier kannst du dir über die *Picture Control Utility*, eine kostenlose Software für PC und MAC, eigene Konfigurationen erstellen und dann über die Speicherkarte auf die Kamera laden. Somit hast du deinen ganz individuellen Look für deine Fotos und Videos.

Zum Thema ***Farbraum*** könnte man ganze Bücher schreiben. Fürs Erste gilt jedoch: Wähle ganz einfach den *sRGB*-Farbraum. Er ist der Standard, mit dem die meisten Monitore, Drucker und auch Fotodienstleister arbeiten. Wenn du in RAW fotografierst, kannst du deinen Farbraum auch später im Bildbearbeitungsprogramm ändern und dort sogar noch größere Farbräume wie ProFotoRGB wählen.

Active D-Lighting: Diese Funktion ist vor allem sehr hilfreich, wenn in JPEG fotografiert wird. Die Kamera kann von *Moderat* bis *Extrastark* mehr Details in hellen und dunklen Bildbereichen zeigen. *Automatisch* solltest du eher vermeiden: Wenn sich die Lichtverhältnisse während des Fotografierens z. B. durch wechselnde Bewölkung schnell ändern, kann es passieren, dass die Automatik die Stärke des Active-D-Lighting ändert.

Das Active D-Lighting wird auch bei RAW-Aufnahmen angewendet, kann dann aber nur von den Nikon-Bildbearbeitungen interpretiert werden. Bei anderen RAW-Konvertern, z. B. Lightroom, wird es nicht angewandt und deine Bilder sehen dann anders aus, als du es auf dem Kameramonitor siehst. Im Praxisteil gebe ich häufig Active-D-Lighting-Einstellungen an, damit du auch bei JPEG-Fotos direkt zu guten Ergebnissen kommst.

Rauschunterdr[ückung] bei Langz[eit]bel[ichtung]: Das ist eine spezielle Form der Rauschminderung. Wenn du längere Verschlusszeiten fotografierst, macht die Kamera noch eine zweite Aufnahme direkt im Anschluss, diese allerdings mit geschlossenem Kameraverschluss. Dadurch wird ein Schwarzbild erzeugt, das nur das Rauschen, das durch die längere Belichtung entsteht, beinhaltet. Diese „falschen" Pixel werden dann von der eigentlichen Aufnahme abgezogen und du erhältst eine rauschfreiere Aufnahme. Besonders bei Nachtaufnahmen und Fotos vom Sternenhimmel verbessert diese Einstellung deine Bilder. Bedenke aber, dass eine zehnsekündige Aufnahme dann 20 Sekunden dauert. Wenn du mehrere Minuten belichtest, verdoppelt sich auch diese Zeit. Dann solltest du sie unter Umständen lieber abschalten.

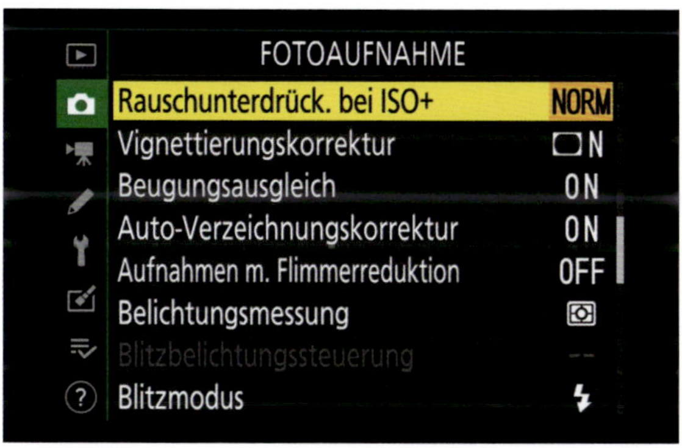

Die dritte Seite des Fotoaufnahme-Menüs

Rauschunterdrück[ung] bei ISO+: Dies ist die andere Form der internen Rauschunterdrückung. Hier kannst du aus drei Stufen und *Aus* wählen. Ich mag am liebsten die Einstellung *Schwach*. Vor allem bei *Stark* werden schon so viele Details durch die Rauschunterdrückung „glattgebügelt", dass das Foto meines Empfindens zu wenige Details zeigt und einen etwas künstlichen Charakter bekommt. Wenn du im RAW-Format fotografierst, kannst du die Rauschunterdrückung auch in der Bildbearbeitung vornehmen.

Vignettierungskorrektur: Vignettierung nennt man das Phänomen, dass bei Objektiven der Rand des Bildes, vor allem in den Bildecken, etwas dunkler als die Bildmitte ist. Besonders bei weit geöffneten Blendenwerten kann man das schon mal im Bild sehen. Auch hier hast du die Wahl zwischen *Aus* und drei Abstufungen der Korrektur. Ich verwende meistens *Aus* oder *Moderat*, da ich eine ganz leichte Vignettierung durchaus ästhetisch finde und sie bei den meisten Objektiven für das Z-Bajonett auch kaum vorhanden ist. Bei der Architekturfotografie kann sie manchmal etwas stärker auffallen, sodass ich dort schon mal *Normal* wähle.

Beugungsausgleich: Er behebt eine optische Besonderheit, Beugung oder auch Defraktion genannt. Sie tritt bei sehr kleinen Blendenöffnungen (Blende 16 oder 22) auf. Dadurch dass das Licht durch eine sehr kleine Öffnung auf den Sensor fällt, gibt es Lichtstrahlen, die durch den Rand der Blendenöffnung „verwirbelt“ werden, so wie das Wasser eines Flusses, das durch engstehende Brückenpfeiler gepresst wird.

Diese Beugungsunschärfe kann schon in der Kamera korrigiert werden. Ich finde das Ergebnis dieser Optimierung sehr gut und habe sie häufig aktiviert. Dennoch solltest du wenn möglich die größten Blendenwerte vermeiden und nur im Notfall, wenn du eine komplette Tiefenschärfe haben möchtest, Blendenwerte über 13 oder 16 einstellen.

Auto-Verzeichnungskorrektur: Die Verzeichnung ist die dritte der häufigen optischen Fehler von Objektiven. Besonders bei Weitwinkelobjektiven kann sie stören, da gerade Linien wie Hausfassaden leicht gewölbt abgebildet werden. Diese Korrektur schafft Abhilfe. Sie stiehlt aber auch ein ganz bisschen vom Bildwinkel, es werden also die Randbereiche des Bildes durch die Entwölbung angeschnitten. Daher verwende ich sie nur bei Bedarf und z. B. nicht bei Landschaftsaufnahmen. Auch hier sind die hochwertigen S-Line-Objektive aus dem Nikon Z-Sortiment nicht so stark betroffen wie ältere Objektive, sodass man auf diese Korrektur meist verzichten kann.

Aufnahmen m[it] Flimmerreduktion: Manche Lichtquellen flackern mit der Frequenz des Stromnetzes. Das heißt, sie leuchten nicht konstant gleich hell, sondern „flimmern“. Wenn die Funktion *Ein*geschaltet ist, löst die Kamera in dem Moment aus, wenn dieser Effekt am geringsten ist. Vor allem bei Serienaufnahmen führt das zu gleichmäßigeren Bildern. Als Nebeneffekt kann die Serienbildgeschwindigkeit ein bisschen herabgesetzt sein.

Belichtungsmessung: Nach den ganzen internen Korrekturen stellen wir damit nun wieder etwas klassisch Fotografisches ein. Deine Nikon Z hat vier verschiedene Belichtungsmessmethoden, um die Menge des Lichts zu messen oder besser gesagt zu interpretieren. Voreingestellt und getrost als Standard verwendbar ist die *Matrixmessung*. Deine Kamera misst den gesamten Bereich deines Motivs und berücksichtigt auch die Farben deines Bildausschnitts und worauf dein Autofokusfeld zeigt. Alle diese Informationen werden mit einer mehrere zigtausend Referenzbilder umfassenden Datenbank abgeglichen und die möglichst beste Belichtung eingestellt. Und das Ganze in Bruchteilen von Sekunden – wow.

Die *Mittenbetonte Messung* misst vorwiegend die Bildmitte ohne weitere Berechnungen. Für eine richtige Belichtung sollte dort eine mittlere Helligkeit bestehen (z. B. eine Asphaltstraße). Ich benutze sie auch gerne, da ich hier meine Erfahrung und die Belichtungskorrektur bei helleren oder dunkleren Motiven sehr gut verbinden kann. Der Vorteil, gerade wenn du mehrere Kameramodelle dein Eigen nennst: Hier verhalten sich alle Kameras in etwa gleich.

Die *Spotmessung* misst nur einen ganz kleinen Bildbereich von etwa 2 % des Bildfeldes, und zwar dort, wo das Autofokusfeld liegt. Auch hier sollte eine mittlere Helligkeit vorherrschen. Bei der Spotmessung kannst du sehr gute und genaue Belichtungen erreichen, aber auch sehr danebenliegen, wenn du z. B. etwas Schwarzes oder Weißes anmisst.

Relativ neu ist die *Lichterbetonte Messung*. Sie sorgt dafür, dass es im Bild keine ausgefressenen, also überbelichteten Stellen gibt. Vom Prinzip her ist sie mit der Matrixmessung verwandt, aber mit einer anderen Berechnung. Besonders gut ist sie für Theater-/Konzert- und Nachtfotografie mit hellen Spitzlichtern wie Straßenlaternen oder Schaufenstern geeignet. Diese werden dann nicht zu hell wiedergegeben.

Blitzbelichtungssteuerung: Sie ist ausgegraut und nicht anwählbar, wenn du keinen Blitz oder andere als den Nikon SB-5000 oder SB-500 ansetzt. Bei Letzterem nimmst du die Einstellungen vorwiegend in diesem Menü an der Kamera vor. Beim SB-5000 ist beides möglich. Du stellst hier z. B. zwischen der *TTL-Automatik*, *M* für manuelle Blitzeinstellungen und *CMD* für „Commander" um. Dann kannst du den angesetzten Blitz nutzen, um andere Blitzgeräte zu steuern.

Blitzmodus: Hier wählst du für normales Blitzen den *Aufhellblitz*. Die *Rote-Augen-Reduzierung* und die *Langzeitsync[hronisation] + Rote-Augen-Reduzierung* sind weitere Optionen. Sie sorgen durch Vorblitze dafür, dass sich die Pupillen der porträtierten Person schließen und es keine roten Augen gibt. Ich finde die Vorblitze sehr störend und versuche lieber durch indirektes Blitzen gegen die Decke oder das Ansetzen eines Diffusors, der bei vielen Blitzgeräten dabei ist, die roten Augen zu vermeiden.

Bei der *Langzeitsync[hronisation]* kannst du in den Modi A und P mit längeren Verschlusszeiten fotografieren, um z. B. eine stimmungsvolle Beleuchtung bei einer Feier in der Blitzaufnahme mit einzufangen.

Die *Synchronisation auf 2. Vorhang* sorgt bei langen Verschlusszeiten der Kamera und dazu aktiviertem Blitz dafür, dass eine Bewegung, z. B. ein Jongleur mit leuchtenden Bällen oder ein fahrendes Fahrrad mit eingeschalteten Lampen, „richtig herum" dargestellt wird. Ohne diese Option würde das Fahrrad scheinbar rückwärtsfahren.

Blitz aus unterdrückt das Blitzen bei eingeschaltetem Blitz. Ich würde hier aber lieber schnell das Blitzgerät ausschalten oder eine Taste mit der Funktion belegen.

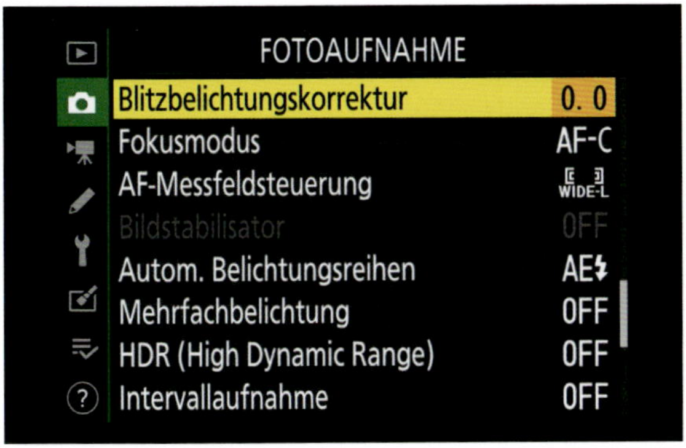

Bei der Z 6II beginnt die vierte Seite mit der Blitzbelichtungskorrektur

Blitzbelichtungskorrektur: Sie verändert die Helligkeit deines Blitzgeräts. Hier werden die Werte in Drittelstufen angegeben. Bei vielen Blitzgeräten, z.B. dem Nikon SB-910 oder SB-5000, kannst du das auch über das Blitzgerät selbst tun.

Fokusmodus: Du stellst ihn besser über das i-Menü oder über eine benutzerdefinierte Taste ein. Aber wenn du gerade sowieso mal im Menü bist, geht das auch hier.

AF-Messfeldsteuerung: Hier gilt Gleiches. Stelle sie besser über das i-Menü oder über eine benutzerdefinierte Taste ein.

Bildstabilisator: Man nennt ihn auch *IBIS (In Body Integrated Stabilisation)*. Besonders professionell: Du kannst ihn nicht nur ein- und ausschalten, sondern auch den *Sport*-Modus wählen. Dann kannst du ihn auch bei Mitzieheraufnahmen verwenden. Wenn dein Z-Objektiv einen integrierten Stabilisator besitzt, wird auch er über diesen Menüpunkt eingestellt. Achtung, bei F-Bajonett-Objektiven mit Bildstabilisator (VR) hast du meistens einen Schalter, der auf *ON, Active* oder *Sport* stehen muss.

Autom[atische] Belichtungsreihen: Hier verbirgt sich noch mehr als nur das sogenannte Bracketing. Du kannst hier einstellen, dass deine Kamera neben einer normal belichteten Aufnahme noch hellere und dunklere Bilder macht. Auch eine Automatisierung für verschieden helle Blitzbelichtungen gibt es. Bei beidem macht die Kamera wirklich mehrere Aufnahmen. Darüber hinaus kann sie aber auch automatisch mehrere Versionen eines Fotos mit verschiedenen Weißabgleicheinstellungen und Active-D-Lighting-Variationen abspeichern. Diese Bilder sind dann Kopien der eigentlichen Aufnahme.

Mehrfachbelichtung: Zu analoger Zeit verstand man darunter, dass auf ein Stück Filmstreifen mehrfach fotografiert werden konnte und dadurch besondere Effekte erzielt wurden. Hier kann eingestellt werden, dass zwei oder mehr Aufnahmen direkt in der Kamera übereinandergelegt werden. Im Workshop „Pilze in der Doppelbelichtung" gibt es ein Beispiel für dieses interessante Feature.

HDR (High Dynamic Range): Wenn in deinem Motiv ein sehr hoher Kontrast herrscht, z. B. helle Wolken und eine dunklere Landschaft, kann eine sogenannte HDR-Aufnahme helfen, dass sowohl die hellen als auch die dunklen Bildbereiche gut erkennbar sind. Du kannst die Stärke über die *Belichtungsdifferenz* automatisch oder in Stufen einstellen. Es werden zwei Aufnahmen mit unterschiedlich langer Verschlusszeit aufgenommen und direkt in der Kamera zu einer Aufnahme zusammengefügt. Wenn du möchtest, kannst du die normale Belichtung auch als NEF-/RAW-Datei speichern.

Mit ***Intervallaufnahmen*** kannst du eine riesengroße Menge an Fotos automatisch erstellen. Du gibst ein Zeitintervall, also den Abstand zwischen den Aufnahmen an. Sogar zu welchem Zeitpunkt deine Kamera mit der Aufnahme beginnen soll, kann festgelegt werden.

Am Computer kann dann aus diesen Aufnahmen ein Film zusammengefügt werden, bei der Z 6-Serie in 4K, bei der Z 7-Serie sogar in 8K-Auflösung.

Die Intervallaufnahmefunktion lässt sich sogar mit den automatischen Belichtungsreihen ein paar Menüpunkte vorher kombinieren. Auch ist es möglich, Intervalle aufzunehmen, wenn als Bildqualität das RAW-Format gewählt ist. Dadurch lassen sich die Einzelbilder noch besser bearbeiten. Geeignete Motive sind langsame Abläufe wie das Aufgehen von Blüten am Morgen, der Aufbau einer Veranstaltung über mehrere Stunden oder sogar Tage, oder die Veränderung des Wetters.

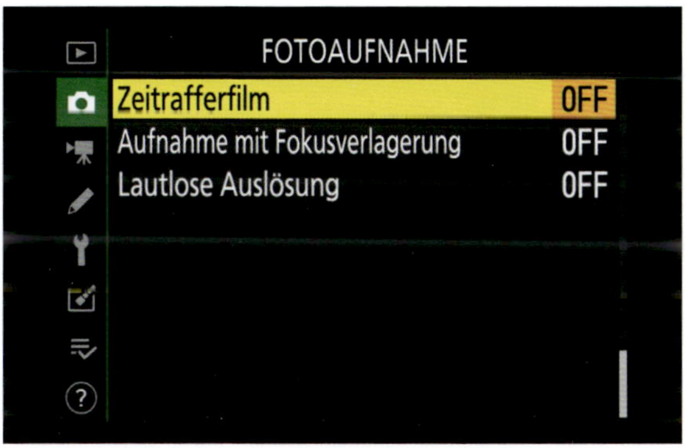

Die letzte Seite des Fotoaufnahme-Menüs

Zeitrafferfilm: Wenn du deine Serie an Fotos nicht erst am Computer zusammenfügen möchtest, sondern sie ganz bequem schon in der Kamera als fertigen Videofilm anschauen willst, kannst du deinen Zeitrafferfilm auch über diesen Menüpunkt erstellen. Hier gibt es ein paar Einstellmöglichkeiten weniger als bei der Intervallaufnahme. So kannst du z. B. deinen Startpunkt für die Aufnahmen nicht vorwählen. Ich empfehle hier die *Stille Auslösung*.

Aufnahme mit Fokusverlagerung: Noch eine weitere Spezialfunktion. Hier können nach vorher eingestellten Parametern wie der *Schrittweite der Fokusverlagerung* (wie weit die scharfe Ebene zwischen den einzelnen Aufnahmen verschoben wird) und dem *Intervall bis nächste Aufnahme* (wichtig, wenn mit Blitzlicht fotografiert wird) automatisch Fotos aufgenommen werden, die dann über den Punkt *Speicherordner bei Start* in einen eigenen Ordner abgelegt werden. Diese Fotos können in verschiedenen Bildbearbeitungsprogrammen zu einer Aufnahme zusammengebaut werden. Die fertige Aufnahme hat dann eine durchgehende Tiefenschärfe vom Vorder- bis zum Hintergrund. Anwendungsbeispiele sind Landschafts-, Architektur- und vor allem Produktfotos.

Stille Auslösung: Du stellst sie ein, wenn du beim Fotografieren kein Geräusch machen möchtest. Aber Achtung, es gibt ein paar Situationen, wo das Nachteile ergeben kann. Wenn du bei künstlichem Licht fotografierst, kann es sein, dass die Lampen flackern. Das kennst du von Leuchtstoffröhren. Dann kann es in deinen Fotos zu Streifen (Banding) kommen. Ein anderer Bildfehler kann bei sehr schnellen Bewegungen deines Motivs, z. B. einem sich schnell bewegenden Tier, entstehen. Dann wird das Tier etwas verzerrt dargestellt. Diesen Effekt nennt man Rolling Shutter. Ich verwende die lautlose Auslösung gern bei Sach- und Produktaufnahmen.

Filmaufnahme-Menü

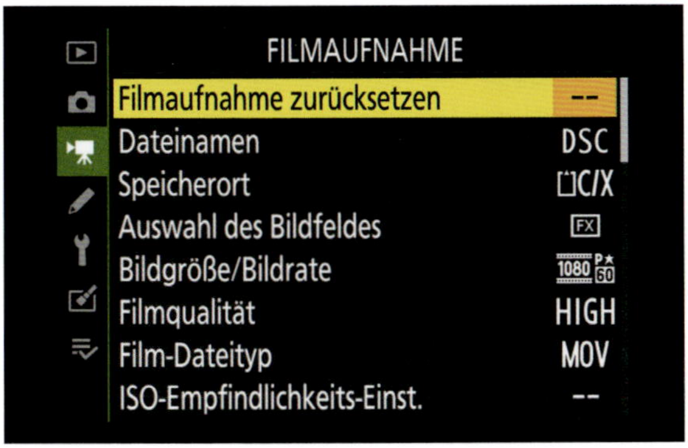

Deine Nikon Z hat ein eigenes Menü für Videoaufnahmen. So musst du nicht mühsam durch Einstellungen blättern, die nur für Fotoaufnahmen relevant sind.

Auch dieses Hauptmenü kannst du über ***Filmaufnahme zurücksetzen*** getrennt auf die Werkseinstellungen setzen.

Damit auch deine Videos einen individuellen ***Dateinamen*** haben, gibt es den Menüpunkt auch hier.

Bei den Nikon Z-Modellen mit zwei Speicherkartenfächern kannst du den ***Speicherort*** bestimmen, also auf welche der beiden Karten die Filme sollen.

Auch beim Filmen ist es möglich, eine ***Auswahl des Bildfeldes*** vorzunehmen. Der Vorteil beim Filmen: Wenn du hier das *DX*-Format wählst, hast du trotzdem noch die volle Auflösung. Es ist also eine tolle Option, um die Brennweite deiner Objektive z. B. für Tierfilme zu verlängern.

Mit der Einstellung der ***Bildgröße/Bildrate*** legst du fest, ob du in *Full HD* (1920 x 1080) oder *4K* (3840 x 2160) aufnehmen willst. Die Zahl dahinter bestimmt, wie viele Einzelbilder pro Sekunde aufgezeichnet werden. Bei 25p sind es 25 Bilder, bei 60p 60 Bilder. Die Z 6 und Z 7II können 4K bis zu dieser Bildrate aufnehmen. Die erste Generation der Z 6 und Z 7 kann dies nur bis zu 30 Bildern. Bei Full HD können alle bis 120 Bilder pro Sekunde aufnehmen. Damit kannst du nachträglich spannende Zeitlupen erstellen. Ganz unten in diesem Menüpunkt hast du noch drei verschiedene Einstellungen für Zeitlupen, die direkt in der Kamera erzeugt werden. Diese sind allerdings ohne Tonaufnahme.

Die ***Filmqualität*** kann zwischen *Normal* und *Hohe Qualität* eingestellt werden. Wenn du deine Filme noch aufwendiger bearbeiten möchtest und auch Kontrast- und Farbeinstellungen in einer Videosoftware vornehmen willst, solltest du *Hohe Qualität* wählen.

Es gibt in deiner Kamera auch die Auswahl zwischen zwei ***Film-Dateitypen.*** Welche Einstellung du hier nimmst, bestimmt vor allem deine Videobearbeitungssoftware. Auch Apple-User schwören hier häufig auf das *MOV*-Format. Heutzutage kannst du bei diesem Punkt aber eigentlich keine falsche Wahl mehr treffen. Moderne Software kann mit beiden Formaten arbeiten.

Natürlich sind auch beim Filmen die ***ISO-Empfindlichkeits-Einst[ellungen]*** wichtig. Bei der *Maximalen Empfindlichkeit* kannst du hier ruhig sehr hoch gehen. Ich habe hier *Hi 1* eingestellt. Die *ISO-Automatik* und die *ISO-Empfindlichkeit* für den *Modus M* kannst du auch über die ISO-Taste oben auf dem Kameragehäuse einstellen. In den anderen Belichtungsprogrammen ist immer die ISO-Automatik aktiv.

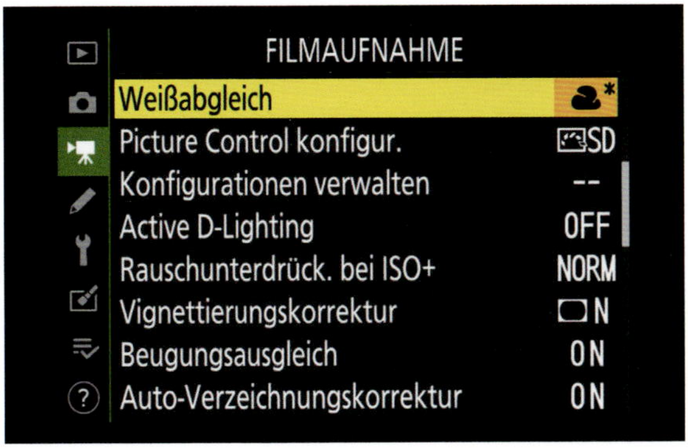

Bei der Z 6II geht es auf Seite 2 mit dem Weißabgleich weiter, bei der Z 6 mit der Picture Control

Der richtig eingestellte ***Weißabgleich*** ist bei Filmaufnahmen sogar noch wichtiger als bei Fotos. Wenn die Farben nicht schon für die Aufnahme gut eingestellt wurden, ist es sehr aufwendig und nur bedingt möglich, diese zu ändern. Zwar können die Nikon Z 6- und Z 7-Modelle auch RAW-Videomaterial aufzeichnen, das dann später besser korrigiert werden kann, doch ist dies eher für professionelle Filmer geeignet.

Gleiches gilt für ***Picture Control konfigur[ieren]***. Du kannst gut *Standard* wählen. Tolle Effekte erzielst du mit den *Creative Picture Controls*. Wenn du deine Videos noch nachbearbeiten und „graden", also Kontrast und Farbeinstellungen verändern möchtest, ist das Profil *FL Ausgewogen* am besten geeignet.

Für deine Aufnahmen kannst du über den Punkt ***Konfigurationen verwalten*** auch eigene Profile abspeichern. Du hast hier auch wieder neun Speicherplätze, die unabhängig von denen aus dem *Fotoaufnahme-Menü* sind, insgesamt hat deine Kamera also 18 Stück.

Für Filmaufnahmen ist ***Active D-Lighting*** ein starkes Werkzeug, um bei sehr kontrastreichen Motiven sehr helle und sehr dunkle Bereiche vor Über- bzw. Unterbelichtung zu schützen. Achte nur darauf, dass die sehr hohen Werte *H Verstärkt* und *H* Extrastark* zu Bildrauschen in sehr dunklen Bereichen führen können.

Auch die Videoaufnahmen können durch ***Rauschunterdrück[ung] bei ISO+*** optimiert werden. Auch hier gilt: Eine starke Rauschminderung kostet Detailreichtum. Ich empfehle *Schwach* oder *Normal*.

Die ***Vignettierungskorrektur*** greift auch hier.

Ebenso verringert der ***Beugungsausgleich*** die Schärfeminderung durch Defraktion. Da man aber eher selten mit sehr stark geschlossenen Blendenwerten wie f/16 und geschlossener filmt, empfehle ich hier, auf *OFF* zu stellen.

Die ***Auto-Verzeichnungskorrektur*** habe ich meistens eingeschaltet. Auch beim Filmen können gewölbte Linien störend sein. Wenn der Punkt ausgegraut ist, lässt er sich bei dem angesetzten Objektiv nicht verändern.

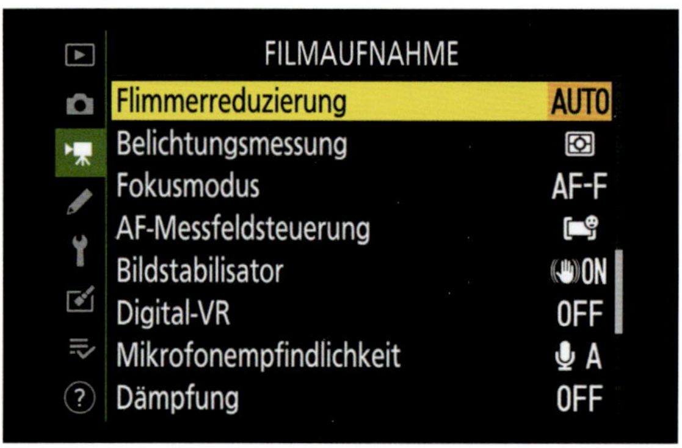

Bei der Z 6II beginnt die Seite mit der Flimmerreduzierung, bei Generation I mit der Belichtungsmessung

Die ***Flimmerreduzierung*** hilft, das Flackern bzw. die Streifenbildung bei Kunstlichtquellen wie Leuchtstoffröhren zu reduzieren oder sogar ganz zu eliminieren. Sie kann in der Regel auf *Automatisch* stehen.

In den meisten Fällen wird die ***Belichtungsmessung*** in der *Matrixmessung* die besten Ergebnisse erzielen. Die *Mittenbetonte* und *Lichterbetonte Messung* führen bei Kameraschwenks zu starken Belichtungsabweichungen.

Fokusmodus und ***AF-Messfeldsteuerung*** solltest du auch beim Filmen im i-Menü haben, damit du schnell darauf zugreifen kannst.

Auch der ***Bildstabilisator*** im Videomodus verfügt über die *Normal-* und *Sport*-Einstellung. Gerade bei seitlichen Schwenks und Kamerafahrten solltest du ihn auf *Sport* stellen. Insgesamt macht er das Kamerabild deutlich ruhiger und angenehmer anzuschauen, wenn man mit der Kamera aus der Hand filmt. Wenn du ein Gimbal benutzt, solltest du ausprobieren, ob der Bildstabilisator besser auf *Aus* stehen sollte.

Im Filmaufnahme-Menü gibt es zusätzlich noch den ***Digital-VR***, also den elektronischen Bildstabilisator. Er ist sehr leistungsstark, wenn eine ruhige Aufnahme, also ohne Schwenk oder andere Bewegung der Kamera gemacht wird, z. B. eine Aufnahme von weiter entfernten Tieren mit einem Teleobjektiv. Wenn die Kamera bewegt wird, kann der digitale VR zu Sprüngen im Bild führen.

Der Ton ist bei Videoaufnahmen natürlich auch sehr wichtig. Hier stellst du die ***Mikrofonempfindlichkeit*** ein. *Automatisch* solltest du nicht wählen, da hier der Mikrofonpegel bei Stille sehr hoch geht, um dann bei erneuten Geräuschen wieder abgesenkt zu werden. Das führt zu auffälligen Spitzen beim Ton. Besser du regelst ihn *Manuell*. Wenn du z. B. ein Interview aufnehmen willst, solltest du idealerweise die Person ein paar Testwörter sprechen lassen. Der Pegel sollte dann noch gerade nicht in den roten Bereich kommen. Am besten benutzt du ein externes Mikrofon, aber auch das interne Mikro liefert schon brauchbare Tonaufnahmen.

Mit der ***Dämpfung*** kannst du verhindern, dass kurzfristige laute Geräusche zu präsent in deinem Video aufgenommen werden. Eine praktische Einstellung, wenn du z. B. im Straßenverkehr oder einer Fabrik filmst.

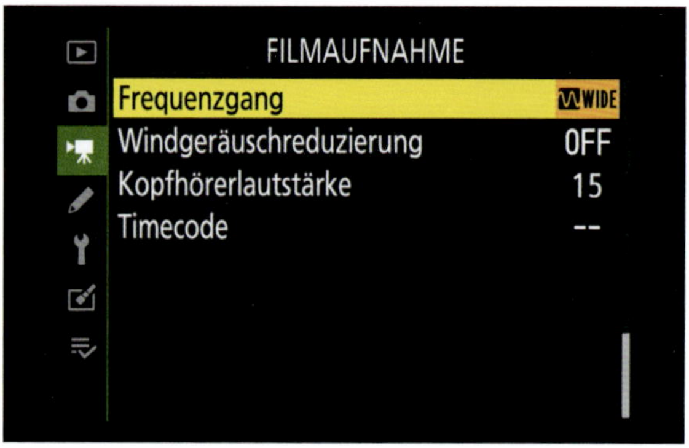

Die letzte Seite des Filmaufnahme-Menüs beginnt bei der Z 6II mit dem Frequenzgang

Mithilfe des ***Frequenzgangs*** kannst du die Tonaufnahme des internen Mikrofons optimieren. Für allgemeine Aufnahmen, z. B. von Geräuschen in der Natur, ist *Breitband* richtig. Wenn du Gespräche aufzeichnest, wählst du *Sprache*.

Noch eine Möglichkeit, für guten Ton zu sorgen, ist die ***Windgeräuschreduzierung.*** Der Ton wird dabei aber auch etwas dumpfer. Vielleicht sind dir schon mal diese großen fluffigen Überzieher an Mikrofonen bei Außenaufnahmen aufgefallen. Diese sind auch dazu da, Windgeräusche zu verringern.

Damit du deinen Ton optimal einstellen kannst, brauchst du auch Kopfhörer. Diese kannst du an der entsprechenden Buchse deiner Nikon Z anschließen und über die ***Kopfhörerlautstärke*** einstellen.

Ein ***Timecode*** wird benötigt, wenn mit mehreren Kameras aufgenommen wird. Dann lassen sich die Szenen beim Schnitt einfacher zusammensetzen.

Individualfunktionen-Menü

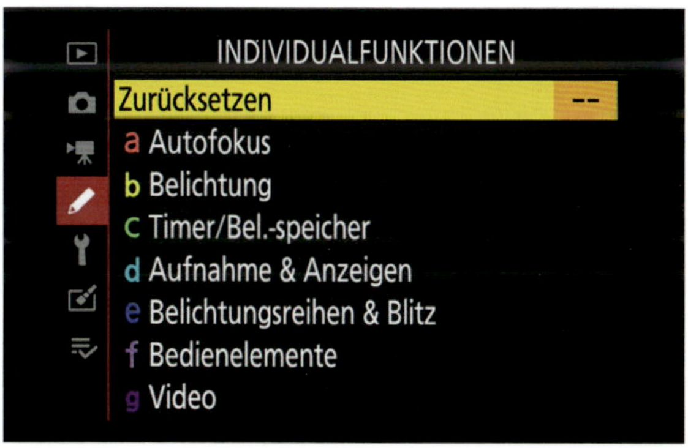

Auch dieses Menü beginnt mit der Einstellung „Zurücksetzen“

Autofokus

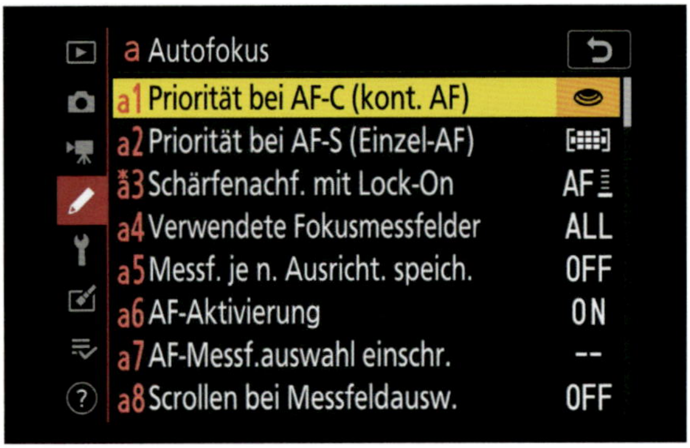

Hier dreht sich alles um den Autofokus

a1: Über die ***Priorität bei AF-C (kont[inuierlicher] AF)*** wird festgelegt, ob die Kamera beim Druck auf den Auslöser immer auslöst oder nur nach erfolgter Scharfstellung. Beide Einstellungen können richtig sein. Wenn du das Gefühl hast, den richtigen Moment zu verpassen, stelle hier *Auslösepriorität* ein. Wenn du den Eindruck hast, gar keine ganz knackscharfen Fotos zu bekommen, dann probiere mal die *Schärfepriorität*. Ich habe hier fast immer die Auslösepriorität an.

a2: Auch für den Einzelautofokus kann die ***Priorität bei AF-S (Einzel-AF)*** festgelegt werden. Hier habe ich immer die *Schärfepriorität* aktiviert. Mit dem AF-S fotografiere ich Motive, die sich nicht spontan bewegen. Da will ich immer die Gewissheit haben, dass erfolgreich scharfgestellt wurde.

a3: Mit der ***Schärfenachf***[ührung***] mit Lock-On*** kannst du einstellen, ob der kontinuierliche AF *Schnell* reagiert, also von einem Objekt ablässt, wenn es z. B. kurz verdeckt ist, oder ob er dann erst *Verzögert* auf das neue Objekt scharfstellt. Diese Einstellung ist wichtig, wenn bei Sportaufnahmen immer wieder Hindernisse oder andere Sportler das eigentliche Objekt verdecken. Auch beim Verfolgen eines fliegenden Vogels kann dies passieren. Dann ist eine verzögerte Einstellung besser. Wenn du aber Objekte hast, die sich schnell auf dich zubewegen, ist die *Schnell*-Einstellung besser geeignet.

a4 (Generation I): Der Menüpunkt ***Gesichts-/Augenerk[ennungs]-AF (Auto)*** ist nur bei der ersten Generation der Z-Kameras zu finden. Hier kann zwischen *Gesichts- und Augenerkennung* für Menschen, einer *Gesichtserkennung* (ohne Augenerkennung) oder einer *Tiererkennung* (sie erkennt Augen und Gesichter von Katzen und Hunden) ausgewählt werden. Du kannst sie auch ausschalten. Diese Einstellungen beziehen sich nur auf die automatische Messfeldsteuerung. Bei den Z-Kameras der zweiten Generation werden diese Optionen direkt bei der *AF-Messfeldsteuerung* ausgewählt.

a4 (Generation II): Über ***Verwendete Fokusmessfelder*** kann mit *1/2* die Anzahl der auswählbaren Fokuspunkte auf die Hälfte reduziert werden. Das kann bei 273 Messfeldern (Z 6) oder 493 Messfeldern (Z 7) durchaus praktisch sein, um mit dem *Einzelfeld*, *Dynamisch* oder dem *Großen Messfeld (kl[ein])* schneller über den gesamten Bildbereich die Fokuspunkte zu verstellen. Für das *Nadelspitzen-Messfeld*, das *Große Messfeld (gr[oß])*, das *Tracking*, die Augen- und Gesichtserkennung und die *Automatische Messfeldsteuerung* bleiben alle Felder aktiv. Deine Kamera kann also weiterhin ganz detailliert scharfstellen.

a5: Damit du dein Autofokusmessfeld beim Wechseln von Quer- zu Hochformataufnahmen nicht immer wieder neu positionieren musst, kannst du das ***Messf[eld] je n[ach] Ausricht[ung] speich[ern].*** Wenn du z. B. etwas links oben in deinem Bildausschnitt scharfstellen möchtest, bewegst du dort dein Messfeld hin, während die Kamera im Querformat ist. Dann hältst du die Kamera im Hochformat und bewegst dein Feld ebenfalls in die obere linke Ecke. Wenn du jetzt zwischen den Kamerahaltungen wechselst, wirst du sehen, dass dein AF-Messfeld immer dort landet, wo du es hinbewegt hast. Wichtig ist, dass der Menüpunkt mit *Ja* aktiviert ist.

a6: Der Menüpunkt für die ***AF-Aktivierung*** ist sehr wichtig und ändert die Art, wie du fotografierst, entscheidend. Die Standardeinstellung ist hier *AF-ON-Taste/Auslöser*. Wenn *Nur AF-ON-Taste* gewählt wird, fokussiert deine Kamera nicht mehr beim Drücken des Auslösers. Du musst also zwingend eine weitere Taste dazu aktivieren. Wie das Ganze am besten eingestellt wird und wofür das überhaupt nützlich sein kann, ist im Abschnitt „Die Schärfe“ unter „Der Back-Button-Autofokus“ genau erklärt.

a7: Vielleicht brauchst du die ein oder andere AF-Messfeldsteuerung gar nicht. Dann kannst du die ***AF-Messf[eld]auswahl einschr[änken]***. Das Häkchen bei der *Einzelfeld*-Steuerung kann nicht entfernt werden. Diese Steuerung ist wirklich elementar. Die anderen Messfelder kannst du deaktivieren. Wichtig zu wissen: Sie sind dann nur über die Schnellauswahl mit einer Taste ausgeblendet. Du kannst also viel schneller zwischen deinen verbleibenden Optionen wechseln. Im Menü und auch im i-Menü bleiben weiterhin alle Optionen anwählbar.

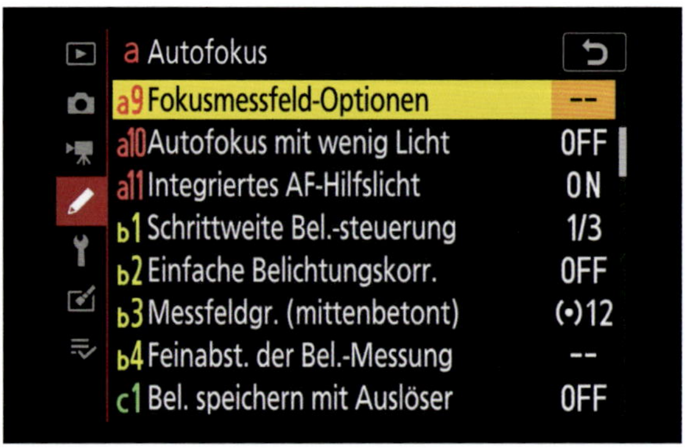

Die erste Generation der Z-Kameras hat hier zwölf Menüpunkte, die Generation II nur elf, da die Augenerkennung für Mensch und Tier direkt in die Fokusmessfeldsteuerung gewandert ist

a8: Wenn dir lieber ist, dass dein AF-Messfeld nicht weiterbewegt werden kann, wenn du den Rand deines Bildes erreichst, anstatt *Umlaufend*, also beim Erreichen des Bildrandes auf der anderen Seite wieder aufzutauchen, kannst du das ***Scrollen bei Messfeldausw[ahl]*** auf *Am Rand stoppen* einstellen.

a9: Hier kannst du zwei ***Fokusmessfeld-Optionen*** einstellen. Nämlich, ob du beim *manuellen Fokus* weiterhin ein kleines Quadrat siehst oder dieses nur erscheint, wenn du dein Messfeld verschiebst. Bei der Option *Ein* weiß ich jederzeit, wo ich zum exakten manuellen Fokussieren hineinzoomen kann. Auch bei der zweiten Option, dem *Assistent für „Dynamisch“*, möchte ich gern auch den Bereich der umliegenden Hilfsfelder sehen. Wenn du lieber ein klareres Sucher- oder Monitorbild haben möchtest, kannst du diese Punkte auf *Aus* stellen.

a10: Wenn es sehr dunkel in deinem Motiv ist, kann der ***Autofokus mit wenig Licht*** helfen. Er funktioniert aber nur bei AF-S. Wundere dich nicht, wenn der Fokus etwas langsamer als üblich ist. Die Kamera fokussiert hier nur mit dem Kontrast-Autofokus. Es ist aber eine tolle Möglichkeit, auch bei Nachtaufnahmen oder in sehr dunklen Innenräumen noch mit dem Autofokus zu arbeiten. Er wird nur bei sehr schlechten Lichtverhältnissen aktiviert und auch nur dann, wenn du auf *Ein* schaltest. Bei guten Lichtverhältnissen arbeitet der AF deiner Kamera also immer ganz normal.

a11: Eine andere Möglichkeit, um bei schlechten Lichtverhältnissen die Performance des Autofokus zu verbessern, ist die Aktivierung des ***Integrierten AF-Hilfslichts***. Ich habe es standardmäßig ausgeschaltet, da ich es bei vielen Motiven, vor allem bei Porträts, als störend empfinde. Bei Bedarf, z. B. Sachaufnahmen in sehr dunklen Umgebungen, kann es hier aktiviert werden.

a12: Die Z-Kameras der zweiten Generation haben noch einen weiteren Punkt im Autofokusmenü: Die ***Man[uelle]Fokussierung im AF-Modus*** erlaubt das direkte manuelle Scharfstellen mit dem Fokusring des Objektivs, obwohl der Autofokus aktiviert ist. Dies funktioniert sowohl beim Einzelautofokus AF-S als auch beim kontinuierlichen AF-C. Auf dieses tolle Feature möchte ich nicht verzichten, deswegen ist diese Einstellung bei meiner Z 6 immer aktiviert.

Belichtung

b1: In der ***Schrittweite der Bel[ichtungs]steuerung*** kannst du die Belichtungswerte Blende, Zeit und ISO-Wert bei deiner Nikon Z in *1/3-LW*-Stufen einstellen oder, wenn du größere Sprünge machen willst, in *1/2 LW* einstellen.

b2: Die Belichtungskorrektur machst du immer mit der Belichtungskorrektur-Taste neben deinem Auslöser und einem der beiden Einstellräder. Wenn du sehr häufig und daher noch schneller eine Korrektur vornehmen möchtest, kannst du die ***Einfache Belichtungskorr[ektur]*** nur mit dem Einstellrad machen. Dabei kann sogar noch die Option *Einstellrad (Reset)* gewählt werden. Dann stellt die Kamera die Korrektur beim Ausschalten oder im Standby-Modus zurück auf 0.

b3: Die ***Messfeldgr[öße] (mittenbetont)*** kann zwischen einem *12 mm* großen Kreis in der Mitte des Bildfelds oder einer über das gesamte Bildfeld gleichgewichteten Integralmessung eingestellt werden. Für Letztere wählt man *AVG*. Bei *12 mm* wird die Mitte des Bildes stärker bei der Belichtungsmessung gewertet. Das sind aber meistens nur Nuancen.

b4: Für jede der vier Belichtungsmessarten kann eine ***Feinabst[immung] der Bel[ichtungs]messung*** vorgenommen werden. Bevor man in das Untermenü kommt, gibt es einen Warnhinweis, dass es keine Anzeige auf dem Monitor gibt, wenn hier eine Feinabstimmung eingestellt wird. Für jede Messmethode kann hier individuell eine Justierung in *1/6*-Lichtwertstufen eingestellt werden, also sehr fein. Wenn du also das Gefühl hast, dass die Kamera für deinen Geschmack etwas zu hell oder zu dunkel belichtet, kannst du hier Abhilfe schaffen.

Timer/Belichtungsspeicher

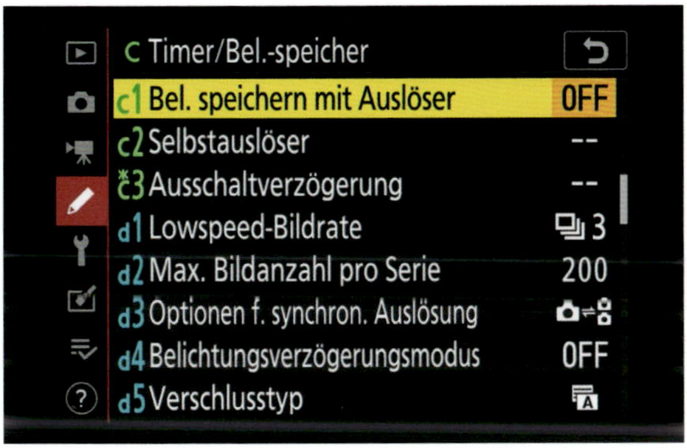

Diese Menügruppe ist mit nur drei Punkten übersichtlich

c1: Bel[ichtung] speichern mit Auslöser: So wie der Fokus beim AF-S mit dem halb gedrückten Auslöser gespeichert wird, kann dies auch bei der Einstellung *Ein (halb drücken)* mit der gemessenen Belichtung gemacht werden. Wenn *Ein (Aufnahmeserie)* ausgewählt ist, wird der Belichtungswert bei Serienaufnahmen für alle Aufnahmen, die in einem „Burst", also einer Folge, gemacht werden, unverändert eingehalten.

Aber Achtung! Das muss nicht gleichzeitig bedeuten, dass nun alle Bilder gleich hell sind. Wenn du z. B. Sportaufnahmen machst und dabei eine Skifahrerin verfolgst, kann die Helligkeit des Hintergrunds (dunkle Bäume, heller Himmel) sehr unterschiedlich sein. Es können also innerhalb der Aufnahmeserie zu helle oder zu dunkle Fotos entstehen. Wenn du *Aus* wählst, kannst du eine Taste zum Speichern der Belichtung wählen. Dies geht in den *Individualfunktionen f/Bedienelemente.*

c2: Für den ***Selbstauslöser*** gibt es eine ganze Menge Einstellmöglichkeiten. Als Erstes kann die *Vorlaufzeit* zwischen zwei und 20 Sekunden eingestellt werden. Also genug Zeit, um noch aufs Gruppenbild zu kommen und die Kleidung zurechtzuzupfen. Damit dann nicht nur ein Foto gemacht wird, kann die *Anzahl von Aufnahmen* bis neun Bilder und das *Intervall zwischen den Aufnahmen* zwischen *0,5* und *3 Sekunden* eingestellt werden.

c3: Im Menüpunkt ***Ausschaltverzögerung*** kann das Abschalten des Monitors zum Stromsparen für vier Bereiche festgelegt werden. Für die *Wiedergabe* kann zwischen einem kurzen Blick von vier Sekunden bis zu zehn Minuten variiert werden. Die längeren Zeiten sind sinnvoll, wenn du deine Bilder über deinen Fernseher oder einen Beamer betrachten willst. Für die *Menüs* sind sicher keine Zeiten länger als 20 Sekunden nötig, da jedes Navigieren oder Einstellen von Parametern die Ausschaltzeit wieder verlängert.

Bei der *Bildkontrolle* handelt es sich um die automatische Wiedergabe, auch die kann sehr kurz (zwei oder vier Sekunden) sein. Die *Standby-Vorlaufzeit* kann für Videofilmer oder das Fotografieren im Studio auch mal auf mehrere Minuten eingestellt werden. Ich habe hier eine Minute genommen, um bei Tier- und Landschaftsaufnahmen mehr Zeit zwischen den Aufnahmen zu haben.

Aufnahme & Anzeigen

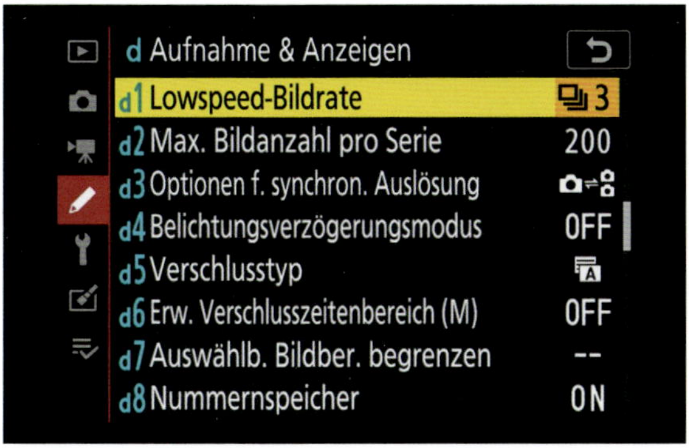

Hier geht es ins Detail von Aufnahmeeinstellungen wie der synchronisierten Auslösung mehrerer Kameras und Anzeigehilfen wie Gitterlinien oder dem Konturfilter

d1: Lowspeed-Bildrate: Wie viele Bilder pro Sekunde deine Kamera bei der langsamen Serienaufnahme L machen kann, kannst du hier einstellen. Das geht aber auch außerhalb des Menüs, wenn du einfach die Taste für die Bildfolge drückst und bei der Serienaufnahme L mit dem vorderen Einstellrad zwischen einem bis fünf Bilder pro Sekunde wählst.

d2: Die ***max[imale] Bildanzahl pro Serie*** kann zwischen 1 und 200 begrenzt werden. Dies gilt aber nur für den mechanischen Verschluss. Wenn die *stille Auslösung* gewählt ist, kann so lange fotografiert werden, wie die Speicherkarte oder der Pufferspeicher reichen.

d3: Über die Funksteuerung WR-T10 mit dem Empfänger WR-R11b lassen sich mehrere Kameras synchron auslösen. Über die ***Optionen f[ür] synchron[isierte] Auslösung*** lässt sich diese Funktion bei gekoppelten Kameras schnell aktivieren (*Synchron[isiert]*) oder deaktivieren (*Nicht synchron[isiert]*), ohne das ganze Set-up aus Kameras und Funkfernsteuerung zu entkoppeln.

d4: Der ***Belichtungsverzögerungsmodus*** ist ein etwas kompliziert klingender Name für eine sehr praktische Funktion. Mit ihm lässt sich die Kamera ohne weiteres Zubehör erschütterungsfrei auslösen. Je nach Stativ und angesetztem Objektiv kannst du zwischen 0,2 und drei Sekunden wählen. Diese Funktion bleibt auch nach dem Ausschalten der Kamera aktiv. Ich benutze sie daher anstelle des Selbstauslösers, wenn ich Stativaufnahmen mache.

d5: Der ***Verschlusstyp*** kann auf *Automatisch* stehen bleiben. Dann wählt die Kamera selbständig die passende Methode aus.

d6: Die Z-Kameras der zweiten Generation können kameraintern im Modus M Verschlusszeiten von bis zu 900 Sekunden (15 Minuten) bilden. Diesen ***Erw[eiterten] Verschlusszeitenbereich (M)*** musst du aktivieren. Alternativ gibt es für die Z-Kameras der ersten Generation die Möglichkeit, über *Time* im Modus M auch so lange zu belichten, wie du willst.

d7: Formate wie *DX*, *1:1* oder *16:9*, die du nicht brauchst, kannst du für die Schnellauswahl per benutzerdefinierter Taste in ***Auswählb[aren] Bildber[eich] begrenzen*** ausblenden. Über das Menü und i-Menü lassen sie sich weiter auswählen.

d8: Den ***Nummernspeicher*** solltest du wie voreingestellt auf *Ein* lassen, damit deine Kamera immer neue Dateinummern für deine Bilder vergibt. Wenn sie bei 9999 angekommen ist, wird sie einen neuen Ordner anlegen. Bei den anderen Optionen hast du schnell doppelte Dateinummern. Wenn du dir eine gebrauchte Kamera gekauft hast, kannst du natürlich zu Anfang einmal *Zurücksetzen* wählen.

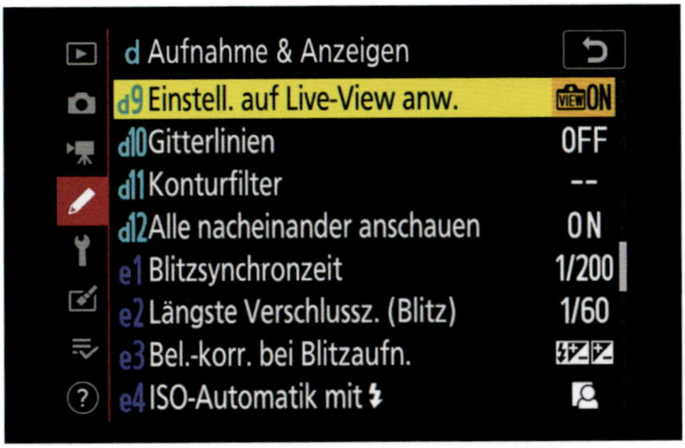

Bei der ersten Generation gibt es in diesem Menü elf, bei der zweiten Generation zwölf Punkte

d9: Wenn du bei ***Einstell[ungen] auf Live-View anw[enden]*** auf *Aus* gehst, werden die korrekte Belichtung, getätigte Belichtungskorrekturen, ein spezieller Weißabgleich oder andere Picture-Control-Einstellungen nicht während der Aufnahme, also im Live-View, angezeigt. Es gibt Gerüchte, dass die Nikon Z Kameras der ersten Generation dann einen schnelleren Autofokus haben sollten. Ich konnte das nicht feststellen. Ich habe auch die Z 6 hier immer auf *Ein*.

d10: Hier kannst du ***Gitterlinien*** für die Monitor- und Sucheransicht einblenden.

d11: Wenn du beim Fotografieren oder Filmen manuell scharfstellen möchtest, ist der ***Konturfilter*** (auch Focus Peaking genannt) eine sehr nützliche Einstellung. Damit du diese Hilfsanzeige immer gut erkennen kannst, hast du die Auswahl aus vier Farben. Den *Konturfilter-Pegel* kannst du in drei Stufen einstellen. Bei *3 (Hohe Empfindlichkeit)* können bei kontrastreichen Motiven zu viele Bereiche aufleuchten. Dann reduziere lieber auf Stufe *2* oder *1*.

d12: Der Menüpunkt ***Alle nacheinander anschauen*** bezieht sich nur auf das Fotografieren von Serienaufnahmen. Ist hier *Aus* gewählt, schaltet die Kamera den Monitor und Sucher nach der ersten Aufnahme aus. Das kann für technische Serienaufnahmen im Fotostudio und Ähnliches sinnvoll sein. Bei normalen actionlastigen Serienaufnahmen sollte diese Funktion aber auf *Ein* stehen.

Belichtungsreihen & Blitz

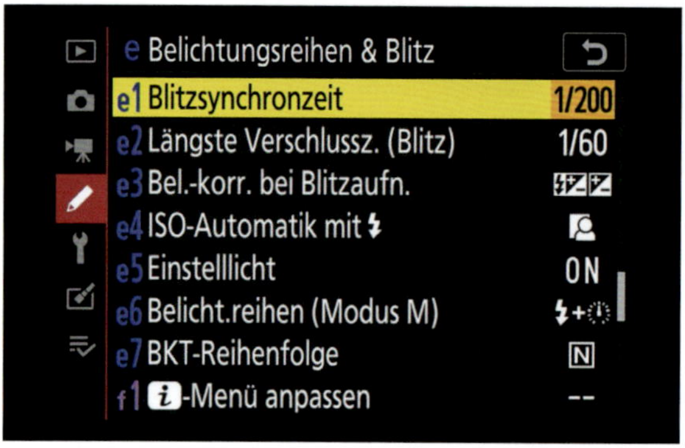

Hier dreht sich alles um Blitz und Belichtungsreihen

e1: Die ***Blitzsynchronzeit*** stellst du hier am besten auf *1/200 sek (FP-Kurzzeitsynchr[onisation]).* Dann kann die Kamera auch bei hellem Umgebungslicht perfekt belichtete Blitzlichtaufnahmen machen. Nur wenn eine ältere Blitzanlage genutzt wird und du merkst, dass deine Fotos nicht ganz vom Blitz ausgeleuchtet sind, kannst du längere Zeiten wie *1/160* oder noch länger einstellen.

e2: Über ***Längste Verschlussz[eit] (Blitz)*** wird bestimmt, wie viel Umgebungslicht (z. B. die stimmungsvolle Beleuchtung auf einer Feier) mit in die Aufnahme kommt, wenn dabei geblitzt wird und in den Modi P oder A fotografiert wird. Wenn in S oder M gearbeitet wird, werden die Einstellungen in diesem Menüpunkt ignoriert.

e3: Wenn bei Aufnahmen mit Blitzlicht die Belichtung korrigiert werden soll, kannst du mit der ***Bel[ichtungs]korr[ektur] bei Blitz-***

aufn[ahmen] auswählen, ob nur der Bereich hinter dem Hauptmotiv, also *Nur Hintergrund*, beeinflusst werden soll. Hier werden nur Blendenwert, ISO oder die Verschlusszeit verändert. Wenn auch der angeblitzte Vordergrund in seiner Helligkeit korrigiert werden soll, wählst du *Gesamtes Motiv*. Dann wird zusätzlich auch die Blitzleistung verändert.

e4: Die ***ISO-Automatik mit Blitz*** behandelt ein ähnliches Thema. Wählst du *Motiv und Hintergrund*, geht die ISO-Automatik, wenn eingeschaltet, höher, um eine kürzere Verschlusszeit zu ermöglichen, damit du verwacklungsfreie Aufnahmen bekommst. Nimmst du *Nur Motiv*, reicht meistens der Blitz allein mit einer niedrigen ISO-Empfindlichkeit und längerer Verschlusszeit für gut belichtete Aufnahmen deines Motivs im Vordergrund.

e5: Viele Nikon-Systemblitzgeräte wie der SB-910 oder SB-5000 haben eine Funktion, die ***Einstelllicht*** genannt wird. Dann kannst du eine Taste an der Kamera mit der Funktion *Abblendtaste* belegen. Wenn sie bei Blitzaufnahmen gedrückt wird, gibt der Blitz mehrere Sekunden lang stroboskopartig Blitzlicht ab und du kannst den Lichtverlauf und den Schattenwurf beurteilen. Wenn du mit Nikons CLS-System, also mehreren Blitzen, kabellos arbeitest, geben alle Blitze dieses *Einstelllicht* ab.

e6: Die normalen *Automatischen Belichtungsreihen* werden im Menü *Fotoaufnahme* eingestellt. Bei ***Belicht[ungs]reihen (Modus M)*** kannst du nun noch genauer einstellen, wie die Kombination aus Blitzintensität, Blendenwert und Verschlusszeit im Belichtungsprogramm M und aktivierter automatischer Belichtungsreihe sein soll.

e7: Auch der Punkt ***BKT-Reihenfolge*** befasst sich mit der automatischen Belichtungsreihe, auch Bracketing genannt. Die Standardeinstellung mit der Bezeichnung *N* nimmt erst ein Bild mit normaler Belichtung auf, darauffolgend die eine oder mehreren Unterbelichtungs- und danach die Überbelichtungsaufnahmen. Die zweite Option ist vor allem dann interessant, wenn die Aufnahmen nachträglich am Computer zu einer HDR-Aufnahme zusammengesetzt werden sollen.

Bedienelemente

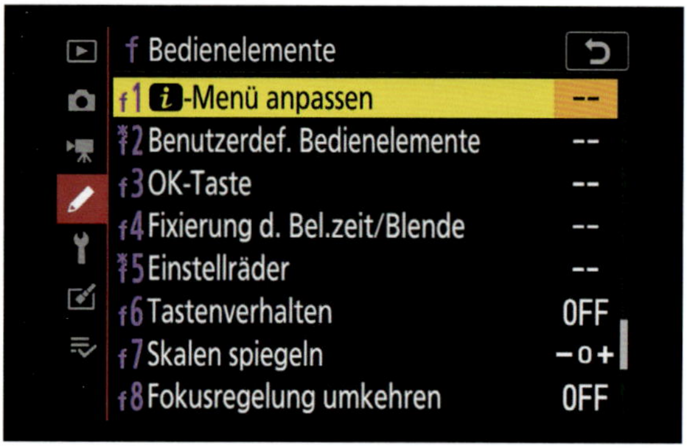

In diesem Menü kannst du die Tasten und das i-Menü konfigurieren

f1: Unter ***i-Menü anpassen*** kannst du das praktische i-Menü ganz nach deinen Wünschen konfigurieren. Hier sollten alle Einstellungen hinein, die du beim Fotografieren öfter benutzt. Ein paar Empfehlungen gibt es im Abschnitt „Das i-Menü im Überblick“.

f2: Auch viele Tasten deiner Kamera kannst du mit deinen Lieblingsfunktionen belegen. Das machst du hier unter ***Benutzerdef[inierte] Bedienelemente*** bzw. ***Funktionszuweis[ung]***. Die Tasten sollten vor allem mit Funktionen belegt werden, die du direkt beim Fotografieren einstellen willst, z. B. *Fokusmodus/AF-Messfeldsteuerung*.

f3: Die ***OK-Taste*** hat einen eigenen Menüpunkt. Du kannst ihr sowohl für *Aufnahmen* als auch für die *Wiedergabe* interessante Aufgaben zuweisen. Am besten finde ich *Mittleres Autofokusmessf[eld]* mit *Reset* und die *100-%*-Vergrößerung unter *Ausschnitt ein/aus*. Besonders genial ist dabei, dass nicht einfach stur in die Mitte des

Bildes gezoomt wird, sondern immer dort, wo das AF-Messfeld zum Zeitpunkt der Aufnahme war. So kannst du ganz einfach nach den schärfsten Aufnahmen suchen.

f4: Mit der ***Fixierung d[er] Bel[ichtungs]zeit/Blende*** können die Einstellräder für die Verschlusszeit und/oder Blende gegen versehentliches Verstellen gesperrt werden. Diese Funktion kann etwa im Fotostudio sinnvoll sein: Dort stellt man häufig eine Zeit und Blendenkombination ein, die man dann für das ganze Shooting beibehält. Achtung: Funktioniert nur in den Modi A, S und M.

f5: Die ***Einstellräder*** vorn und hinten an deiner Kamera kannst du umfangreich konfigurieren. Der erste Punkt *Auswahlrichtung* ist eine Reminiszenz an die älteren Nikon-Spiegelreflexkameras. Als japanischer Hersteller drehte Nikon bis vor einigen Jahren die Einstellräder traditionell andersherum, als wir es in der westlichen Welt gewohnt sind. So wurde z.B. nach links gedreht, um eine *Plus-Belichtungskorrektur* einzustellen. Genauso war es auch bei der *Belichtungszeit/Blende*. Sollte deine Nikon Z also die erste neuere Nikon-Kamera sein, kannst du es hier noch mal auf die traditionelle Weise umstellen. Ansonsten ist es aber logischer, hier die Standardeinstellung zu belassen.

Mit der *Funktionsbelegung Belichtungseinstellung* stellst du ein, dass deine Räder für die Blende und Belichtungszeit *vertauscht* werden. Das vordere funktioniert dann also für die Zeit und das hintere für die Blende. Mit der Einstellung *Vertauscht (A)* ist es sogar möglich, dass nur im Modus A die Blendeneinstellung mit dem hinteren Einstellrad gemacht wird, in den anderen Programmen bleibt dann alles so wie bei *Standard*.

Die *Autofokuseinstellung* habe ich bei meiner Nikon Z *vertauscht*, so kann ich mit dem hinteren Einstellrad die AF-Messfeldsteuerung verstellen und benutze für den Fokusmodus das vordere. Das finde ich so ergonomischer, da ich deutlich häufiger die Messfelder verstelle, als von MF auf AF-S oder auf AF-C zu wechseln.

Ob du deine Einstellräder auch für das Blättern durch die *Menüs und Wiedergabe* nutzen möchtest, kannst du komplett auf *Ein* schalten oder wählen, dass es nur *Ein (außer bei Bildkontrolle)* funktioniert. Damit kannst du dann sofort deine Belichtungseinstellungen verändern, ohne versehentlich durch die Bilder zu blättern, wenn sie dir automatisch nach dem Fotografieren angezeigt werden.

Der letzte Punkt *Schn[elles] Blättern m[it] v[orderem] Einst[ell]rad* bietet noch einmal eine Menge Möglichkeiten für die individuelle Nutzung deines vorderen Einstellrads. So kannst du entweder schnell um *10* oder *50* Bilder vor- und zurückspringen oder mit dem Schlüsselsymbol deine Bilder gegen versehentliches Löschen *schützen*. Achtung: Das gilt nur für das Löschen über das Wiedergabe-Menü! Wenn du deine Speicherkarte im System-Menü formatierst, werden auch die mit dem Schlüssel markierten Bilder gelöscht.

Ich mag hier besonders die Option mit dem Stern. So kannst du mit dem vorderen Rad nur durch die Bilder blättern, die eine Sternchen-*Bewertung* erhalten haben.

Machst du viele Fotos und Filme, kann es praktisch sein, mit dem vorderen Rädchen *Nur Fotos* oder *Nur Filme* zu durchblättern. Wer viel mit unterschiedlichen *Ordnern* arbeitet, kann auch hier in der Wiedergabe schnell zwischen ihnen wechseln.

f6: Beim klassischen Nikon-Bedienkonzept wird eine Taste, z. B. die Belichtungskorrektur-Taste, *Gedrückt gehalten*, während man an einem Einstellrad dreht. Wenn du das umstellen möchtest, kannst du dies über das ***Tastenverhalten*** mit der Einstellung *Ein & aus* tun. Dann drückst du einmal eine Taste und kannst dann am Einstellrad die Werte ändern. Danach musst du aber die Taste erneut drücken.

f7: Auch der Punkt ***Skalen spiegeln*** wird bei alten Nikon-Hasen und -Häsinnen ein Aha-Erlebnis hervorrufen. So wie die Drehrichtung der Einstellräder früher der japanischen Lesart folgte, so wurden auch die Skalen der Belichtungswaage und der Belichtungskorrektur von rechts nach links gelesen. Bei der oberen Auswahlmöglichkeit sind die negativen Werte rechts und die positiven links, darunter genau umgekehrt.

f8: Bei den Nikon Z-Objektiven kann die ***Fokusregelung umgekehrt*** werden. Dann kannst du dein Objektiv entweder im Uhrzeigersinn drehen, um in den Nahbereich zu fokussieren, oder umgekehrt. Diese Funktion ist vor allem für Filmschaffende interessant, da häufig auch Objektive anderer Hersteller genutzt werden sollen und man so die Fokussierrichtung anpassen kann. Diese Einstellung gibt es aktuell nur bei der Generation II.

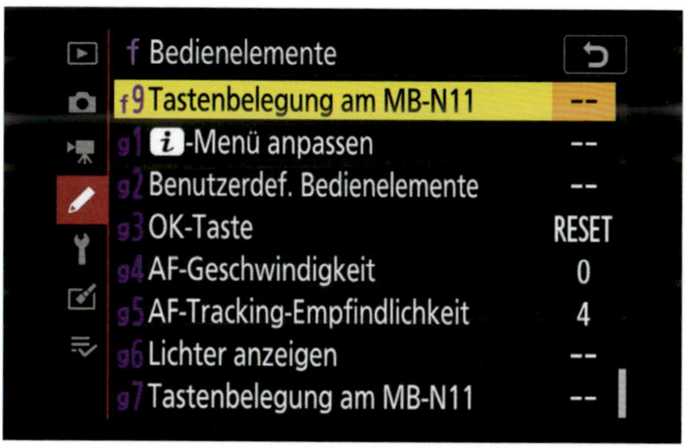

Da es für die Z 6 und Z 7 der ersten Generation nur einen Batteriegriff ohne Bedienelemente gibt, haben sie auch diesen Menüpunkt nicht

f9: Tastenbelegung am MB N11 bezieht sich auf die drei Bedienelemente am sogenannten Hochformatgriff für die Z-Kameras der Generation II. Hier lassen sich noch mal zusätzlich eine Menge wichtige Funktionen auf die Funktionstaste, die AF-ON-Taste und den Multifunktionswähler (die Wippe) legen.

Video

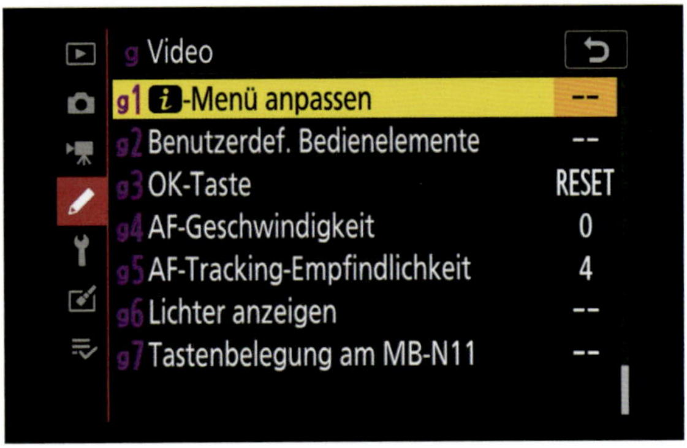

Für die Videofunktionen gibt es ein eigenes Untermenü. So ist hier alles übersichtlich an einem Ort zusammengefasst.

g1: Sehr praktisch ist es, dass es den Punkt ***i-Menü anpassen*** noch mal unabhängig für die Filmmodi gibt. So können z. B. Einstellungen für Mikrofon und Kopfhörer oder der elektronische Bildstabilisator und spezielle Anzeigehilfen für manuelles Scharfstellen für den schnellen Zugriff hier untergebracht werden. Das Anpassen funktioniert genauso wie in den Fotomodi.

g2: Auch ***Benutzerdef[inierte] Bedienelemente*** bzw. ***Funktionszuweis[ung]*** können speziell fürs Filmen belegt werden. Auch hier braucht man oft ganz andere Funktionen als beim Fotografieren. Wenn du also den Kipphebel an der DISP-Taste auf den Filmmodus stellst, hast du eine vollwertige Videokamera mit individuellem i-Menü und eigenen Tastenbelegungen.

g3: Die Optionen für die ***OK-Taste*** sind sehr ähnlich wie im Fotomodus.

g4: Die ***AF-Geschwindigkeit*** ist eine wichtige Einstellung. Hier kann festgelegt werden, ob der Fokusmotor eher cineastisch/langsam fährt: Dafür wählst du eine *längere Zeit*. Wenn er sehr schnell scharfstellen soll, wird eine *kürzere Zeit* gewählt. Über den Punkt *Immer* gilt die Auswahl dann auch, wenn die Filmaufnahme noch nicht gestartet ist. Willst du im Video eine langsame Fokusfahrt, aber vor der Aufnahme schnell vorfokussieren, stellst du auf *Nur während der Aufnahme.*

g5: Auch die ***AF-Tracking-Empfindlichkeit*** beeinflusst, wie die Scharfstellung in deinen Filmen stattfindet. Dieser Punkt ist ähnlich zu verstehen wie der Punkt *a3 Schärfenachführung mit Lock-On* für Fotos. Auf *1* eingestellt, reagiert der Autofokus sofort, wenn das AF-Messfeld z. B. bei einem Kameraschwenk auf ein anderes Objekt trifft. Bei *schwachen* Werten wie *6* oder *7* bleibt der Fokus noch eine gewisse Zeit in der Ebene, bevor überhaupt fokussiert wird. Was hier langsam und beim Fotografieren eher unerwünscht wirkt, ist aber beim Filmen oft die bessere Wahl, da es im Video sehr unruhig wirken kann, wenn der Fokus nervös hin- und herfährt.

g6: Lichter anzeigen ist eine Anzeigehilfe für die korrekte Belichtung der Filmaufnahmen. Es gibt zwei *Muster* zur Auswahl, um die Sichtbarkeit bei verschiedenen Motiven zu sichern. Der *Schwellenw[ert] für Lichter* gibt an, ab welcher Helligkeit des Motivs das Streifenmuster angezeigt wird. Ein Wert von *180* und ähnlich sorgt dafür, dass Hauttöne nicht zu hell werden, wenn so belichtet wird, dass gerade eben noch kein Muster auf ihnen entsteht. Hohe Werte wie *248* oder *255* nimmst du, wenn sehr helle Bereiche der Aufnahme gerade noch vor einem Ausfressen der Lichter, also einer zu starken Überbelichtung geschützt werden sollen. Welche Werte hier genau eingestellt werden, liegt auch an der Ausgabe des Videomaterials. Die Lichteranzeige kann nicht zusammen mit dem Konturfilter angezeigt werden.

g7: Auch die ***Tastenbelegung des MB-N11*** lässt sich getrennt für die Filmaufnahme konfigurieren. Hier lassen sich nur für die *Funktionstaste* und die *AF-ON-Taste* Belegungen abspeichern.

Weitere Tipps fürs Filmen siehe im Kapitel „Filmen mit der Nikon Z“.

System-Menü

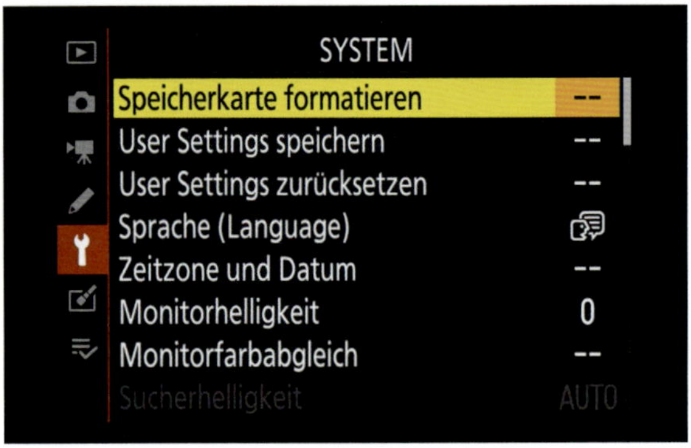

Im System-Menü findest du die Grundeinstellungen deiner Kamera

Du solltest dir angewöhnen, regelmäßig deine ***Speicherkarte*** zu ***formatieren***. Es ist bei vielen Bildern auf der Karte deutlich schneller, als im Wiedergabe-Menü alle Bilder zu löschen, und sorgt dafür, dass die Speicherkarte dauerhaft ihre volle Geschwindigkeit und Sicherheit behält. Damit du nicht aus Versehen deine Karte formatierst, wirst du noch mal nach einer Bestätigung gefragt. Auch hier kommst du mit einem Druck auf den Auslöser sofort aus dem Menüpunkt heraus.

Unter ***User Settings speichern*** kannst du deine individuellen Einstellungen für Foto und Video unter U1, U2 und U3 speichern. Näheres siehe im Abschnitt „Die benutzerdefinierten Programme U1, U2, U3“.

Solltest du ***User Settings zurücksetzen*** wollen, geht das hier, z. B., wenn du deine Kamera gebraucht verkaufen willst.

Unter ***Sprache (Language)*** stellst du dir die passende Menüsprache ein. Es bleibt hier praktischerweise bei jeder angewählten Sprache immer *„(Language)“* in lateinischen Buchstaben stehen, sodass du auch leicht aus Finnisch oder Chinesisch wieder zurückfindest.

Unter ***Zeitzone und Datum*** stellst du *Datum & Uhrzeit* ein. Im Urlaub kannst du dann einfach die richtige Zeitzone auswählen, und Uhrzeit und Datum stimmen wieder.

Du kannst die ***Monitorhelligkeit*** mithilfe eines Graukeils in zehn Stufen einstellen. Du solltest nach Möglichkeit alle Graustufen erkennen können. Dann ist der Monitor richtig eingestellt.

Den ***Monitorfarbabgleich*** nimmst du mithilfe des zuletzt gemachten Fotos vor. Du kannst mit der Minus-Lupentaste auch ein anderes Foto auf deiner Speicherkarte wählen.

Auch die ***Sucherhelligkeit*** kannst du anpassen. Für die *manuelle* Einstellung musst du durch den Sucher schauen oder du überlässt es der *automatischen* Einstellung.

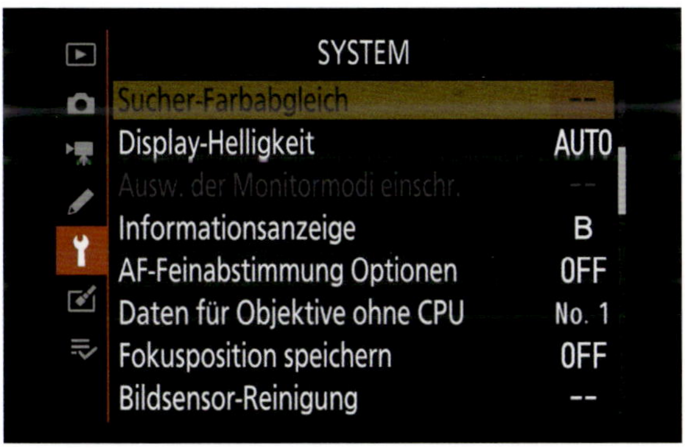

Seite 2 des Systemmenüs

Der ***Sucher-Farbabgleich*** funktioniert genauso wie beim Monitor.

Display-Helligkeit bezieht sich auf das kleine Display auf der Oberseite deiner Kamera. Du kannst sie in 7 Stufen einstellen oder *automatisch* vornehmen lassen. Solltest du das Display mal gar nicht brauchen, stell es auf *Aus*.

Du kannst auch die ***Ausw[ahl] der Monitormodi einschr[änken]***. Es gibt vier Optionen. Wenn du eine davon nicht brauchst, kannst du das Häkchen entfernen und dadurch schneller durch deine Favoriten blättern.

Über die DISP-Taste rechts neben dem Sucher kannst du verschiedene Ansichten für deinen Sucher oder Monitor aufrufen. Eine davon ist die ***Informationsanzeige***. Diese wird nur auf dem Monitor benutzt und zeigt dir dein i-Menü und viele andere Werte, aber kein Live-Bild an. Du kannst wählen, ob du hier lieber dunkle Schrift auf hellgrauem Hintergrund oder einen dunkelgrauen Hintergrund mit heller Schrift möchtest.

AF-Feinabstimmung: In der Regel sollte es nicht nötig sein, dass du diesen Menüpunkt überhaupt aufrufst. Deine Nikon Z braucht als Systemkamera eigentlich keine *AF-Feinabstimmungsoptionen*. Für den Fall der Fälle, dass dein Fokus mit einem bestimmten Objektiv immer vor oder hinter der Ebene sitzt, auf die du scharfstellst, kann über *Gespeicherter Wert* mit Pluswerten die Fokusebene nach hinten und mit Minuswerten weiter nach vorn justiert werden. Sollte dieser unwahrscheinliche Fall bei dir auftreten, solltest du am besten deine Kamera mit dem betreffenden Objektiv zu einer Nikon-Servicewerkstatt bringen.

Wenn du alte, vor allem manuell fokussierte Objektive über den FTZ-Adapter an deiner Nikon Z verwenden willst, ist es besser, wenn du die ***Daten für Objektive ohne CPU***, also die Brennweite und die Lichtstärke (die größte Blendenöffnung des Objektivs), eingibst. Dann erscheint das Objektiv in den Exif-Daten deines Fotos und der interne Bildstabilisator funktioniert deutlich besser, wenn die Kamera die Brennweite kennt.

Die Möglichkeit ***Fokusposition speichern*** haben sich vor allem die Filmenden gewünscht. Aber auch für die Fotografie-Fraktion ist es in vielen Situationen besser, wenn die Kamera auch nach dem Ausschalten die exakte Position der Schärfe behält. Ist die Funktion *Aus*, fährt das Objektiv in eine Ruheposition, die ungefähr bei der Unendlich-Einstellung liegt.

Unter ***Bildsensor-Reinigung*** kann die interne Reinigung mit *Jetzt reinigen* aktiviert werden und du kannst bestimmen, ob die Kamera automatisch *Beim Ausschalten reinigen* soll. Diese Standardeinstellung würde ich empfehlen.

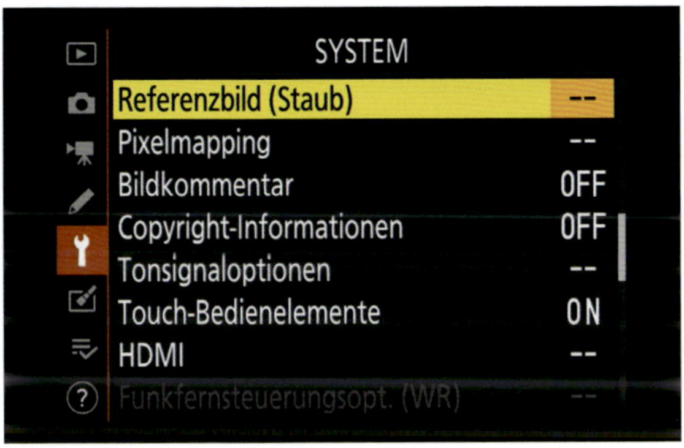

„Referenzbild (Staub)" ist eine weitere Möglichkeit, Flecken in deinen Fotos zu entfernen

Mit einem ***Referenzbild (Staub)*** erstellst du eine Bilddatei, die die Nikon-Softwares Nikon Capture NX-D und Nikon NX Studio verwenden können, um Flecken, die durch Staub auf dem Sensor entstanden sind, zu entfernen. Durch *Starten nach Sensorreinigung* sparst du dir den zusätzlichen Schritt im Menü und es wird weniger Flecken für die Software zu entfernen geben.

Wenn du in deinen Fotos einzelne helle Pixel entdeckst, die da nicht hingehören, hilft das ***Pixelmapping***. Wenn du es *startest,* berechnet die Kamera ein Profil, um diese Pixel auszuschalten. Sie werden dann von den benachbarten Pixeln interpoliert und sind nicht mehr störend im Bild zu sehen. Was jetzt so klingt, als wäre es ein öfter auftretender Fehler, passiert extrem selten. Bei den vielen Digitalkameras, die ich schon besessen habe, ist dieses Phänomen nur einmal vor vielen Jahren bei einer Kamera aufgetreten.

Mit dem ***Bildkommentar*** kannst du eine Information zu deinem Bild eingeben. Sie wird in den Exif-Daten des Fotos gespeichert. Das kann ein Ort, der Name einer Person oder eine Jobkennung sein. Du kannst durch ein Häkchen den *Kommentar hinzufügen* oder die Kommentarfunktion durch Abwählen deaktivieren. Zum Glück kannst du mit der Touch-Funktion deines Monitors schreiben, früher war das eine ganz schöne Fummelei über den Multifunktionswähler.

Auch die ***Copyright-Informationen*** werden in den Exif-Daten gespeichert. So kann sowohl Fotograf*in als auch Urheberrecht eingegeben werden.

An dieser Stelle kommt eine Funktion, die bisher nur die Z 6 der ersten Generation besitzt: Mit den ***Sprachnotiz-Optionen*** kannst du regeln, ob die Taste zum Aufzeichnen während der Aufnahme *gedrückt gehalten* wird oder ob sie wie eine *Start/Stopp*-Taste funktioniert. Die Sprachnotiz wird auf ein gemachtes Foto gesprochen und kann ganz viele Informationen enthalten, die dann am Computer abgespielt werden kann. Im Bildjournalismus ist das eine super Funktion.

Über die ***Tonsignaloptionen*** kann gesteuert werden, ob die Kamera beim Fokussieren (nur im AF-S-Fokusmodus) und beim Bedienen der Kamera mit der Touch-Funktion Bestätigungstöne macht. Die Lautstärke kannst du in drei Stufen und die Tonhöhe in zwei Stufen einstellen. Für manche ist so ein akustisches Feedback eine praktische Sache – wenn es dich eher stört, stell die Signale auf *Aus*.

Deine Nikon Z hat eine sehr ausgereifte Steuerung über ***Touch-Bedienelemente.*** Hier kannst du sehr genau einstellen, was du alles über das Wischen und Tippen auf dem Monitor steuern möchtest. Wenn *Aktivieren* gewählt ist, lassen sich die Menüs, die Steuerung der Kamera beim Fotografieren und Filmen und die Wiedergabe von Fotos und Videos inklusive Doppel-Touch-Gesten zum Vergrößern und Verkleinern der Fotos nutzen. Wenn du die Steuerung während des Fotografierens und Filmens lieber nur über die Tasten und Räder vornehmen möchtest, kannst du *Nur Wiedergabe* wählen. Willst du gar keine Touch-Steuerung, gehst du auf *Deaktivieren*. Darunter kannst du noch wählen, wie die Richtung beim *Wischen in Einzelbildwiedergabe* sein soll.

Deine Kamera verfügt über einen ***HDMI***-Anschluss. Du kannst die *Ausgabeauflösung* entweder *Automatisch* oder in verschiedenen Auflösungen wählen, falls die Wiedergabe auf einem Monitor oder Beamer nicht auf Anhieb klappt. Wenn du professionell Filme erstellen möchtest, kannst du über den HDMI-Anschluss auch externe Aufzeichnungsgeräte anschließen. Dazu gehst du in die *Fortgeschritten*-Einstellungen. Hier kannst du viele Parameter, wie z. B. den *vollständigen Dynamikumfang* und die *Datentiefe der Ausgabe* in *8* oder *10 Bit* einstellen. Auch die *N-Log-Einstellung* erweitert die Möglichkeiten, kontrastreiche Szenen später perfekt darzustellen. Achtung: Hier wird dann nur noch auf dem externen Rekorder aufgezeichnet.

Die ***Funkfernsteuerungsoptionen (WR)*** beziehen sich auf die *LED-Anzeige* und das *Pairing*, also die Verbindung zwischen der Kamera und weiteren WR-R10-Empfängern auf anderen Kameras oder Blitzgeräten. Für weitere Informationen solltest du auch die Bedienungsanleitung der Funkfernauslöser und Empfänger lesen.

Mit deinem Smartphone kannst du die ***Positionsdaten*** an deine Kamera übertragen. Diese werden dann in den Exifs der Bilder gespeichert und du kannst dir die Bilder z. B. in der Nikon-Software ViewNX-i auf einer Landkarte anzeigen lassen. Über die *Standby-Vorlaufzeit* kannst du bestimmen, ob die Kamera nach der im Individualfunktionen-Menü gesetzten Zeit in den Standby gehen soll. Wenn du *Deaktivieren* drückst, bleibt die Kamera aktiv und zeichnet weiter die Positionsdaten auf. Das ist ein Vorteil für das schnellere Finden der Position, verringert aber auch die Akkulaufzeit. Über *Position* kannst du dir die GPS-Koordinaten anschauen. Und es ist auch möglich, die *Uhr per Satellit* zu *stellen*. Um all diese Features nutzen zu können, ist die Smartphone-App SnapBridge von Nikon erforderlich.

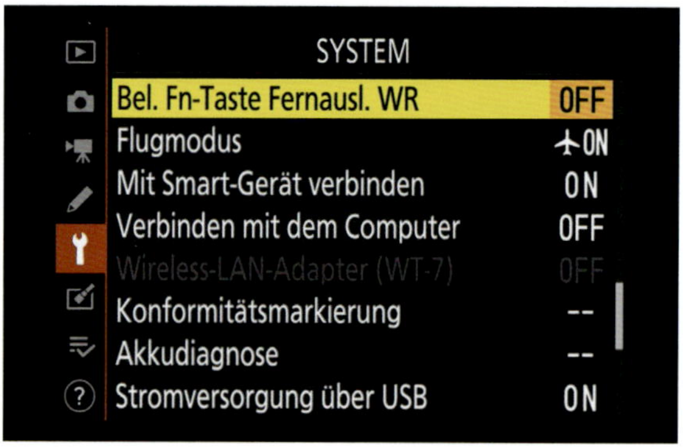

Die vorletzte Seite des Systemmenüs der Z 6II beginnt mit diesem Punkt

Du kannst die Funktionstaste der Funkfernbedienung mit der ***Bel[egung] FN-Taste Fernausl[öser] WR*** programmieren. Hier gibt es eine riesengroße Auswahl an Optionen. Klicke am besten einmal mit der Wippe nach oben, wenn du den Menüpunkt geöffnet hast, damit du alle Auswahlmöglichkeiten siehst.

Wenn du gerade keine Bilder an dein Smartphone oder einen PC sendest und auch sonst keine drahtlose Verbindung brauchst, kannst du den ***Flugmodus*** *aktivieren*. Deine Kamera spart dann Strom. Möchtest du eine Verbindung zu anderen Geräten aufbauen, deaktiviere ihn einfach.

Mit Smart-Gerät verbinden ist der Punkt, mit dem du dein Mobiltelefon oder Tablet zur Steuerung der Kamera inklusive Live-Bild und Auslösung nutzen kannst. Du kannst die Bilder und Videos direkt übertragen lassen oder dies später tun. Wenn du das *Pairing* via *Bluetooth* aktiviert hast, kann deine Kamera sogar ganz automatisch im Hintergrund kleinere Versionen deiner Bilder übertragen. Im Urlaub hast du dann direkt deine Bilder auf dem Handy und kannst von dort aus die schönsten Fotos versenden. Wenn du Fotos oder Videos in voller Auflösung übertragen möchtest, musst du in die *Wi-Fi-Verbindung* wechseln.

Steht die Option *Senden wenn ausgeschaltet* auf *Ein*, überträgt die Kamera die Bilder auch an dein Smartphone oder Tablet, wenn sie ausgeschaltet wird. Das ist eine tolle Möglichkeit, um deine Aufnahmen ohne Aufwand zu übertragen. Wenn du dann zu Hause oder im Hotelzimmer bist, kannst du deine Bilder direkt auf deinem Smartphone genießen. Wenn du die App SnapBridge schließt, schaltet die Kamera nach etwa zehn Minuten auch ihre Verbindung aus und verbraucht so keinen Strom mehr.

Für Produktfotografie oder bei Aufträgen, bei denen die Kundschaft anwesend ist, ist es von Vorteil, die Fotos direkt auf einem großen Monitor sehen zu können und auch die Übertragung schon während des Fotografierens zu erledigen. Das ***Verbinden mit dem Computer*** macht dies sogar kabellos per *Wi-Fi-Verbindung* möglich. Es wird keine weitere Software benötigt, aber ein Programm wie Nikon Camera Control Pro 2, Lightroom oder CaptureOne ist ein Vorteil, um die Bilder direkt präsentieren zu können.

Wer größere Reichweiten für die kabellose Verbindung zum Computer benötigt, kann dies mit dem Zubehör ***Wireless-LAN-Adapter (WT-7)*** machen. Die Konfiguration erfolgt in diesem Menüpunkt.

Die ***Konformitätsmarkierung*** dient nur zur Information. Sie sagt aus, welche Standards die Nikon Z-Kameras erfüllen.

Wenn dir die Balkenanzeige für den Akkustand in fünf Stufen mal nicht genau genug ist, kannst du mit der ***Akkudiagnose*** den verbleibenden *Ladestatus* prozentgenau ablesen. Die *Bildanzahl* zeigt dir, wie viele Fotos du seit der letzten vollständigen Aufladung gemacht hast. Das ist tatsächlich sehr hilfreich, weil du so Erfahrungswerte sammelst und gut abschätzen kannst, wie viele Fotos du noch machen kannst. Die *Lebensdauer* wird von *0 = Neu* bis *4 = Akku ersetzen* angezeigt. Aber keine Sorge, ich habe es bei all meinen Nikon-Kameras noch nicht geschafft, die Lebensdauer des Akkus zu erreichen.

Du kannst den Akku aller Z 6- und Z 7-Kameras über den USB-C-Anschluss in der Kamera laden. Neu dazugekommen ist bei der Generation II, dass die ***Stromversorgung über USB*** auch während des Fotografierens und Filmens erfolgen kann. Du kannst also eine Powerbank nicht nur bei ausgeschalteter Kamera zum Laden anschließen, sondern auch deutlich längere Filmsessions oder z. B. Intervallaufnahmen machen.

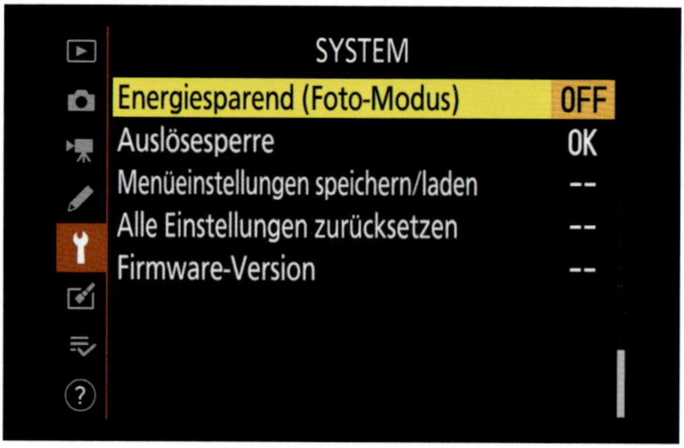

Du bist auf der letzten Seite des Systemmenüs angekommen.
Der oberste Punkt kam erst mit Generation II.

Mit der Funktion ***Energiesparend (Foto-Modus)*** kannst du nochmals Akkuleistung sparen. Nach etwa 30 Sekunden wird der Monitor der Kamera dunkler. Da der Akku der Z-Reihe aber ziemlich lange hält, würde ich diese Funktion *deaktivieren*. Gerade wenn du auf einen besonderen Foto-Moment wartest, kann das Abdunkeln des Monitors störend sein.

Die ***Auslösesperre*** gehört auf *Lock-Ein*. So kannst du ohne Speicherkarte gar nicht erst fotografieren und merkst sofort, dass du vergessen hast, eine einzulegen.

Menüeinstellungen speichern/laden bzw. ***Einst[ellungen] auf Speicherkarte:*** Du kannst sie so auf deiner Speicherkarte ablegen und später auch wieder von ihr auf die Kamera laden. Auch wenn du zwei baugleiche Kameras besitzt, kannst du die Einstellungen von einer auf die andere übertragen.

Auch in diesem Menü gibt es einen Punkt zum Zurücksetzen. Mit ***Alle Einstellungen zurücksetzen*** werden aber wirklich alle Menüs und Konfigurationen auf die Standardeinstellungen zurückgestellt. Also sichere sie lieber vorher mit dem Menüpunkt davor, sollte es mal nötig sein, deiner Kamera ein Reset zu gönnen.

Ob du die aktuelle ***Firmware-Version***, also das aktuelle Betriebssystem auf deiner Kamera nutzt, kannst du hier überprüfen. *C* steht für Kamera und *LF* für das angesetzte Objektiv. Eine Firmware-Aktualisierung wird auch hier vorgenommen. Wenn auf deiner Speicherkarte eine Firmware aufgespielt ist, erscheint der Punkt *Firmware aktualisieren*.

Bildbearbeitungsmenü

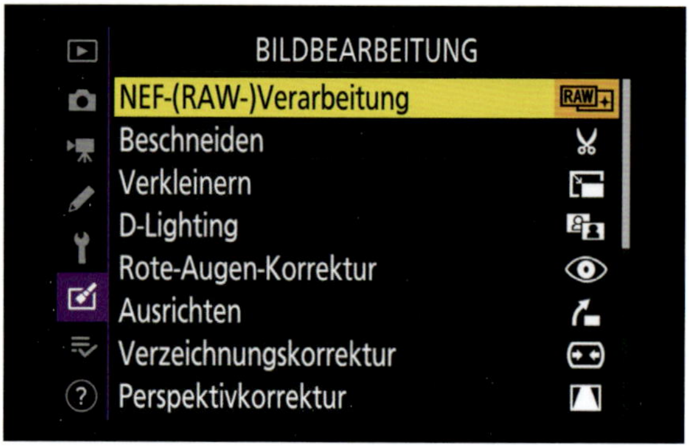

Du kannst Bilder direkt in deiner Kamera bearbeiten und verbessern

Besonders interessant ist die ***NEF-(RAW-)Verarbeitung*** direkt in deiner Nikon Z. Wenn du ein RAW-Bild fotografierst, kannst du z. B. die Belichtung und den Weißabgleich ändern. Außerdem kannst du die Picture-Control-Einstellung auswählen und so z. B. eine Schwarz-Weiß-Aufnahme aus deinem Foto entwickeln. Es gibt noch einige Punkte mehr: Das neue Bild wird dann als JPEG mit der von dir gewählten Qualität gespeichert. Du behältst also deine RAW-Aufnahme. Du kannst sogar direkt *alle Bilder* oder manuell mehrere *Bilder auswählen*. Es ist sogar eine Auswahl nach *Datum* möglich.

Die weiteren Bearbeitungsmöglichkeiten funktionieren auch mit JPEG-Aufnahmen. Du kannst in mehreren *Seitenverhältnissen* Fotos ***beschneiden***.

Auch die Bildgröße und damit die Dateigröße kannst du ***verkleinern***, wenn du mal eine Menge Fotos direkt an Freunde weitergeben möchtest.

Auch ein nachträgliches ***D-Lighting***, also eine Kontrastverbesserung ist möglich, und wenn du durch den Blitz mal gespenstische Augen im Bild hast, kannst du die ***Rote Augen-Korrektur*** anwenden.

Sehr praktisch ist auch das ***Ausrichten***, wenn der Horizont oder ein Gebäude im Bild schief sind.

Gerade bei Architekturfotos hilft die ***Verzeichnungskorrektur***, wenn dein Objektiv zu gewölbten Linien am Rand führt. Hier gibt es eine *automatische* und die *manuelle* Einstellmöglichkeit.

Bei Aufnahmen, bei denen die Kamera sehr stark gekippt wurde, weil ein hohes Gebäude ganz aufs Foto passen sollte, hilft die ***Perspektivkorrektur***.

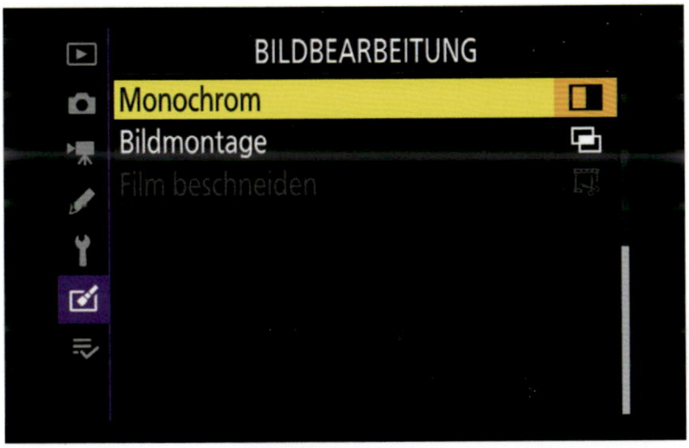

Die Monochrom-Einstellung für JPEGs ist bei der zweiten Generation dazugekommen

Bei der Z 6II und Z 7II ist noch die ***Monochrom***-Einstellung dazugekommen. So können auch JPEG-Aufnahmen konvertiert werden.

Die ***Bildmontage*** funktioniert ausnahmsweise nur mit NEF-(RAW-) Aufnahmen, da hier die beiden Fotos von der Kamera in Helligkeit und Kontrast angepasst werden.

Du kannst auch einen ***Film beschneiden***, und das schon in der Kamera. Eine sehr praktische Funktion, wenn mal zu viel uninteressantes Beiwerk mitgefilmt wurde. Ob die Datei mit der gekürzten Version überschrieben oder als Kopie gespeichert werden soll, kannst du selbst auswählen.

ORIGINAL UND KOPIE

Alle Anpassungen im Menü *Bildbearbeitung* werden als Kopie gespeichert, dein Originalfoto bleibt also immer erhalten. Beim Filmschneiden kannst du selbst wählen, ob du deinen Original-Clip behalten möchtest oder er direkt überschrieben wird. Ich würde sicherheitshalber erst mal eine Kopie erstellen. Dann kannst du das Original immer noch mit der Mülleimer-Taste löschen.

MEIN MENÜ

MEIN MENÜ ist eine richtig gute Möglichkeit, die wichtigsten Punkte übersichtlich und mit eigener Reihenfolge abzuspeichern.

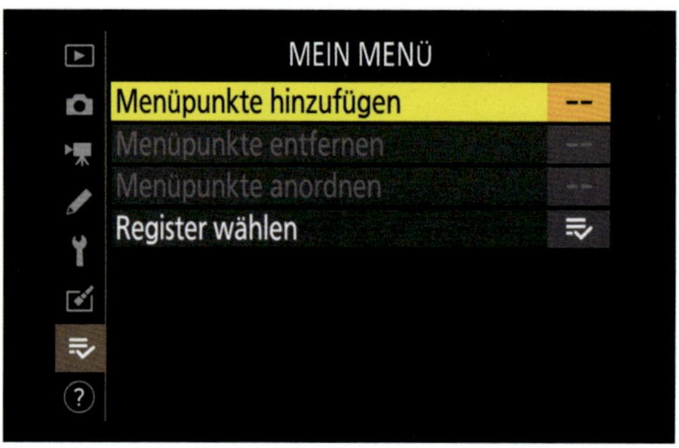

Du kannst dir ein eigenes Menü mit deinen wichtigsten Punkten einstellen

Über ***Menüpunkte hinzufügen*** suchst du dir aus den Hauptmenüs *Wiedergabe, Fotoaufnahme, Individualfunktionen* usw. deine Punkte aus. Diese werden dann direkt in *MEIN MENÜ* gespeichert.

Mit ***Menüpunkte entfernen*** löschst du den einzelnen Menüpunkt wieder aus *MEIN MENÜ*, indem du ein Häkchen in das Kästchen setzt.

Wenn du schon mehrere Punkte in *MEIN MENÜ* gespeichert hast, kannst du mit ***Menüpunkte anordnen*** auch später noch die Punkte in der Reihenfolge verschieben. Dazu nutzt du die OK-Taste zum Anwählen des Punktes und den Multifunktionswähler zum Verschieben an die neue Position.

Über ***Register wählen*** stellst du ein, ob du ein eigenes *MEIN MENÜ* nutzen möchtest, oder um mit *LETZTE EINSTELLUNGEN* hier in der Reihenfolge die Menüpunkte zu finden, die du zuletzt aufgerufen hast. Auch das ist eine Möglichkeit, häufig genutzte Menüfunktionen schnell zu finden.

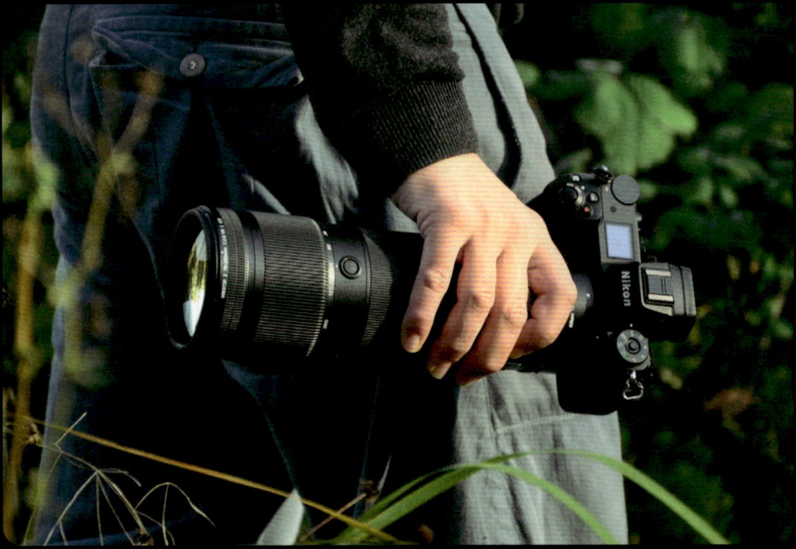

PRAXISWORKSHOP

Nachdem du nun die technischen Feinheiten deiner Kamera kennengelernt hast, ist es Zeit für den kreativen Teil dieses Buches. Für die Praxisworkshops habe ich meine Lieblingsfotos aus verschiedenen Fotogenres ausgesucht. Dazu gehören neben Landschaftsfotos auch Architekturaufnahmen. Und natürlich dürfen Porträts nicht fehlen. Dazu kommen ein paar Fotos aus der schönsten Zeit des Jahres, dem Urlaub. Zuletzt sind noch ein paar kreative Ideen für etwas außergewöhnlichere Bilder mit dabei. Die folgenden Beispiele sollen dir Tipps und Anregungen geben, Motive mal anders zu betrachten und deine eigenen Ideen umzusetzen.

Jedes neue Foto ist eine neue Interpretation und entsteht immer mit etwas anderen Einstellungen und einem anderen Blickwinkel. Auch die Sujets Porträt, Landschaft, Architektur usw. kannst du immer wieder kombinieren: Warum nicht einen Menschen vor einem Gebäude abbilden? Und wenn du das Ganze im Dunkeln fotografierst, hast du gleich auch noch die Nachtfotografie dabei.

Wie funktionieren die Workshops? Die Texte auf der linken Seite enthalten die Einstellungen, die während des Fotografierens vorgenommen wurden. Auf der rechten Seite siehst du das dazugehörige Bild mit näheren Erläuterungen.

Der Praxisteil ist in Landschaft, Tiere, Architektur und Porträts aufgeteilt. Etwas freier geht es im Abschnitt „Kreativ unterwegs" zu, dort kommt von allem etwas vor. Du findest Fotos aus dem Urlaub genauso wie Fotos, bei denen du ein bisschen mit der Technik experimentieren kannst.

Bevor es losgeht, noch ein Wort zum Dateiformat: Ich fotografiere im Urlaub und im privaten Umfeld sehr häufig ausschließlich im JPEG-Format, hin und wieder natürlich auch in RAW, z. B. bei Porträt- und Nachtaufnahmen oder wenn ich das Gefühl habe, dass der Kontrast meines Motivs so groß ist, dass ich ihn nicht mit einer JPEG-Aufnahme einfangen kann.

Warum diese Erklärung? Ich gebe auch die gewählte Picture-Control-Einstellung an und ob und wenn ja welche *Active-D-Lighting*-Stufe gewählt ist. Das ist bei JPEGs sehr wichtig, weil Kontraste und Farbwirkung von beidem stark beeinflusst werden. Im JPEG-Format sind diese nicht mehr verlustfrei zu ändern. Wenn du in RAW fotografierst, kannst du diese Einstellungen auch nachträglich ändern.

Und jetzt wünsche ich dir viel Spaß beim Nachlesen, Ausprobieren und selbst Kombinieren!

LANDSCHAFT

Die Landschaftsfotografie gehört zu den beliebtesten Bereichen der Fotografie und ist sehr vielfältig. Mit deiner Nikon Z besitzt du eine Kamera mit einem großen Aufnahmesensor, einer hervorragenden Farbdynamik und großen Reserven bei Aufnahmen mit hohem Kontrast, also ideale Voraussetzungen für beeindruckende Landschaftsfotos.

Landschaften fotografierst du am besten im Programm A oder M. Besonders dann, wenn das Licht schwindet, erzielst du oft sogar schneller mit dem Modus M ein gutes Belichtungsergebnis. Das liegt daran, dass die Belichtungsmessung der Kamera mit den großen Kontrasten, also den starken Unterschieden zwischen Hell und Dunkel, z. B. beim Sonnenuntergang, nicht so gut umgehen kann: Die Fotos werden oft zu hell, weil es sehr große dunkle Bereiche im Motiv gibt, die aber für die richtige Lichtstimmung dunkel bleiben sollen. Du kannst im Modus M dein Foto durch die Veränderung der Verschlusszeit heller oder dunkler machen: Entweder durch einfaches Betrachten im Sucher oder Monitor oder mithilfe des Histogramms stellst du die perfekte Helligkeit für dein Foto ein.

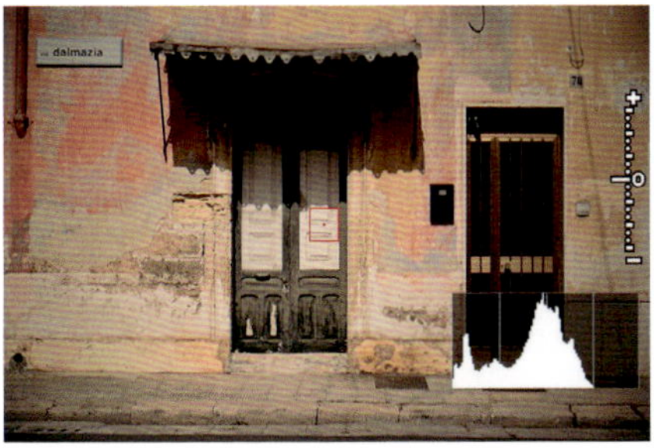

Das Histogramm zeigt, dass die Aufnahme bei neutral eingestellter Belichtung zu dunkel ist. Am linken Rand (dunkle Bildbereiche) des Kastens stößt der „Berg" schon an, während auf der rechten Seite bei den hellen Bildbereichen noch viel Platz ist.

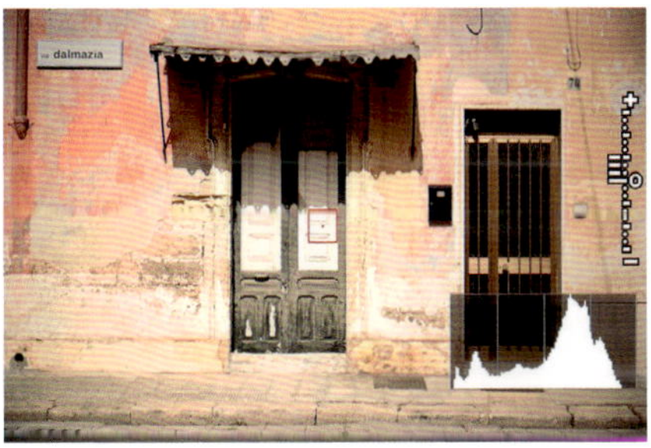

Eine Belichtungskorrektur von +1,0 LW sorgt hier für eine bessere Verteilung: Jetzt ist links ein bisschen Platz zum Rand. Der freie Raum rechts im Histogramm zeigt, dass noch eine etwas hellere Belichtung möglich wäre.

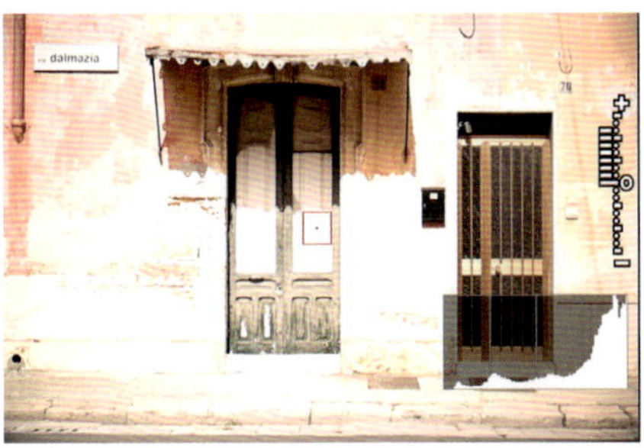

Diese Belichtung von +2,3 LW ist deutlich zu hell. Jetzt ragt der „Berg" rechts aus dem Kästchen heraus, die hellen Bereiche auf der Hausfassade haben keine Struktur mehr.

Neben der Helligkeit und natürlich der Schärfe in der richtigen Ebene sind auch die Farben sehr wichtig. Sie geben deiner Landschaftsaufnahme die richtige Stimmung. Hierbei kannst du eine möglichst realistische Färbung, aber auch eine abstrakte Farbgebung einstellen. Dafür brauchst du den **Weißabgleich** und die **Picture Control**.

Du solltest dir bei besonderen Lichtstimmungen auch genügend Zeit nehmen – selbst, wenn du im RAW-Format fotografierst. Wir haben nämlich ein schlechtes Gedächtnis für Farben: Nach ein paar Tagen würdest du dich nicht mehr an die genaue Farbstimmung des Himmels oder Blattgrüns in deiner Landschaftsaufnahme erinnern.

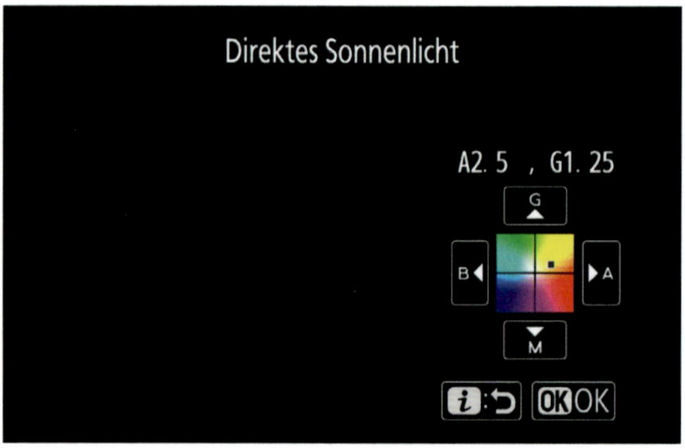

Du kannst jede Weißabgleichvoreinstellung mit einem Klick der Wippe nach unten feinjustieren

Die Grundeinstellungen:

- Stelle **Modus A** oder **M** auf dem Moduswahlrad ein.
- Bei Tageslicht reicht meistens **ISO 100/64** oder **200**. Wenn deine Verschlusszeit zu lang wird, benutze besser ein **Stativ**, anstatt die ISO zu weit zu erhöhen. Aber reize ruhig mal den Bildstabilisator deiner Kamera und vor allem dein ruhiges Händchen aus. Mit ein bisschen Übung und einer guten Kamerahaltung geht da mehr als du denkst. 1/4 bis 1/2 Sekunde Belichtungszeit sind durchaus möglich.
- Wähle **AF-S** und das Einzelfeld oder das Nadelspitzen-Messfeld. Oft ist auch der manuelle Fokus **MF** sehr gut geeignet.
- In den **Picture-Control**-Einstellungen kannst du bestimmen, wie kontrastreich und farbintensiv deine Bilder werden. Auch die Scharfzeichnung, also die Knackigkeit deines Fotos wird hier festgelegt: *Landschaft*, *Brillant* und *Monochrom* sind hier gute Einstellungen. Aber auch in den *Creative Picture Controls* lohnt es sich auszutoben.

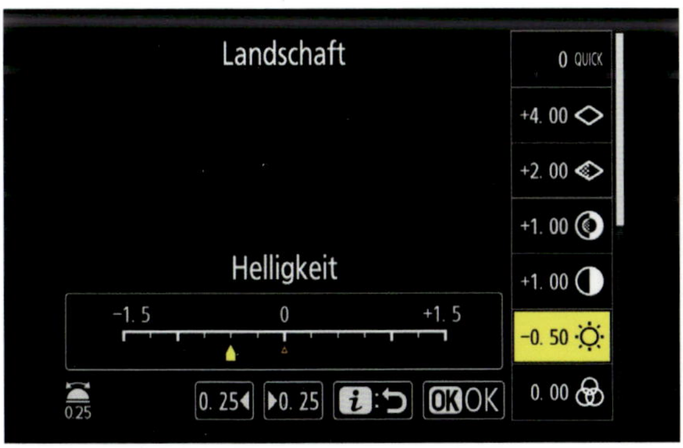

Auch jede Picture-Control-Einstellung kann feinjustiert werden

Neben den Drei Zinnen

①

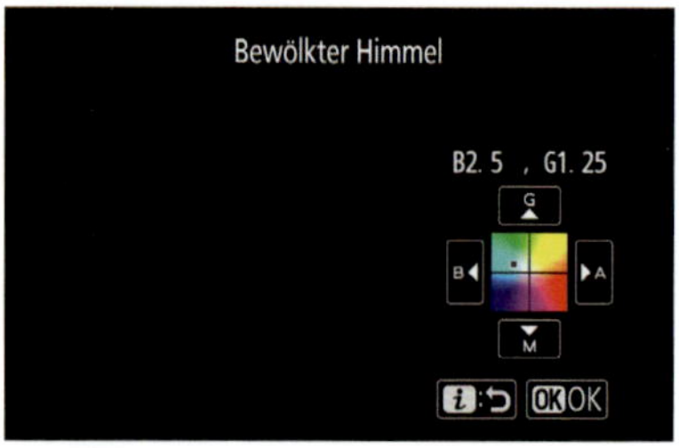

i-Menü Um dem Foto eine besondere Farbstimmung zu verleihen, kannst du mit dem *Weißabgleich* experimentieren. Bei Tageslicht bekommst du eine etwas wärmere Stimmung mit der Einstellung *Bewölkt*. Um diesen leicht cineastischen „coolen" Look zu erzeugen, habe ich zusätzlich die Feinjustierung in Richtung *Cyan/Grün* verschoben.

②

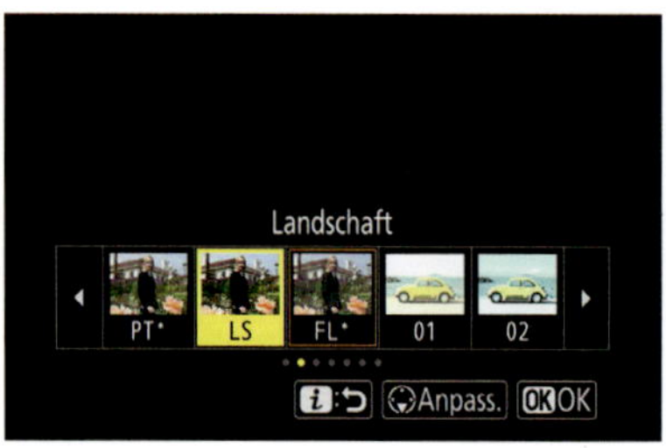

i-Menü *Picture Control: Landschaft* eignet sich grundsätzlich sehr gut für Landschafts- und Tieraufnahmen. Die Farbsättigung und der Kontrast sind kräftig und auch die Scharfzeichnung ist leicht angehoben. Dadurch knackt die Schärfe der schroffen Felsen richtig.

③

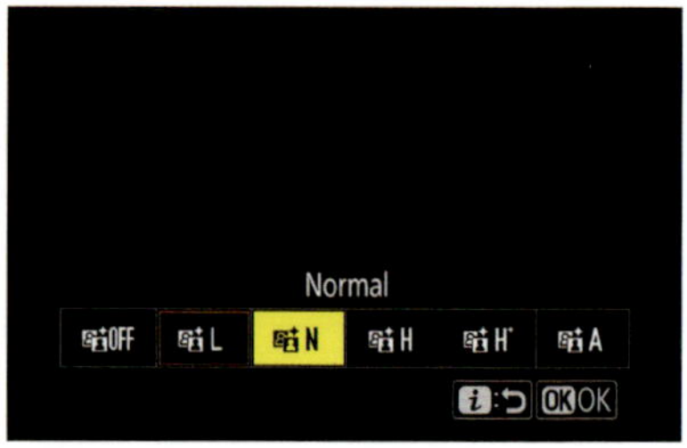

i-Menü *Active D-Lighting*. Mit dieser Kontrastoptimierung kannst du schon während der Aufnahme mehr Details in den sehr hellen und dunklen Bildbereichen erhalten. Wenn du im RAW-Format fotografierst, kannst du das später in der Bildbearbeitung machen.

④

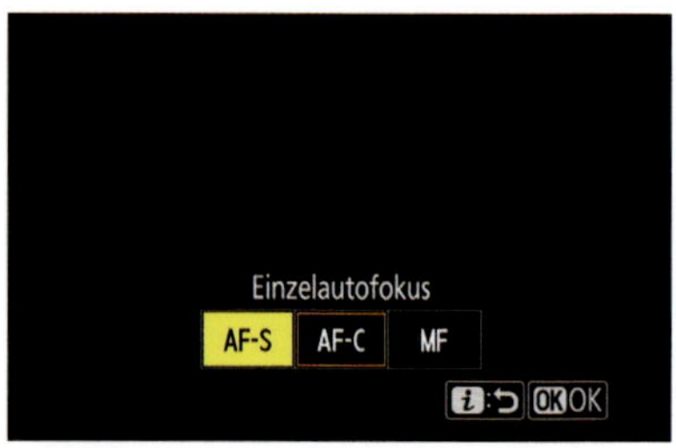

i-Menü Fokusmodus *AF-S*. Da ich hier freihand, also ohne Stativ fotografiert habe, finde ich den AF-S am angenehmsten. Mit einem Stativ kannst du auch gut den manuellen Fokus verwenden.

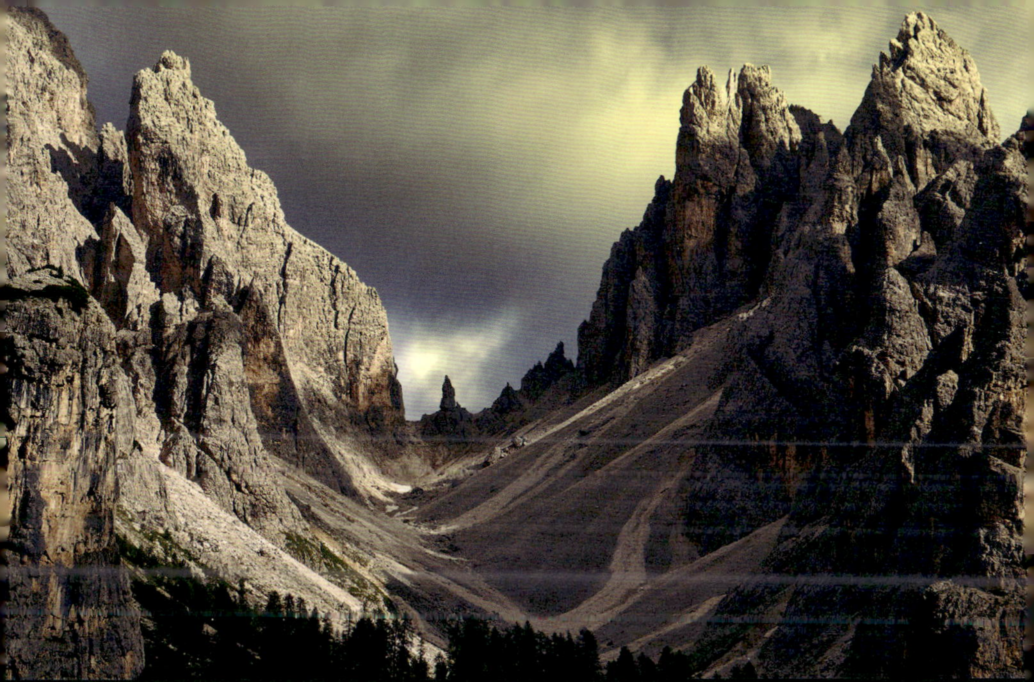

70 mm | f/8 | 1/160 sek | ISO 100 | Modus A | –0,3 LW

Eigentlich wollte ich die beeindruckenden Drei Zinnen in den italienischen Dolomiten besonders spektakulär festhalten. Aber als wir sie endlich gefunden hatten (im Gebirge können sich selbst solche hohen Gipfel gut hinter anderen Bergen verstecken), war der Blick Richtung Norden noch viel beeindruckender, da die spätnachmittägliche Sonne dieses Hochtal in ein besonders kontrastreiches Licht tauchte.

Heidekraut am Morgen

①

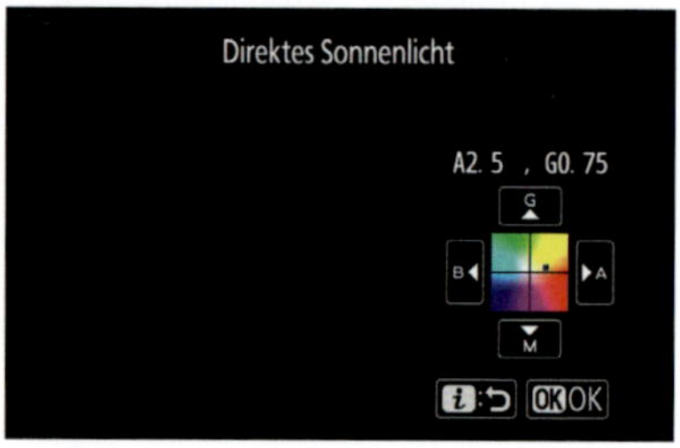

i-Menü *Weißabgleich: Direktes Sonnenlicht*. Dieses Motiv lebt sehr stark von der warmen Farbstimmung der Wiese. Bei Sonnenauf- und -untergängen nehme ich oft den *Sonnenlicht*-Weißabgleich und steuere die Stimmung dann mit der Feinjustierung.

②

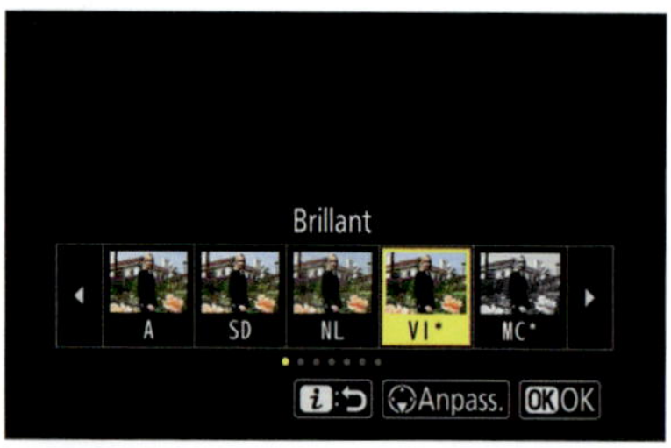

i-Menü *Picture Control: Brillant*. Da dieses Bild durch den schrägen Ausschnitt und die durch die weitwinklige Brennweite verzerrte Perspektive etwas abstrakter ist, darf es auch eine etwas kräftigere Picture-Control-Einstellung wie *Brillant* sein.

③

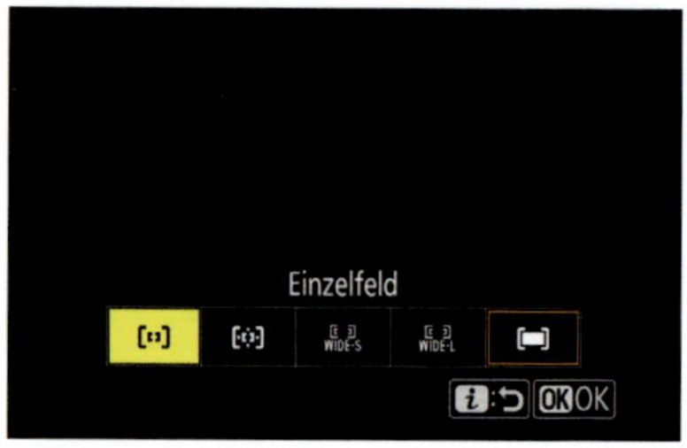

i-Menü *AF-Messfeldsteuerung: Einzelfeld*. Hier ist es wichtig, dass genau die richtigen Ästchen scharf sind. Mit dem Einzelfeld kannst du das leicht auswählen.

④

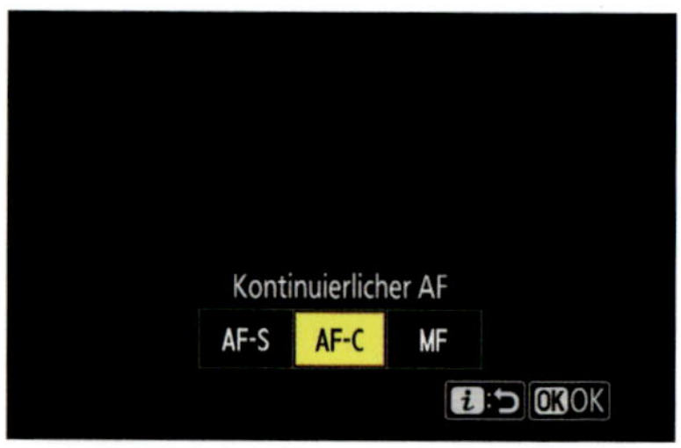

i-Menü *Fokusmodus: AF-C*. Bei diesem Foto war ich sehr nah an den Kräutern. Ohne Stativ und leicht vornübergebeugt muss man etwas balancieren und wippt leicht aus der scharfen Ebene. Die Z-Kameras haben einen so schnellen kontinuierlichen Fokus, dass ich hier lieber AF-C einstelle.

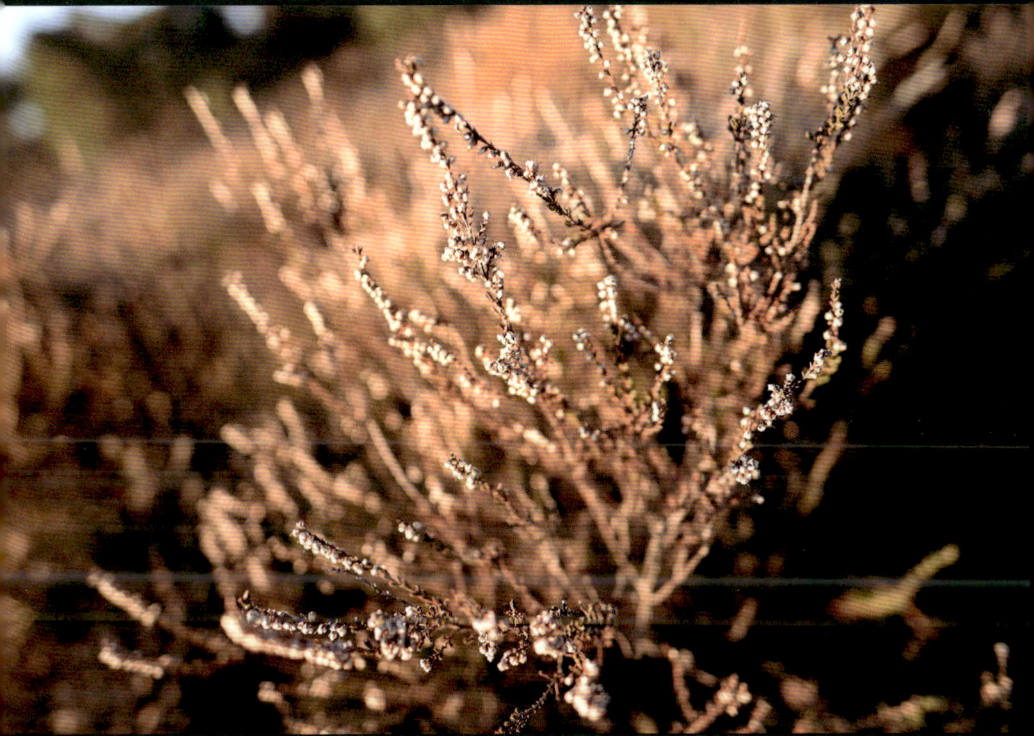

20 mm | f/2 | 1/500 sek | ISO 100 | Modus M

Ein alltägliches Motiv kann im richtigen Licht und mit einer außergewöhnlichen Perspektive ein sehr eindrucksvolles Bild ergeben. Ich fotografiere gern sehr weitwinklig, aber mit weit geöffneter Blende. Dadurch ist viel im Bild, also im Vorder- und im Hintergrund. Durch die selektive Schärfe bleibt aber genug Motivanteil unkonkret, dadurch wirkt das Bild spannender. Dieses Bild entstand direkt nach dem Sonnenaufgang. Dass Frühaufstehen für Landschaftsaufnahmen lohnenswert ist, brauche ich nicht zu erwähnen ...

Baum mit Sphäre

①

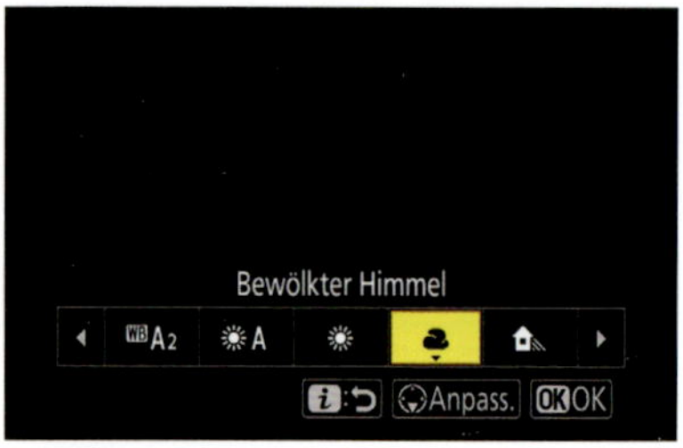

i-Menü *Weißabgleich: Bewölkt*. Bei Sonnenaufgängen benutze ich meistens feste Weißabgleicheinstellungen wie z. B. *Sonnenlicht* oder *Bewölkt*. Der automatische Weißabgleich ist durchaus sehr gut, kann aber die besondere Farbstimmung herauskorrigieren. Ich will bei solchen Fotos nicht unbedingt neutrale Farben, sondern eher eine besondere Stimmung erzeugen.

②

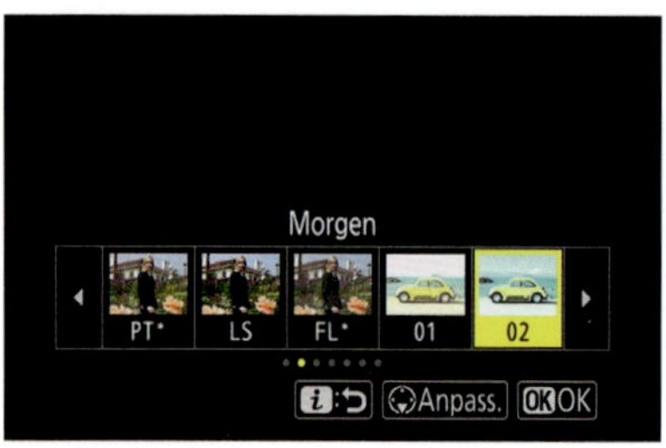

i-Menü *Picture Control: Creative*. Probiere auch mal die *Creative Picture Controls* aus. Sie geben deinen Landschaftsaufnahmen einen besonderen Look.

③

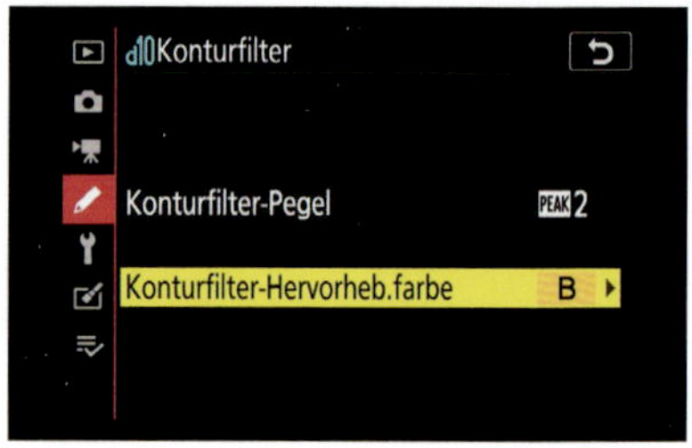

Menü *Konturfilter*. Bei diesem Bild ist es wichtig, von wo bis wo die Schärfe reicht. Durch den Konturfilter bekommst du eine grafische Anzeigehilfe. Du kannst die Farbe für die Anzeige einstellen. Hier wäre Blau gut geeignet, da es anders als Gelb oder Rot nicht stark im Motiv vorkommt.

④

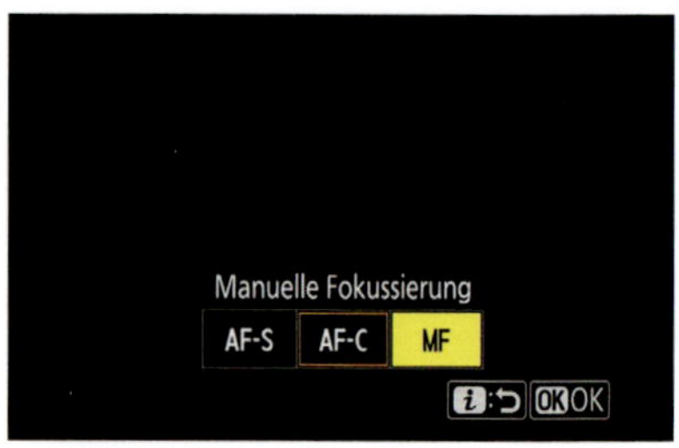

i-Menü *Fokusmodus: MF*. Diese Aufnahme entstand vom Stativ. Da ist der manuelle Fokus am entspanntesten. Einmal eingestellt kannst du mehrere Fotos machen. Hier war es wegen der bunten Kreise nötig, den Aufnahmewinkel ganz leicht anzupassen.

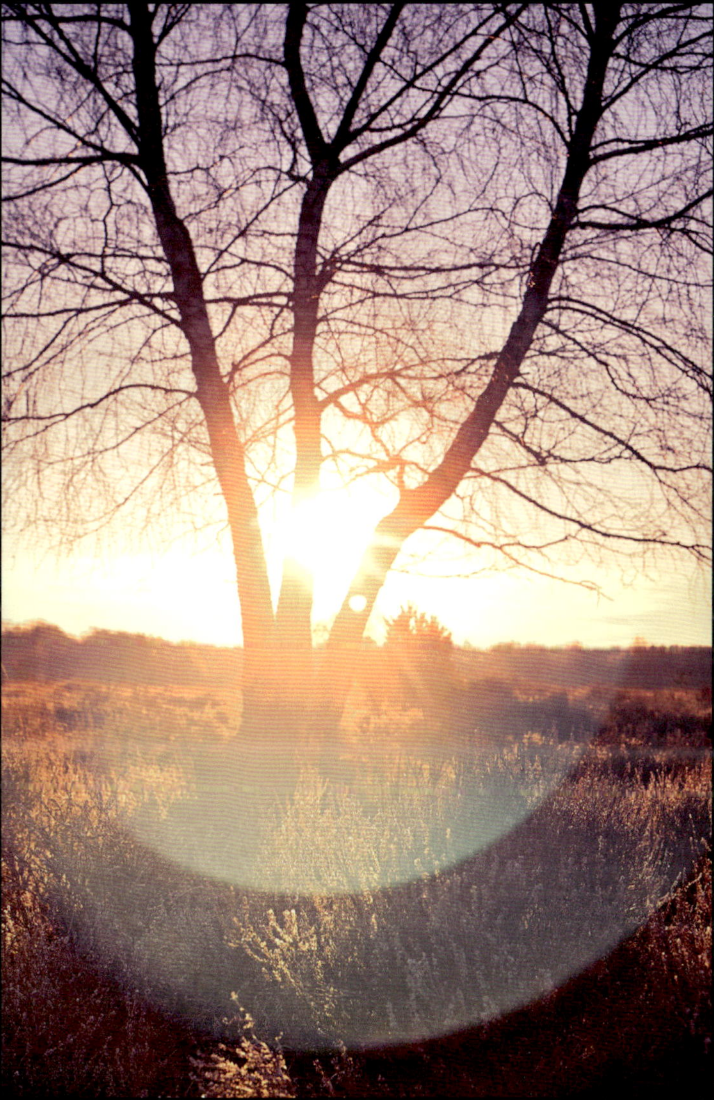

44 mm | f/6.3 | 1/80 sek | ISO 100 | Modus M

Durch die direkt ins Objektiv scheinende Sonne bilden sich hier die farbigen Ringe. Eigentlich ist das ein Objektivfehler, der bei starkem Gegenlicht auftreten kann. Es wird mit modernen Objektiven tatsächlich immer schwieriger, solche Effekte zu erzeugen. Das Nikkor Z 24–70 f/4 ist auch schon sehr gut korrigiert, was man daran sieht, dass innerhalb der Farbkreise trotzdem noch viele Details zu erkennen sind. Aus diesem Grund verwende ich auch gern ältere Objektive, die noch nicht diese hohe Qualität haben. Verstärken kannst du den Effekt auch dadurch, dass du die Gegenlichtblende deines Objektivs abnimmst.

Gräser am See

①

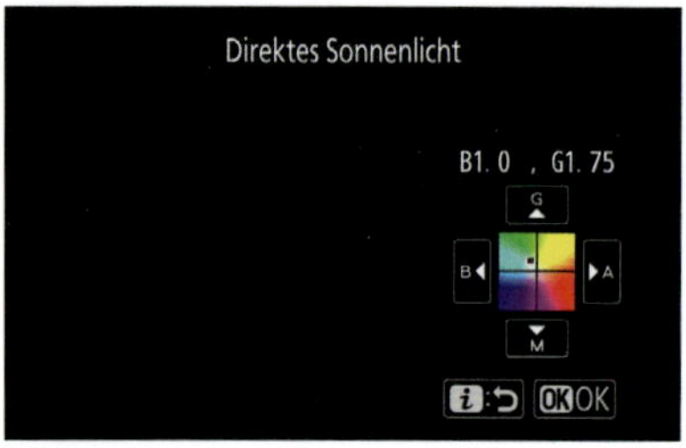

i-Menü *Weißabgleich: Direktes Sonnenlicht*. Die leichte Verschiebung nach Grün sorgt für die schöne Farbe des Hintergrunds und die satten Grüntöne der Grashalme.

②

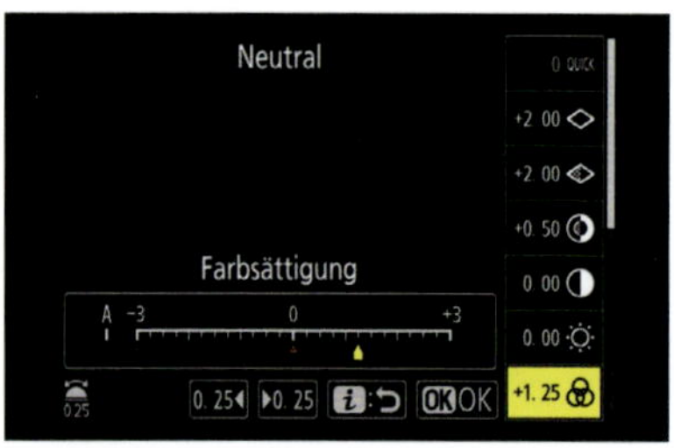

i-Menü *Picture Control: Neutral*. Bei Sonnenlicht können Kontraste schnell zu stark sein. Die Bildwirkung sollte sehr zart sein. Neutral mit stärkerer Sättigung und höherer Scharfzeichnung für die Gräser passt hier sehr gut.

③

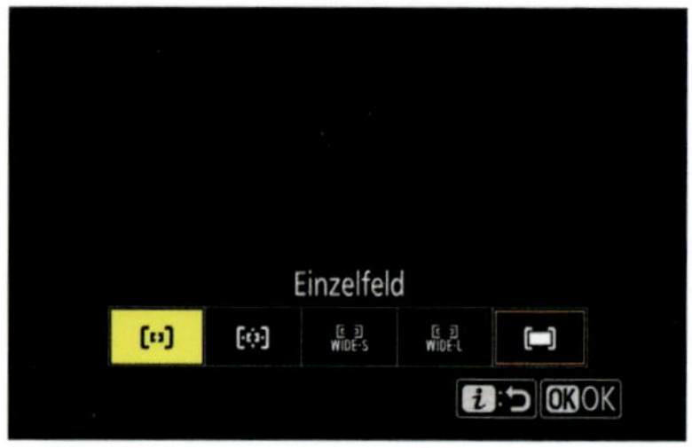

i-Menü *Fokusmessfeld: Einzelfeld*. Es muss genau ein Grashalm scharfgestellt werden. Das kann ein bisschen Arbeit sein, lohnt sich aber.

④

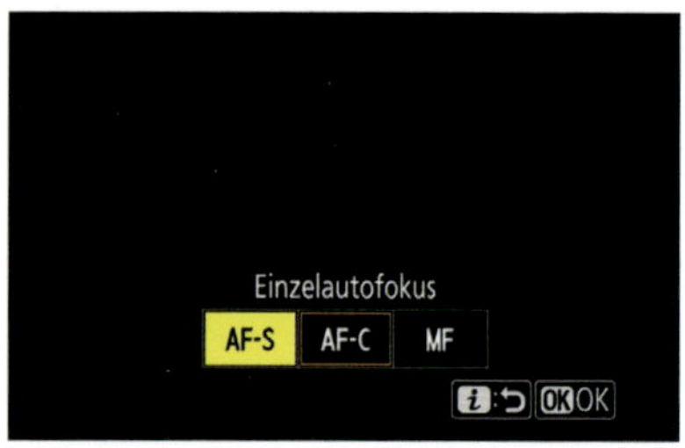

i-Menü *Fokusmodus: AF-S* oder *AF-C*. Manchmal kann hier der AF-C besser funktionieren, da sich die Gräser leicht im Wind bewegen. Probier mal beides aus.

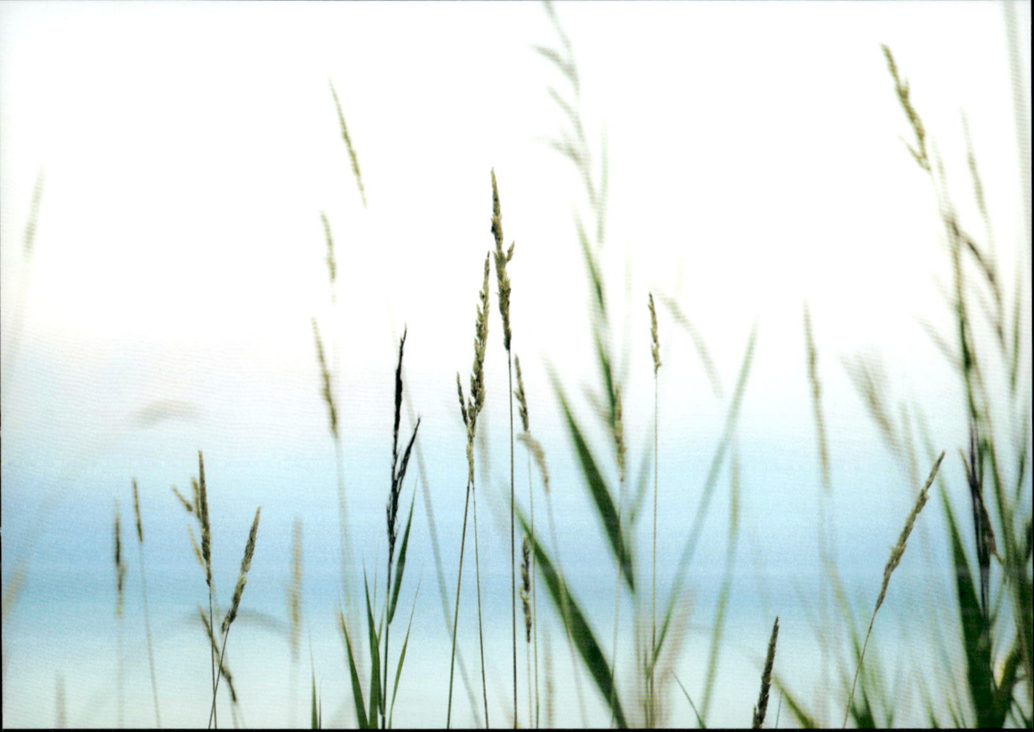

200 mm | f/5.6 | 1/250 sek | ISO 640 | Modus A | +2,0 LW

Diese Aufnahme lebt von den zarten Übergängen aus Gräsern in der Schärfe und solchen, die schon recht unscharf sind. Das Seeufer im Hintergrund ist nur noch als Farbverlauf wahrzunehmen. Der Blendenwert f/5.6 erzeugt meist schon mehr Tiefenschärfe. Da hier aber ganz nah fokussiert wurde, ist der Schärfebereich schon sehr gering.

Ast mit Blendenfleck

①

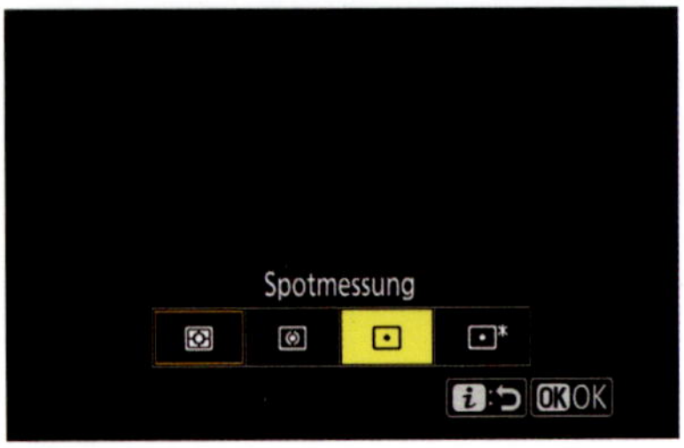

i-Menü *Belichtungsmessung: Spot.* Wenn du viel Blattgrün in deinem Motiv hast, kann die Belichtung oft zu hell werden. Entweder du korrigierst mit der Belichtungskorrektur oder nutzt die Spotmessung. Sie misst immer dort, wo dein AF-Messfeld ist.

②

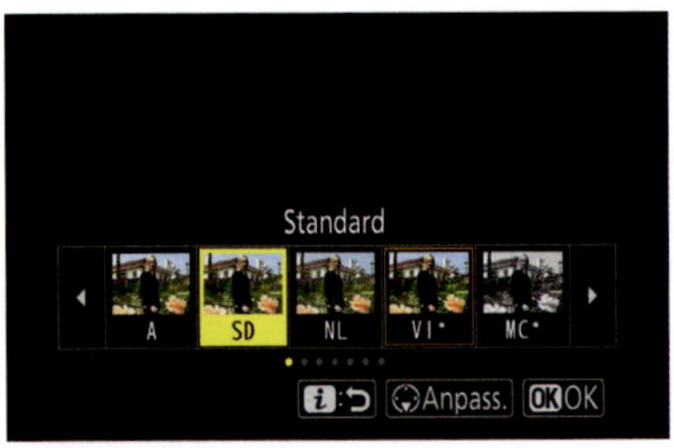

i-Menü *Picture Control: Standard.* Bei einem moderneren Objektiv wäre der Look vielleicht schon zu kräftig gewesen. Da dieses ältere Objektiv aber bei offener Blende einen geringeren Kontrast hat, ist hier *Standard* genau richtig.

③

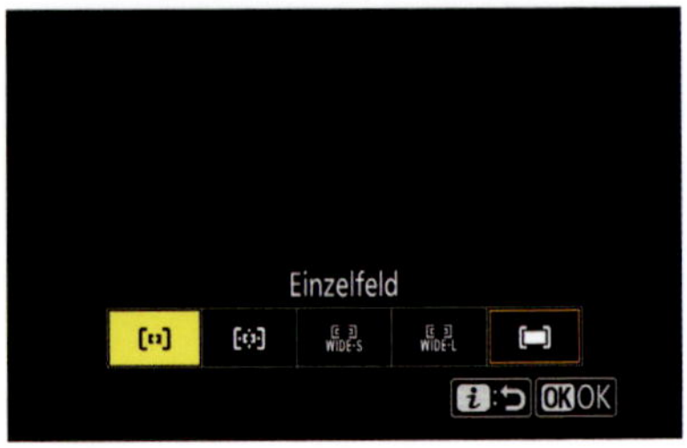

i-Menü *AF-Messfeld: Einzelfeld.* Hier muss die Schärfe genau sitzen. Eine Veränderung der Schärfeebene könnte auch den runden Blendenfleck verändern.

④

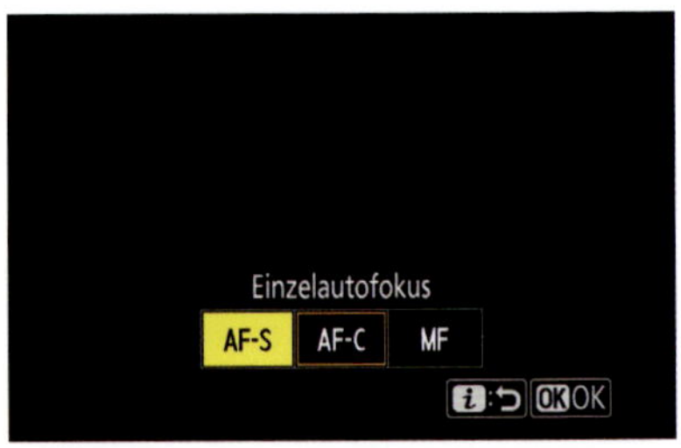

i-Menü *Fokusmodus: AF-S.* Auch hier ist es wichtig, Ruhe beim Fotografieren zu haben, um das Bokeh genau im Auge zu haben.

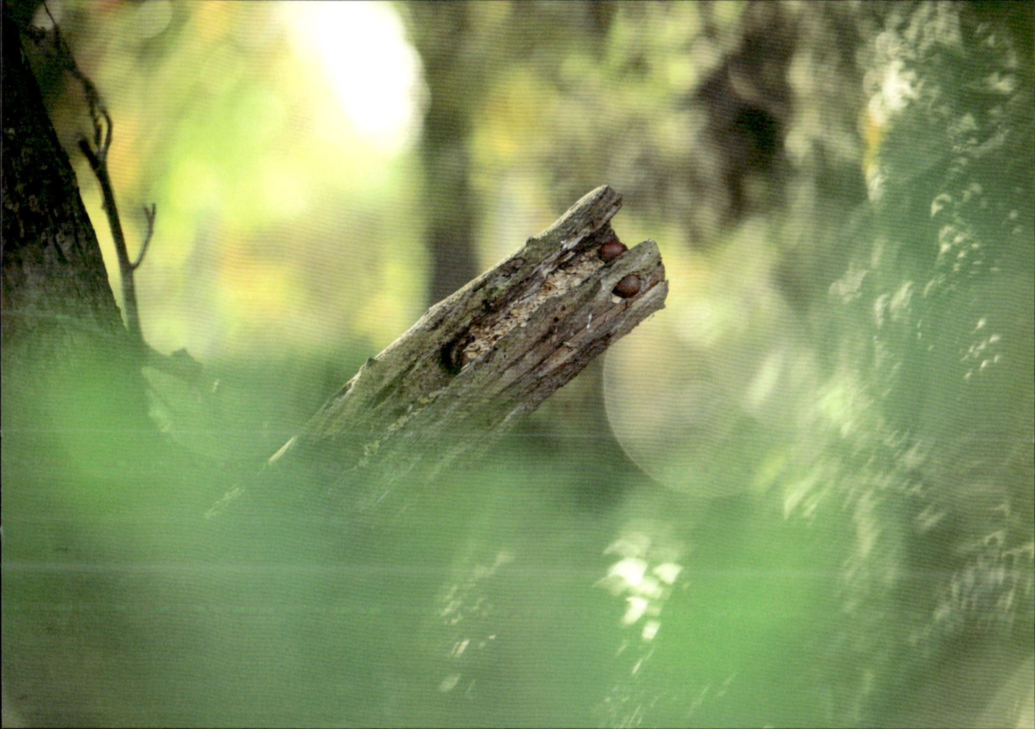

145 mm | f/3.5 | 1/800 sek | ISO 1400 | Modus M

Ältere Objektive haben oft einen etwas anderen Charakter als die modernen, nahezu perfekt korrigierten Objektive. Dies ist das fast 25 Jahre alte Nikkor AF-S 80–200 mm f/2.8. Es ist bei weit geöffneter Blende etwas weicher und zarter im Kontrast und hat ein etwas anderes Bokeh (der große, runde Fleck rechts neben dem Ast) als die modernen Versionen dieses Objektivs. Vielleicht hast du auch noch ein paar alte Schätzchen bei dir rumliegen: Mit dem FTZ-Objektivadapter kannst du sie auch an deiner Nikon Z verwenden.

Baum in der Unschärfe

①

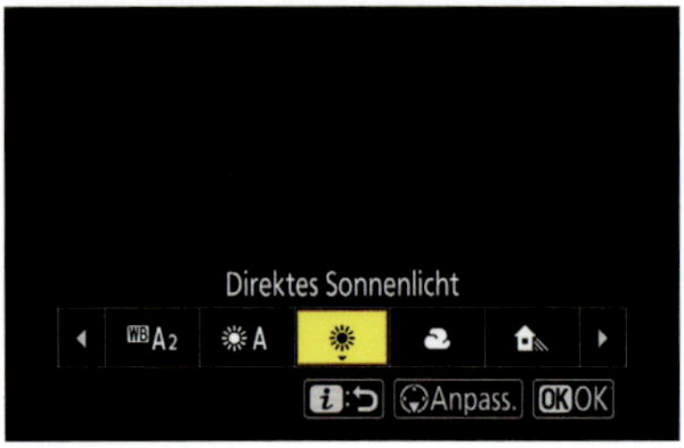

i-Menü *Weißabgleich: Direktes Sonnenlicht*. Wenn du Sonnenuntergänge fotografierst, solltest du deinen Weißabgleich als Grundeinstellung auf *Direktes Sonnenlicht* stellen. Gegebenenfalls kannst du ihn noch feinjustieren.

②

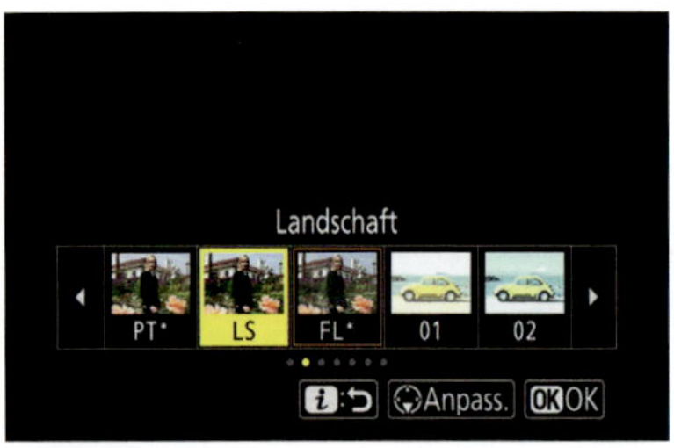

i-Menü *Picture Control: Landschaft*, damit die Farben des Sonnenlichts im Baum kräftig werden und der Baum durch den hohen Kontrast annähernd zur Silhouette wird.

③

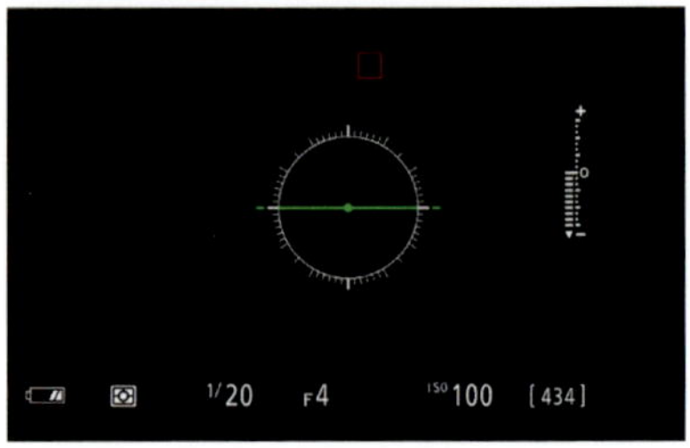

DISP: Wasserwaage. Bei Landschaftsaufnahmen hast du oft keinen wirklich geraden Horizont im Bild. Die Wasserwaage hilft, deine Kamera gerade auszurichten.

④

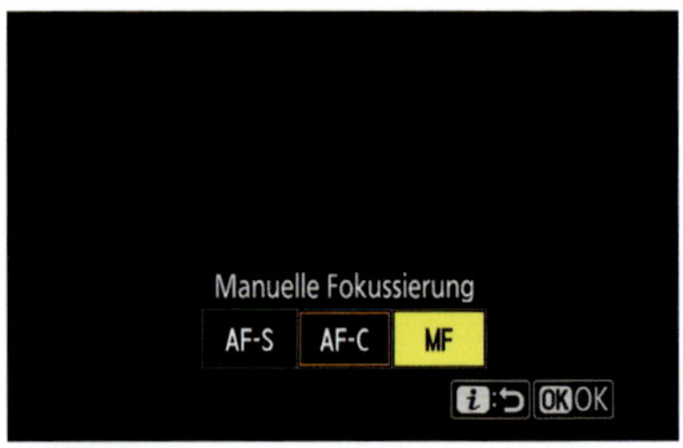

i-Menü *Fokusmodus: MF*. Viel besser als bei einer Spiegelreflexkamera kannst du hier schon vor der Aufnahme prüfen, wie die Schärfe der Lichtkugeln im Baum am besten aussehen.

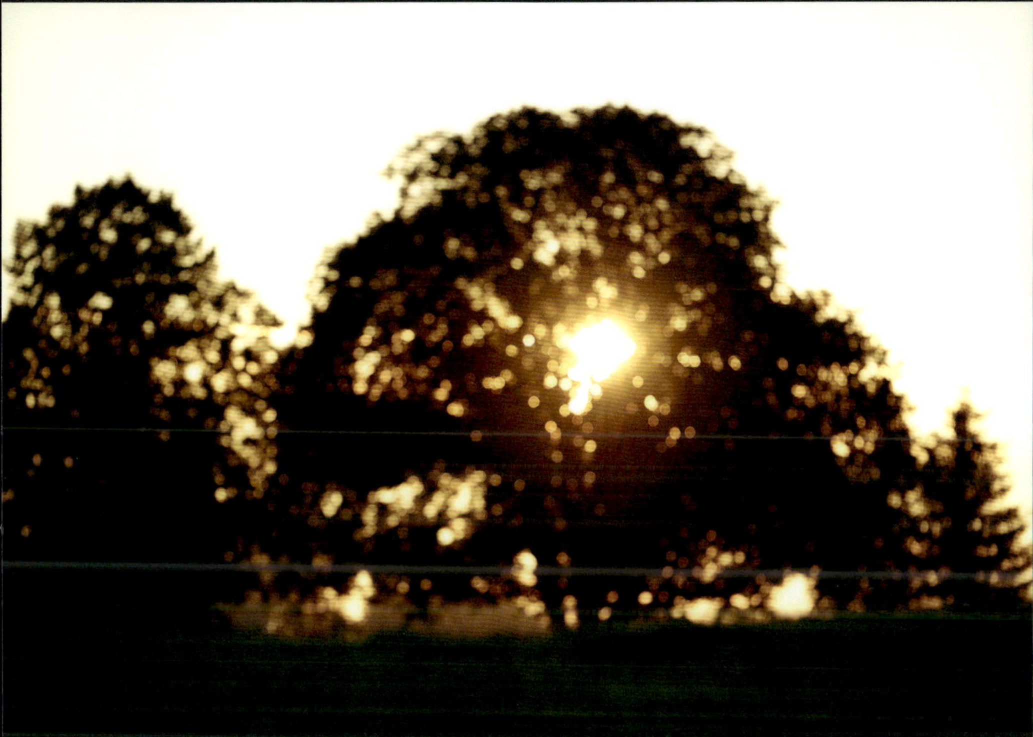

200 mm | f/5.6 | 1/250 sek | ISO 160 | Modus A | +0,7 LW

Ja, du hast siehst richtig. Dieses Foto von einem mächtigen Baum ist total unscharf. Aber es wurde bewusst so fotografiert. Als ich diese Szene im Sonnenuntergang sah, merkte ich, dass ich die gleißende Sonne, die durch den Baum scheint, mit einer scharfen Aufnahme nicht so hinbekomme, wie ich es sehe. Also den Fokus manuell eingestellt, bis mir die Bokeh-Bälle, die goldfarbenen runden Lichtkreise, gefielen. Experimentiere öfter mal mit dem manuellen Fokus und bewusster Unschärfe in deinen Bildern – manchmal kommt da etwas Gutes raus.

Pilze in der Doppelbelichtung

①

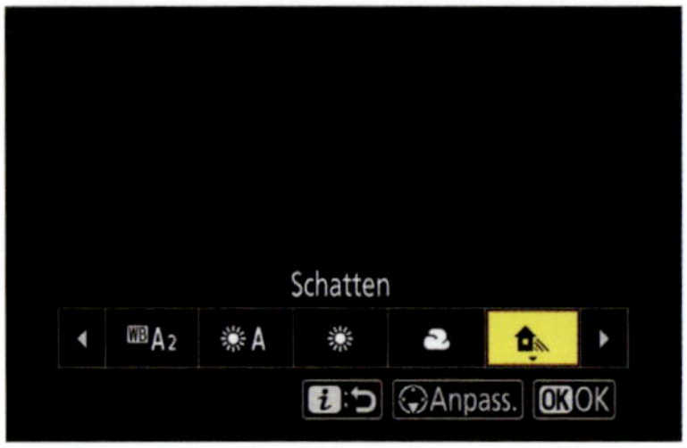

i-Menü *Weißabgleich: Schatten.* Damit das Foto einen warmen Farbton erhält, kannst du mit *Bewölkt* und *Schatten* experimentieren.

②

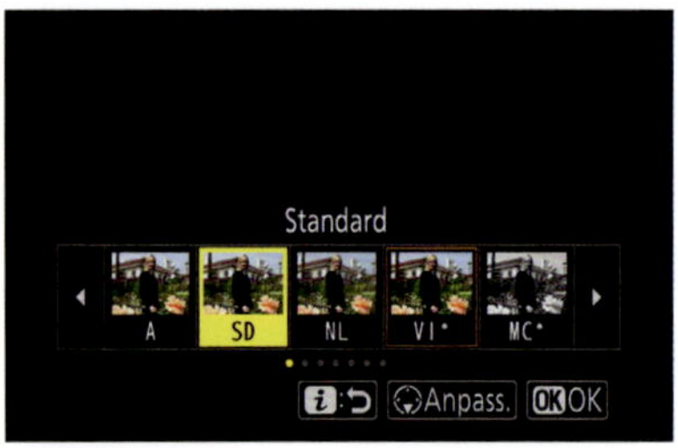

i-Menü *Picture Control: Standard.* Das Ergebnis der Doppelbelichtung wird als JPEG abgespeichert. Daher solltest du hierbei keine zu kontrastreichen Picture Controls nutzen.

③

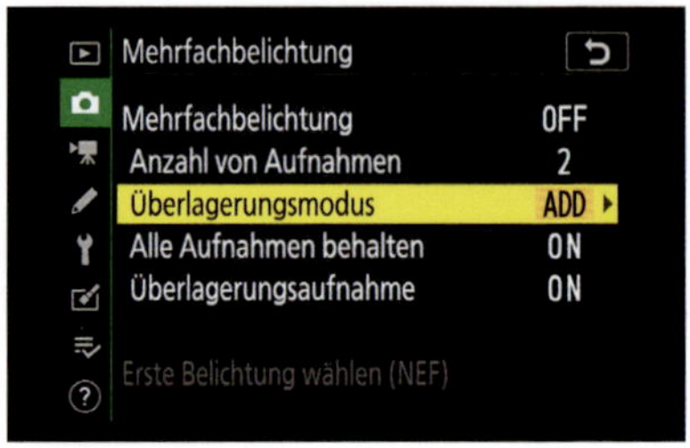

Menü *Mehrfachbelichtung.* Hier kannst du viele Parameter einstellen und bis zu zehn Aufnahmen überlagern.

④

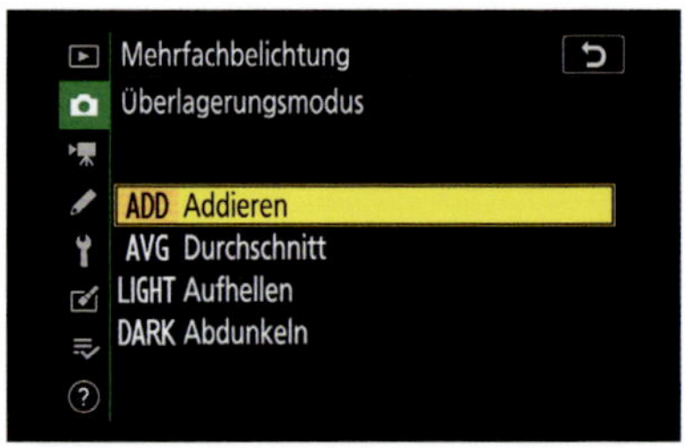

Menü *Mehrfachbelichtung.* Es gibt mehrere Möglichkeiten, wie die Kamera die Bilder überlagert. In diesem Beispiel war es *Addieren*. Probiere dich aber mal durch. Je nach Motiv funktionieren andere Modi besser.

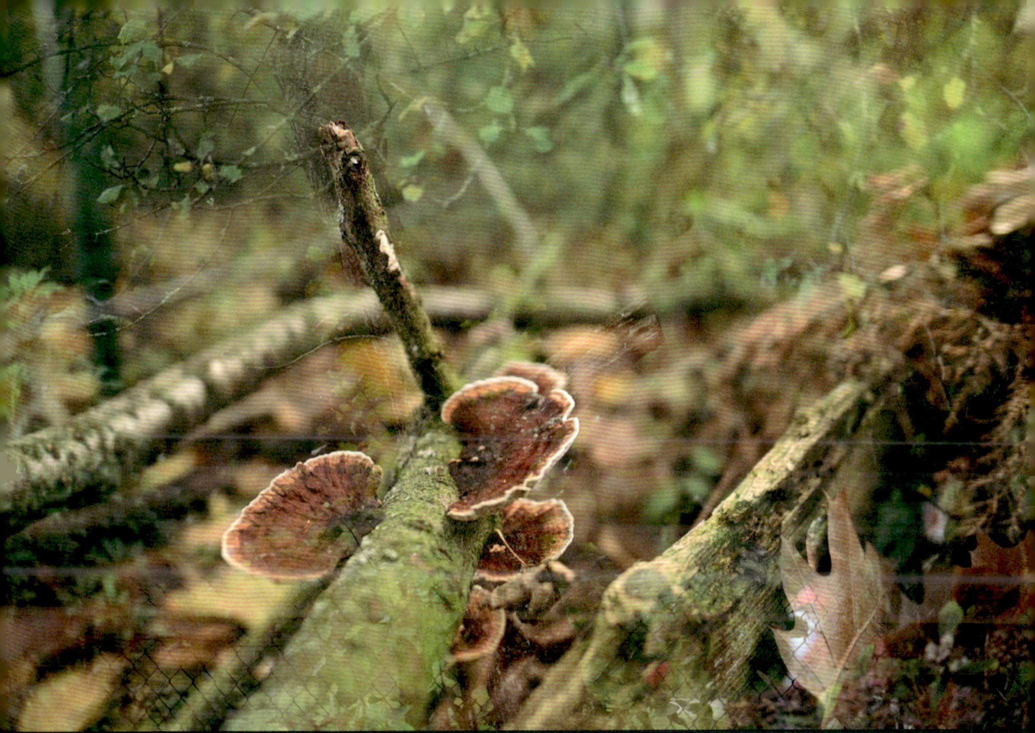

20 mm | f/2 (f/5.6) | 1/100 sek (1/40 sek) | ISO 400 | Modus A

Wenn du genau hinschaust, siehst du, dass in diesem Foto von Pilzen an einem alten Baumstamm irgendetwas im Hintergrund anders ist. Die Z-Kameras bieten wie viele Nikon-Kameras auch eine Einstellung für Mehrfachbelichtungen an. Hier wurden zwei Fotos so miteinander kombiniert, dass ein Ast mit kleinen Blättern und ein feinmaschiger Zaun den Hintergrund der Pilzaufnahme überlagern. Bei Mehrfachbelichtungen solltest du darauf achten, dass du eher etwas dunkler fotografierst und entweder einen dunklen oder unscharfen Hintergrund in einer der beiden Aufnahmen hast. Zu viele Aufnahmen zu überlagern funktioniert meist nicht so gut. Die Werte in Klammern sind die der zweiten Belichtung.

Goldener Nebel

①

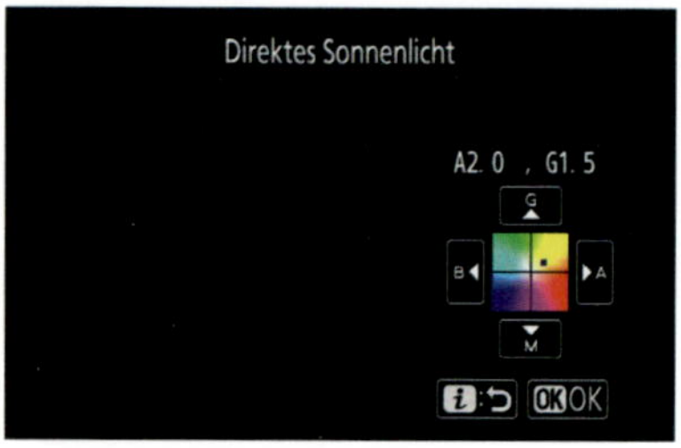

i-Menü *Weißabgleich: Direktes Sonnenlicht.* Bei Sonnenaufgängen ist dies mein Standardweißabgleich, den ich dann in die Richtung schiebe, die mir die schönsten Farben bietet. Hier war es noch eine Verstärkung der Gelbtöne.

②

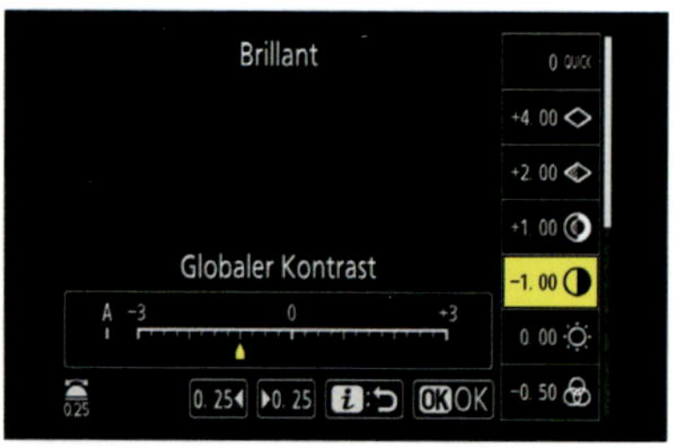

Fn-Menü *Picture Control: Brillant.* Um einen knackigen Kontrast zu bekommen, eignet sich *Brillant*, die Nikon-Grundeinstellung ist aber oft zu extrem. Daher sind hier Kontrast und Sättigung etwas verringert.

③

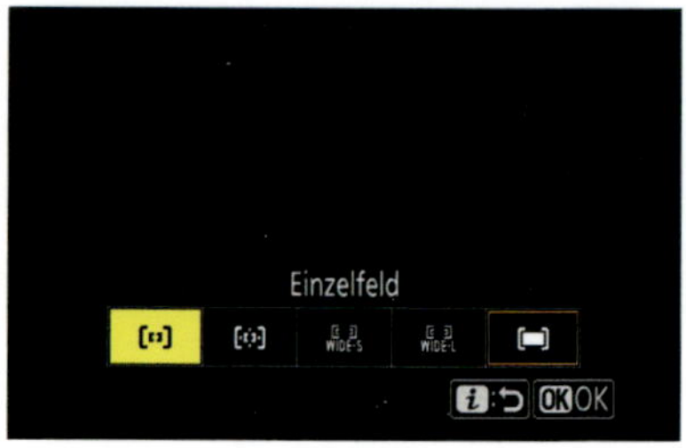

i-Menü *Fokusmessfeld: Einzelfeld.* Die Schärfe muss hier genau gesetzt werden. Das Wohnmobilheck und die Gräser sollen scharf sein, dahinter soll die Schärfe aber möglichst schnell aufhören.

④

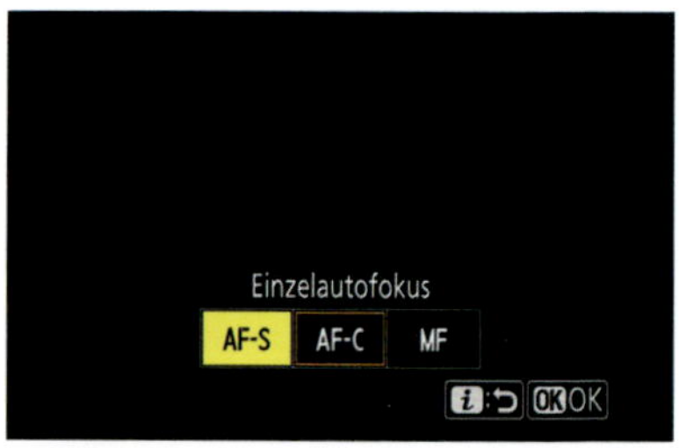

i-Menü *Fokusmodus: AF-S.* Bei so starkem Gegenlicht fühle ich mich mit dem AF-S einfach sicherer und kann auch leichter gestalten.

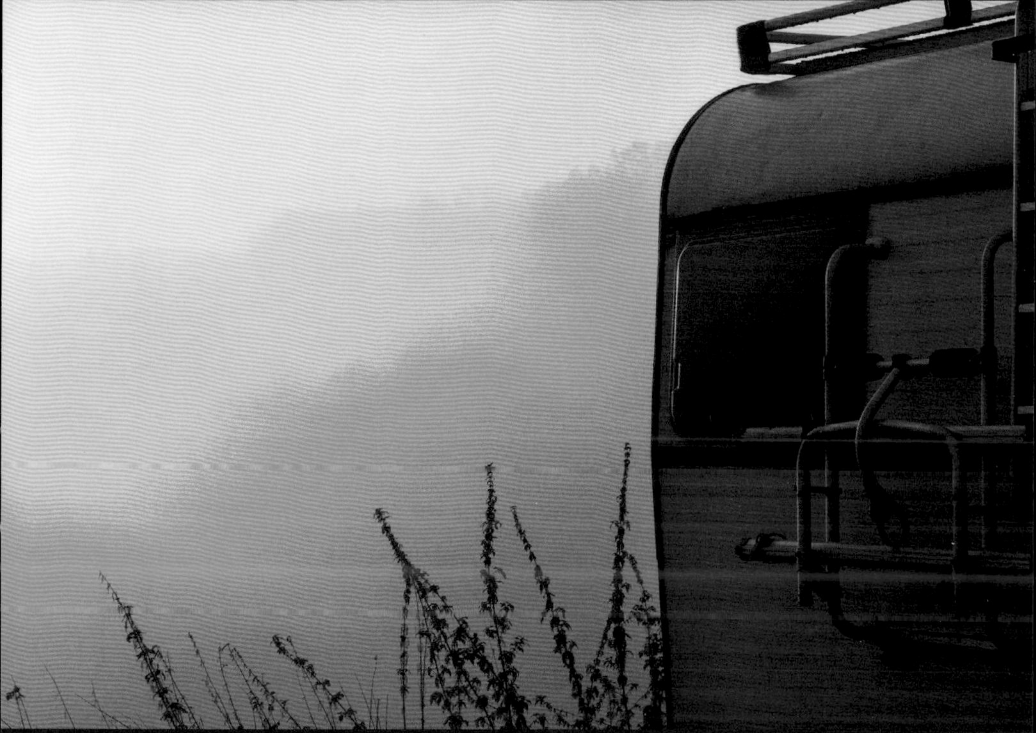

70 mm | f/6.3 | 1/30 sek | ISO 500 | Modus M

Ich gehöre leider nicht wirklich zu den Frühaufstehern. Aber im Urlaub schaffe ich es dann doch manchmal, schon beim Sonnenaufgang mit der Kamera unterwegs zu sein. Die Belohnung war hier dieser schöne Frühnebel mit seinen goldenen Farbtönen.

Sanfte Wellen

①

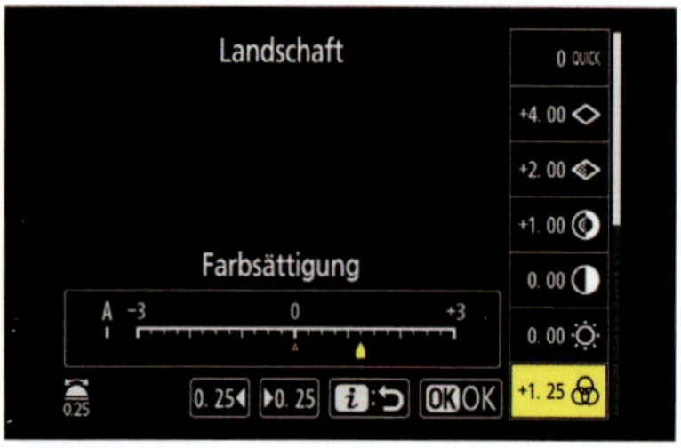

i-Menü *Picture Control: Landschaft.* Das Licht muss natürlich bei Landschaftsaufnahmen passen. Aber mit ein paar Einstellungen wie höherer Sättigung kannst du noch mehr herausholen.

②

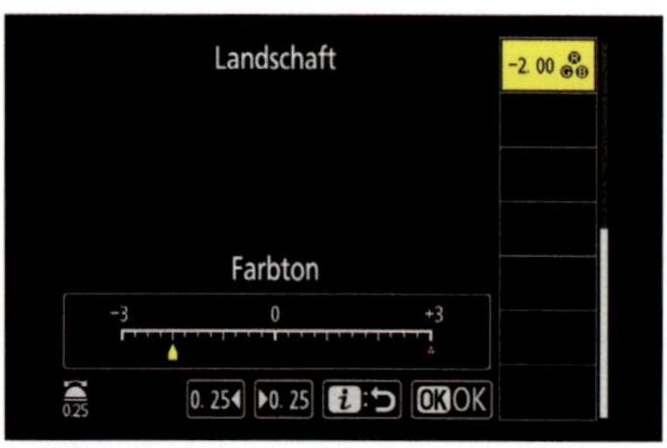

Fn-Menü *Picture Control: Landschaft.* Auch den Farbton kannst du beeinflussen. Negative Werte führen zu wärmeren, positive zu kühleren Farben.

③

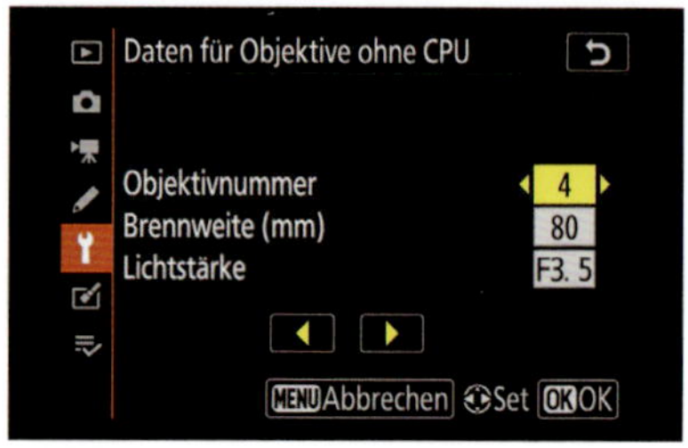

Menü *Daten für Objektive ohne CPU.* Damit du später sehen kannst, mit welchem alten Objektiv ohne elektronische Kontakte du fotografiert hast, gibst du sie am besten ein. Alle manuellen Festbrennweiten, die jemals in der über 60-jährigen Geschichte des F-Bajonetts von Nikon gebaut wurden, sind auswählbar, von 6 mm Brennweite bis 4000 mm.

④

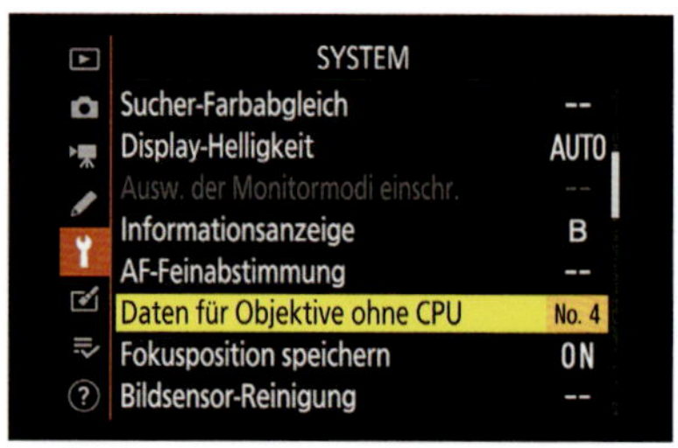

Menü *Daten für Objektive ohne CPU.* Auch der Bildstabilisator in der Kamera kann viel genauer arbeiten, wenn er zumindest ungefähr die Brennweite kennt. Ich habe hier 80 mm eingegeben (der Bereich, in dem ich hier in etwa fotografiert habe), da Zoomobjektive nicht in der Liste vorhanden sind.

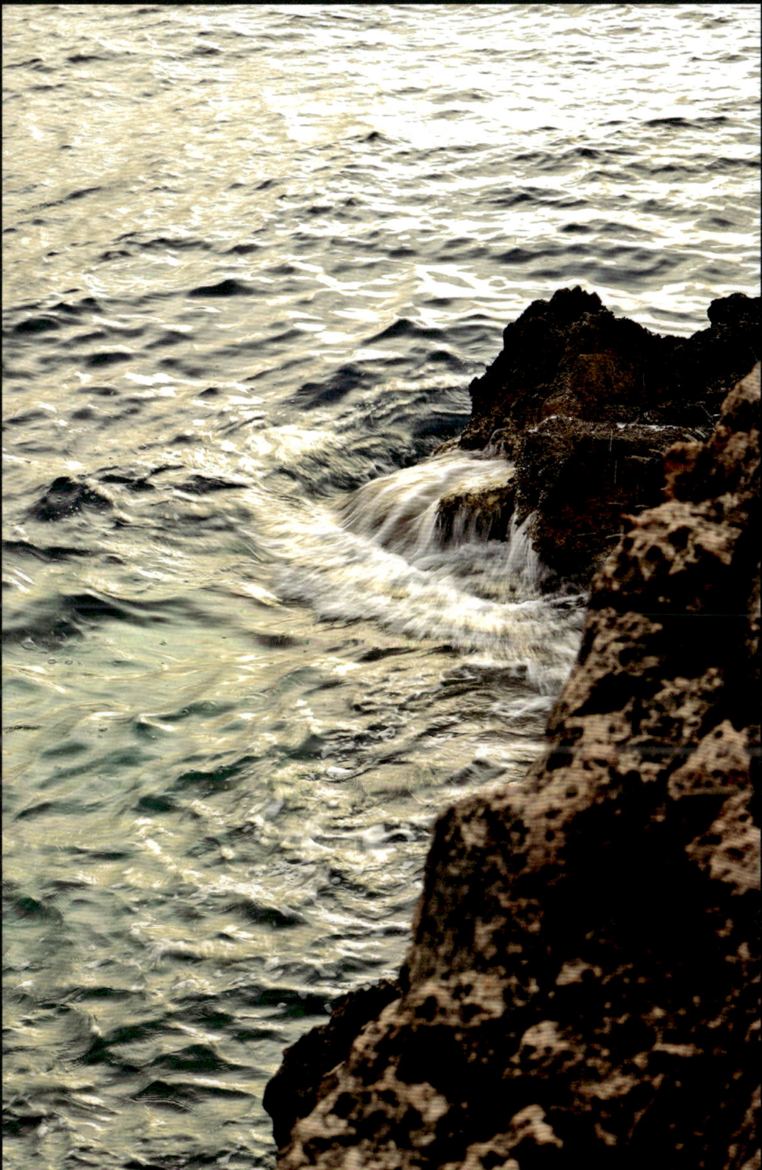

80 mm | f/11 | 1/20 sek | ISO Lo1 (ISO 50) | Modus M

An diesen Klippen tauche und springe ich normalerweise. Diesmal habe ich mich für ein gutes Foto in der Dämmerung von Mücken zerstechen lassen. Aber ich finde, es hat sich gelohnt. Zum Einsatz kam mein liebstes Reisezoom, ein 40 Jahre altes Nikon E 75–150 f/3.5, natürlich mit manuellem Fokus.

TIERE

Die Tierfotografie gehört nicht nur zu den schönsten und spannendsten Bereichen der Fotografie, sondern fordert auch von dir und dem Equipment alles. Neben großer Geduld braucht es auch eine schnelle Reaktion und eine gute Beherrschung der Kamera. Schnappschüsse führen da meist nicht zu den tollsten Ergebnissen. Aber vielleicht macht auch gerade das die Fotografie von Tieren so besonders. Die Euphorie, wenn ein großartiges Foto entstanden ist, ist kaum zu übertreffen.

Um ein Teleobjektiv kommst du hier wohl nicht herum. Die Grenzen nach oben sind offen. Nikon bietet eine Menge an Objektiven bis zur 800-mm-Brennweite an. Letztere kostet aber so viel wie ein kleiner Mittelklassewagen und ist für den Hobbybereich eher ungeeignet. Den Einstieg bietet da ein AF-S 70–300 mm, das lichtstarke 70–200 mm f/2.8 bekommst du sowohl mit F- als auch mit Z-Bajonett. Zwei ganz besondere Objektive haben das Kürzel PF. Durch ihre besondere Konstruktion sind sie sehr kompakt und leicht und haben eine sehr gute Bildqualität. Es gibt ein 300 mm f/4 und ein 500 mm f/5.6.

Jetzt aber erst mal genug vom idealen Equipment. Die ersten Gehversuche kannst du im Garten oder Park oder mit deinem Haustier schon mit kürzeren Brennweiten machen und sehen, ob dir dieses Genre überhaupt liegt.

Die größte Herausforderung liegt beim Autofokus. Hier braucht man meistens den AF-C. Manchmal kommt aber auch der AF-S oder der manuelle Fokus zum Einsatz. Schließlich bewegen sich Tiere nicht ständig, und so hast du manchmal wie bei einem Porträt mehr Zeit zum Scharfstellen.

Spätestens mit den Nikon Z-Kameras bin ich bei der Action- und Sportfotografie zum Fan des sogenannten Back-Button- bzw. Front-Button-Autofokus geworden. Hierbei nutzt du zum Fokussieren eine extra Taste und den Auslöser wirklich nur, um das Bild zu schießen. Der Vorteil ist, dass man so sowohl den AF-C als auch den AF-S zur gleichen Zeit zur Verfügung hat. Das manuelle Eingreifen in den Fokus ist sowieso möglich, es muss also nicht mehr umgeschaltet werden.

Bei den folgenden Bildern habe ich meistens diese Technik genutzt. Wenn du noch mal genau nachlesen willst, wie der Back-Button-AF eingestellt und verwendet wird, schau dir noch mal „Der Back-Button-Autofokus“ im Abschnitt „Die Fokusmodi“ an.

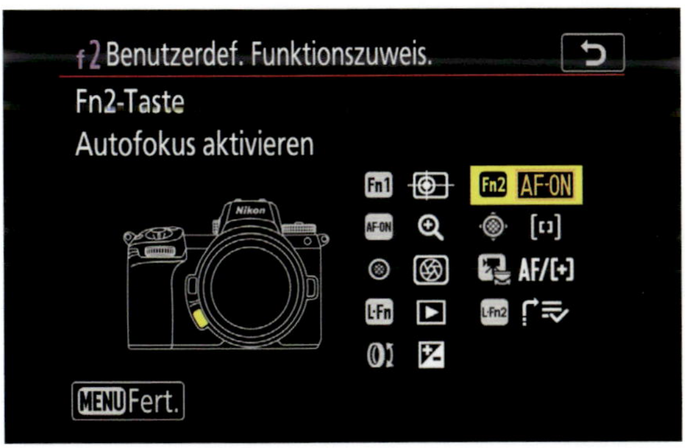

Ob du lieber eine der Fn-Tasten oder die AF-ON-Taste hinten am Kameragehäuse nutzt, kannst du selbst entscheiden.

Da du scharfe Fotos der Tiere machen möchtest, musst du auch sehr genau auf die Verschlusszeit achten. Daher ist Modus S oder M die richtige Wahl.

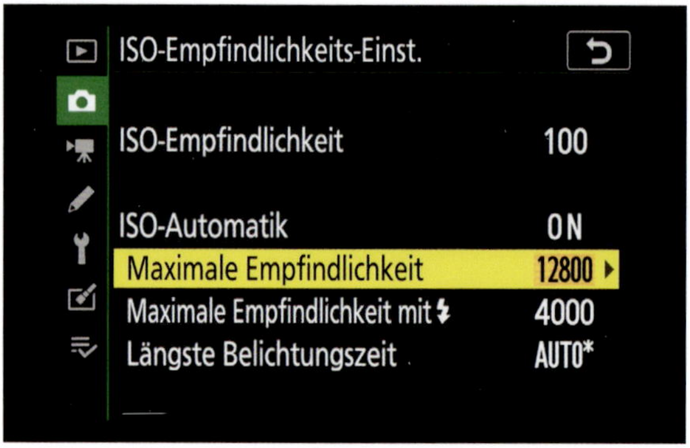

Du kannst eine Unter- und eine Obergrenze für die ISO-Automatik festlegen. Als niedrigste ISO solltest du bei den Z 7-Modellen immer 100 bzw. 64 wählen. Als Obergrenze kannst du die Zahl festlegen, die du gerade noch okay findest. Aber sieh dir auch mal das Beispiel im Workshop „Rotkehlchen am Start" an.

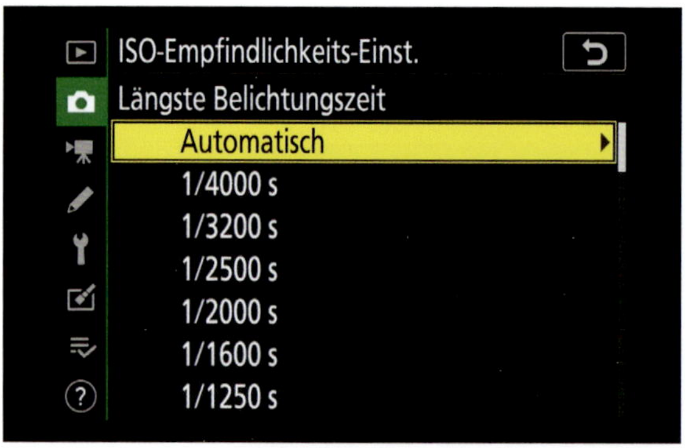

Hier müssen nur konkrete Verschlusszeiten eingegeben werden, wenn du in den Programmen A oder P die ISO-Automatik mit besonders kurzen Verschlusszeiten nutzen willst

Für die Tier- und Sportfotografie brauchst du hier keine besonderen Einstellungen zu machen. Die Verschlusszeit gibst du in den Programmen S oder M ja sowieso vor. Dadurch erhöht die ISO-Automatik dann die ISO-Werte, wenn bei den von dir genutzten Verschlusszeiten die Belichtung zu dunkel würde, egal was in dem Menüpunkt eingestellt ist.

Die Grundeinstellungen:

- Stelle **Modus S** oder **M** auf dem Moduswahlrad ein.
- Um für alle Situationen und spontane Änderungen der Helligkeit gewappnet zu sein, nutze am besten die **ISO-Automatik**.
- Wähle **AF-C** und *Einzelfeld* oder *Großes Messfeld (klein)* als Autofokusmessfeld für ruhigere Tiere und *Großes Messfeld (groß)* oder die *automatische Messfeldsteuerung* für schnell bewegte Tiere wie Vögel im Flug.
- Mit der **Picture Control** kannst du bestimmen, wie kontrastreich und farbintensiv deine Bilder werden. Auch die Scharfzeichnung, also die Knackigkeit deines Fotos, wird hier festgelegt: *Landschaft, Standard* oder *Brillant* sind gut geeignet, wobei Letzteres bei starkem Sonnenschein und sehr farbenfrohen Tieren auch mal zu intensiv sein kann.

Der klopfende Buntspecht

①

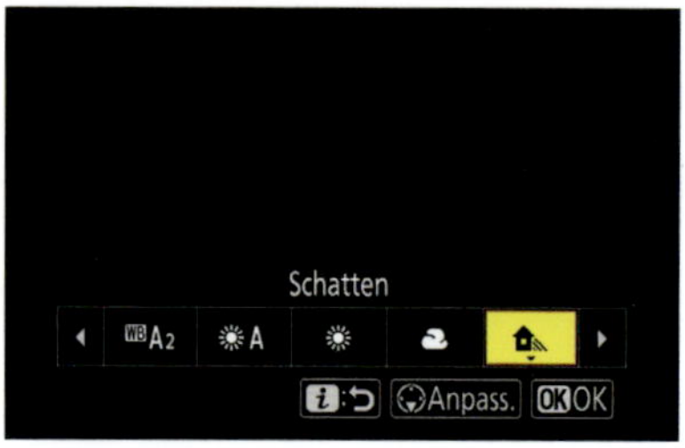

i-Menü *Weißabgleich: Bewölkt/ Schatten*. Im Wald hat man ein sehr kühles, grünstichiges Licht, da die Sonne durch die Blätter scheint. Die Weißabgleichvoreinstellungen *Bewölkt* oder *Schatten* bringen meist die besten Ergebnisse.

②

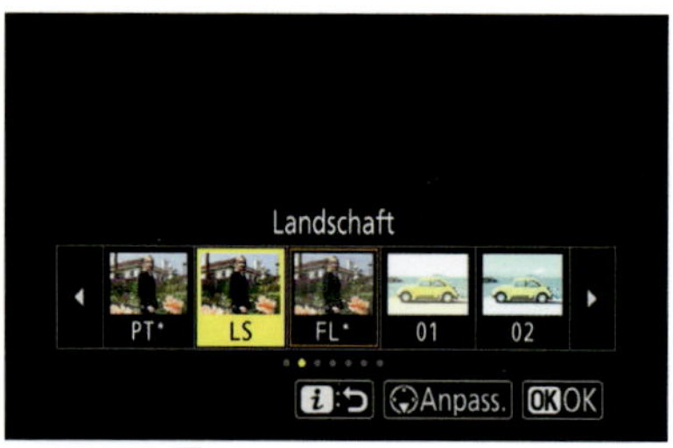

i-Menü *Picture Control: Landschaft* bringt die knackigen Farben des Spechts und die Kontraste des Baumes gut heraus. Du weißt ja, die Parameter für die Schärfe, den Kontrast und die Sättigung kannst du ganz fein anpassen.

③

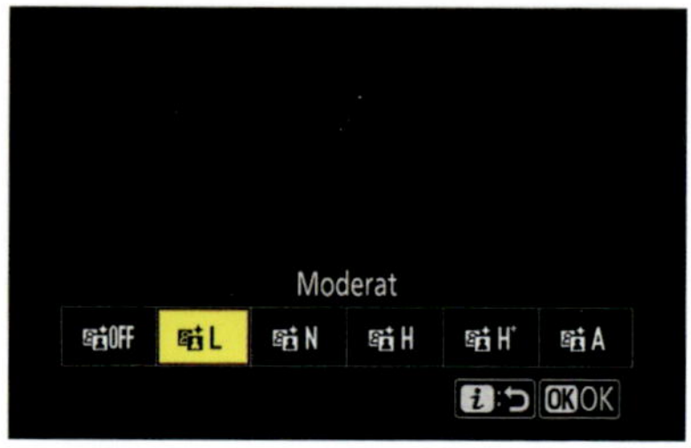

i-Menü *Active D-Lighting:* Um die dunklen Partien der Baumrinde und des dunklen Gefieders ein bisschen aufzuhellen, kannst du eine moderate bis normale Stufe einstellen. Auch bei RAW-Aufnahmen mache ich das gerne, um schon eine Vorschau auf das zu sehen, was später in einer Bildbearbeitung noch möglich wäre.

④

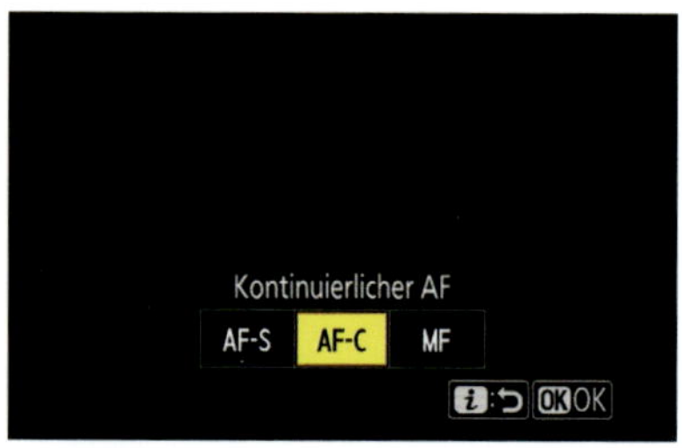

i-Menü *Fokusmodus AF-C:* Da ich eigentlich Vögel im Flug fotografieren wollte, stand der AF sowieso auf *kontinuierlich*. Durch den Back-Button-AF konnte ich die Fokusebene einfach halten und im richtigen Moment abdrücken.

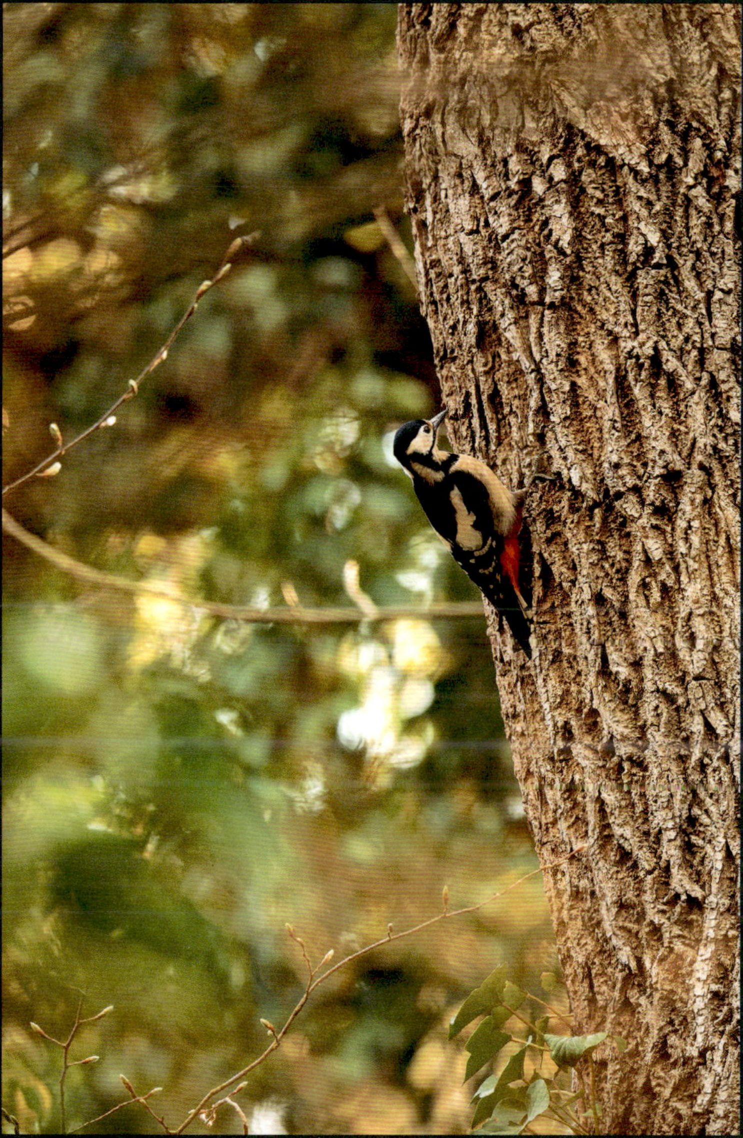

500 mm | f/6.3 | 1/2000 sek | ISO 8000 | Modus M

In diesem dichten Wald wollte ich mir einen kleinen Traum erfüllen und balzende Spechte im Flug fotografieren. Doch durch die engstehenden Äste und Blätter der Bäume hatte ich keine Chance und konnte die Vögel schon mit bloßem Auge nur für Sekundenbruchteile sehen. Als dann das charakteristische Klopfgeräusch zu hören war, gelang dieses Foto. Auch hier war es eine Erleichterung, den Fokus ganz leicht auf den am Baum verharrenden Specht zu legen und via Back-Button-Autofokus festzuhalten.

Rotkehlchen am Start

①

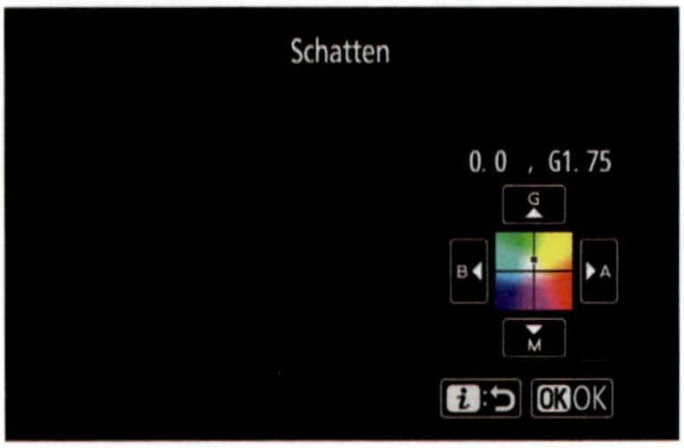

i-Menü *Weißabgleich: Schatten.* Auch hier liefert der Weißabgleich genug Wärme in den Farben. Damit aber das Blattgrün nicht zu farbstichig wird, wurde noch ein wenig in Richtung Grün korrigiert.

②

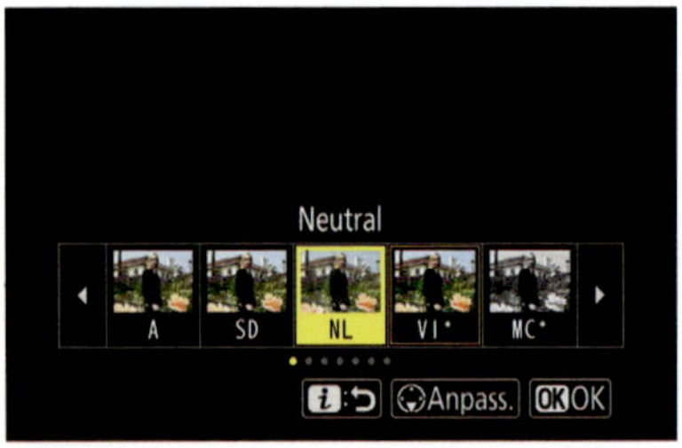

i-Menü *Picture Control: Neutral.* Da ich hier mit sehr hohen ISO-Werten fotografieren musste, habe ich mich für die zurückhaltendere Picture-Control-Einstellung entschieden: Durch den flacheren Kontrast rauscht es weniger.

③

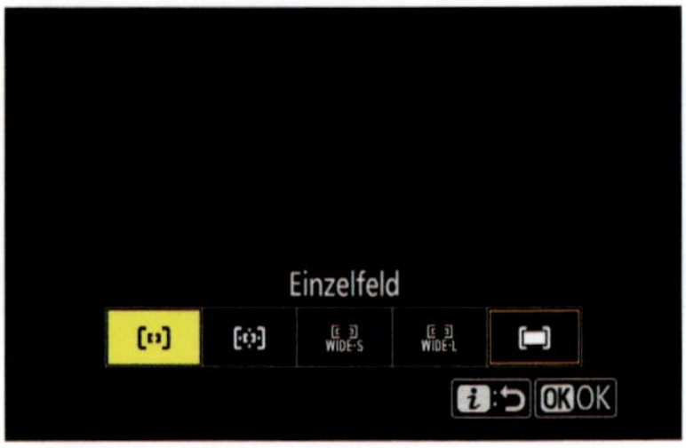

i-Menü *AF-Messfeldsteuerung: Einzelfeld.* Das Rotkehlchen ist sehr klein. Mit diesem Messfeld kannst du sicher sein, dass die Kamera nicht auf die Blätter fokussiert.

④

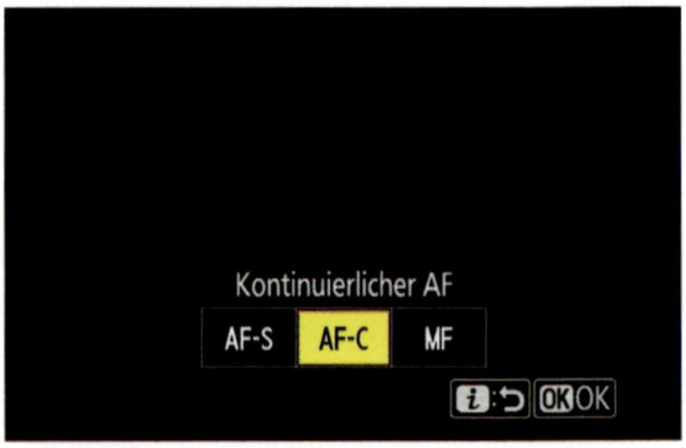

i-Menü *Fokusmodus: AF-C.* Wichtig ist, die Schärfe genau einzustellen und dann den Fokus festzuhalten, damit im Bruchteil der Sekunde beim Start des Vogels keine Zeit für erneutes Fokussieren verloren geht. Das geht entweder mit einer Taste, mit der du den Fokus speicherst, oder mit dem Back-Button-AF.

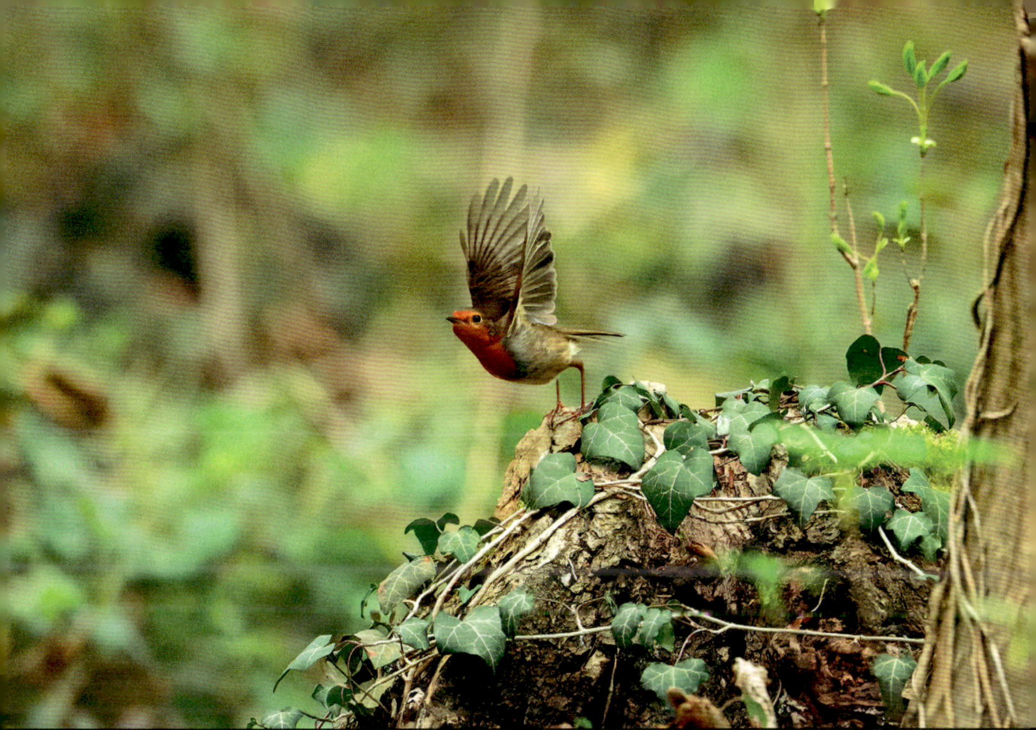

500 mm | f/7.1 | 1/4000 sek | ISO 36000 | Modus M

36000 ISO sind ein verdammt hoher Wert. Die Z 6II bietet trotzdem noch genug Details und Schärfe. So hohe ISO-Werte sollte man natürlich eher vermeiden. Aber ich wollte unbedingt dieses dynamische Foto des Rotkehlchens beim Start, also brauchte ich die kurze Verschlusszeit. Obwohl der Vogel sehr klein ist, nimmt er mit gespreizten Flügelchen schon mehr Tiefe ein, als die offene Blende f/5.6 bei dieser langen Brennweite abgedeckt hätte. Daher musste ich leicht auf Blende f/7.1 abblenden. Die Serienbildgeschwindigkeit stand auf Serienaufnahme H (erweitert). Dann macht die Kamera 14 Bilder in der Sekunde und erhascht den perfekten Moment.

Adler im Anflug

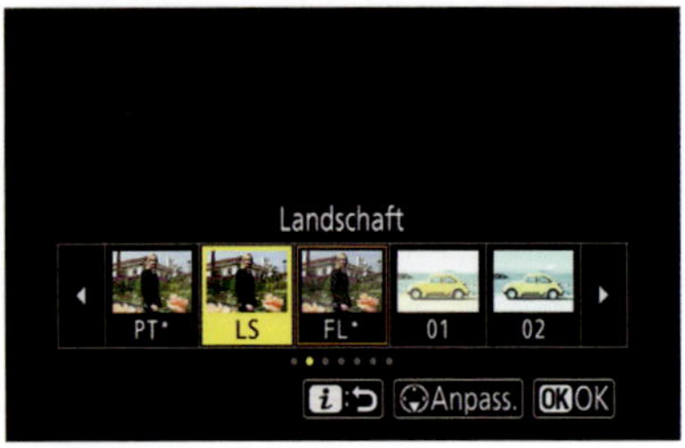

i-Menü *Picture Control: Landschaft.* Diese Einstellung holt die Details des Adlergefieders richtig gut heraus. Sollten Teile des Gefieders zu dunkel werden, kannst du den Kontrast etwas verringern.

②

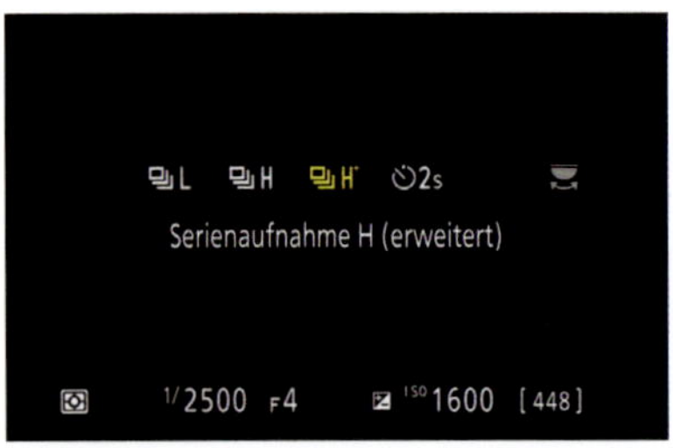

i-Menü Die Z 6 und Z 6II haben in dieser Einstellung Serienbildraten von zwölf bzw. 14 Bildern pro Sekunde. Einziger Nachteil: Es wird immer das zuletzt gemachte Bild im Sucher gezeigt, was das Verfolgen eines Vogels etwas schwerer macht. Mit etwas Übung lässt du das zweite Auge geöffnet und schaust am Sucher vorbei, um einen besseren Überblick zu behalten. Das hilft auch hier, um das Motiv besser im Blick zu behalten.

③

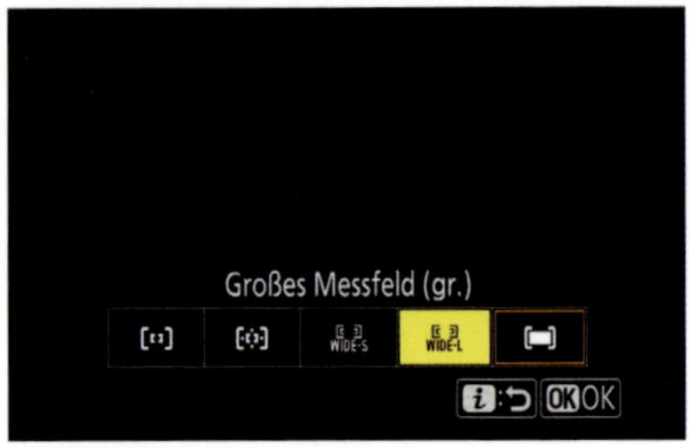

i-Menü *AF-Messfeldsteuerung: Großes Messfeld (groß).* Da hier immer wieder Bäume im Bild sein können, ist es besser, den Bereich etwas zu kontrollieren, in dem scharfgestellt wird. Bei Vögeln nehme ich oft eines der beiden großen Messfelder.

④

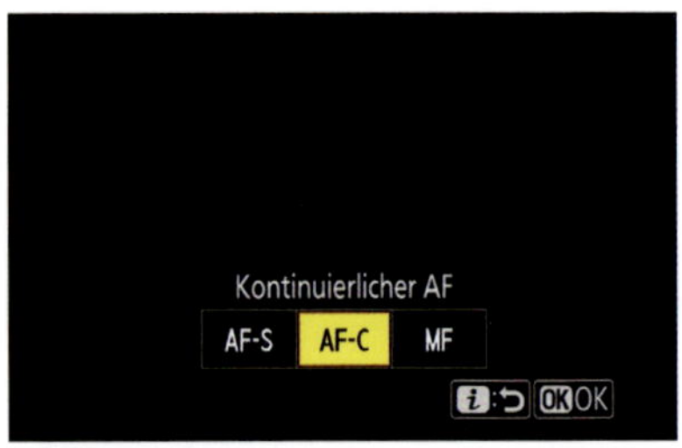

i-Menü *Fokusmodus: AF-C.* Natürlich geht so eine Aufnahme nur im AF-C.

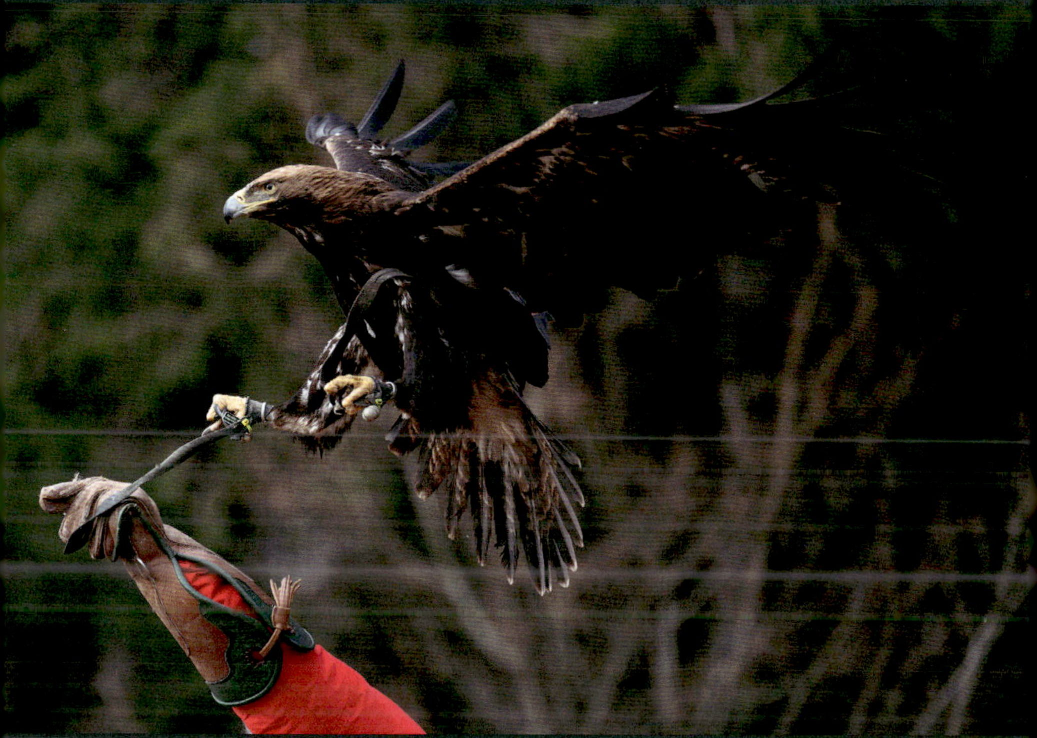

200 mm | f/2.8 | 1/2500 sek | ISO 1400 | Modus M

Um actiongeladene Flugfotos von solch erhabenen Tieren zu machen, sind Greifvogelparks mit Flugshows eine super Gelegenheit. Hier hast du mehr als nur einen Versuch für ein Bild und kannst deine Kameraeinstellungen üben und sehen, ob sie funktionieren. Und nebenbei bekommst du auch noch spannende Infos über die Tiere.

Milli und die Kühe

①

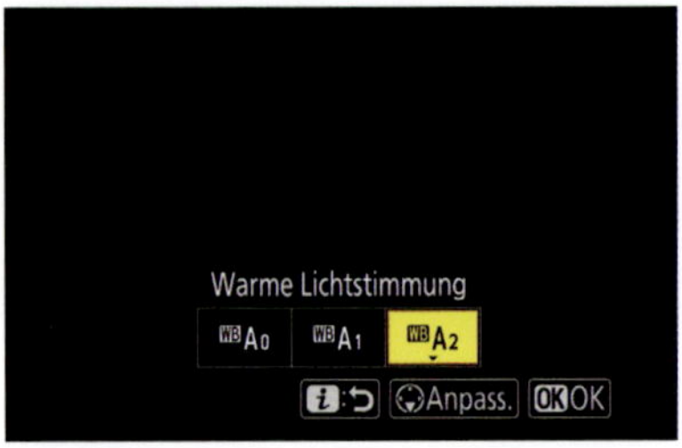

i-Menü *Weißabgleich: Automatisch.* Für ihn hast du drei Grundeinstellungen: Bei *A0* wird in Richtung neutralem Weiß gewichtet, *A1* ist quasi der normale automatische Weißabgleich. Hier habe ich die wärmere Gewichtung *A2* gewählt.

②

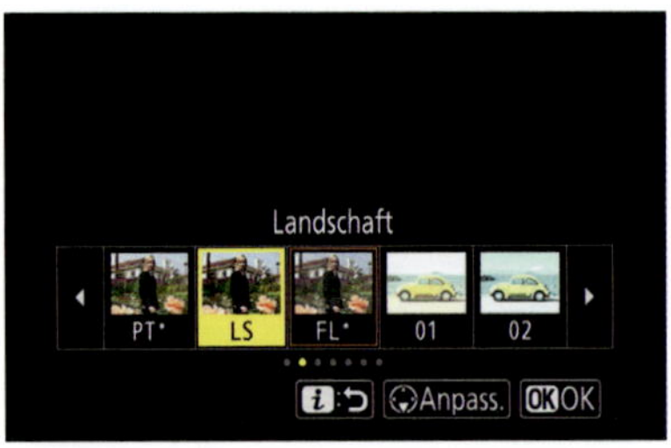

i-Menü *Picture Control: Landschaft.* Du merkst, diese Picture-Control-Einstellung taugt öfter als Grundeinstellung. Das Fell und die Baumstämme kommen damit so richtig gut zur Geltung.

③

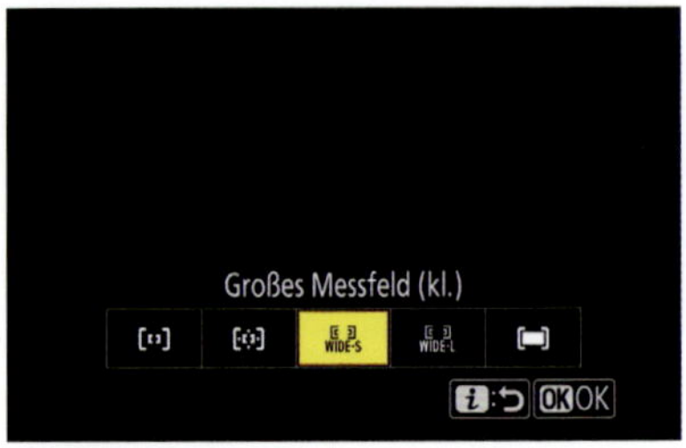

i-Menü *Fokusmessfeld: Großes Messfeld (klein).* Mit dieser Steuerung hast du einen guten Kompromiss zwischen einem sehr genauen Feld und Flexibilität, denn du bist sehr schnell beim Verstellen, falls dein Motiv sich plötzlich bewegt.

④

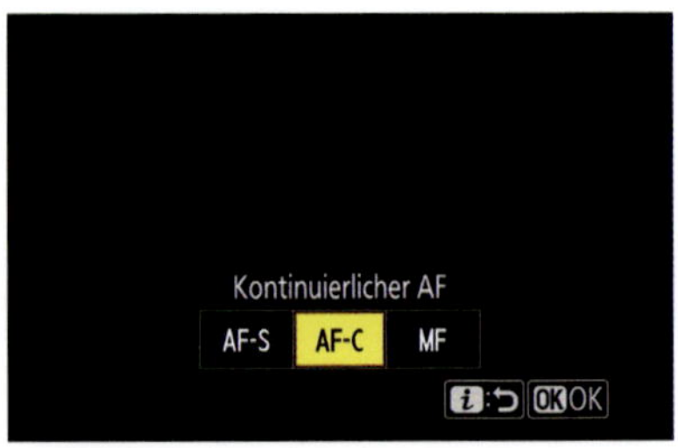

i-Menü *Fokusmodus: AF-C.* Auch wenn es sich hier um ein ruhiges Bild handelt, kann eine Katze oder ein Hund natürlich ganz plötzlich in Bewegung geraten, daher besser AF-C.

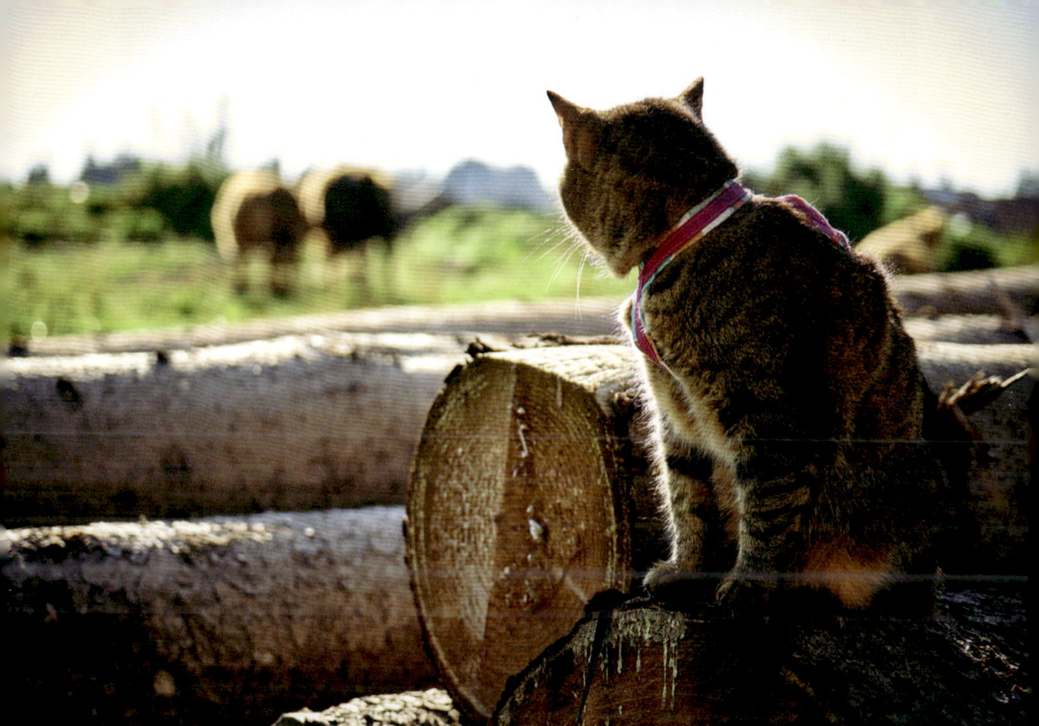

70 mm | f/4.5 | 1/200 sek | ISO 100 | Modus M

Unsere Katze darf nicht nur mit in den Urlaub, sie liebt es sogar. Auf Bauernhöfen kann sie dann mal forsch, mal in sicherem Abstand die anderen Tiere beobachten. Wenn du Tiere fotografierst, solltest du immer auf Augenhöhe zu ihnen gehen. Dadurch kann sich der Betrachter besser in die Szene hineinversetzen.

Blick nach draußen

①

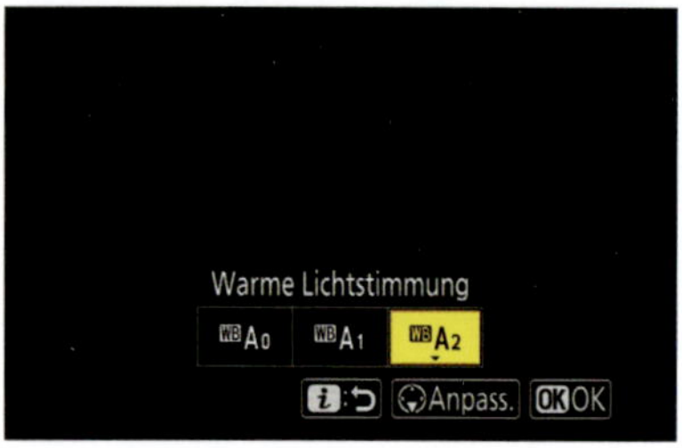

i-Menü *Weißabgleich: Automatisch.* Auch hier hat der automatische Weißabgleich mit der wärmeren Abstimmung sehr gut funktioniert. Bei Mischlichtsituationen findet er oft einen guten Kompromiss.

②

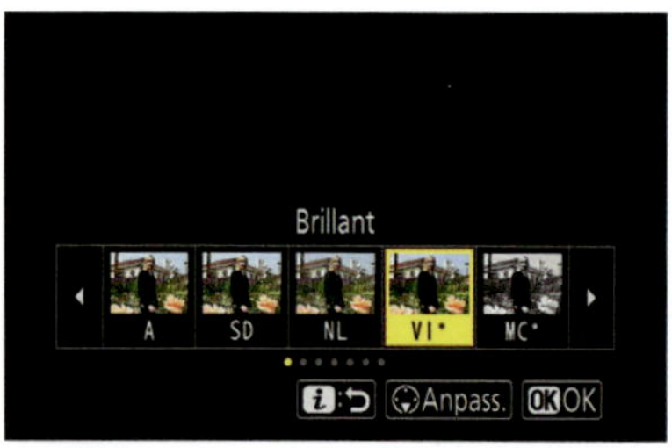

i-Menü *Picture Control: Brillant.* Um solche besonderen Farben wie die des Polsters zu betonen, kannst du gut Brillant nehmen. Behalte hier aber immer ein bisschen die Kontraste im Auge. Zur Not reduziere sie etwas in der Feineinstellung.

③

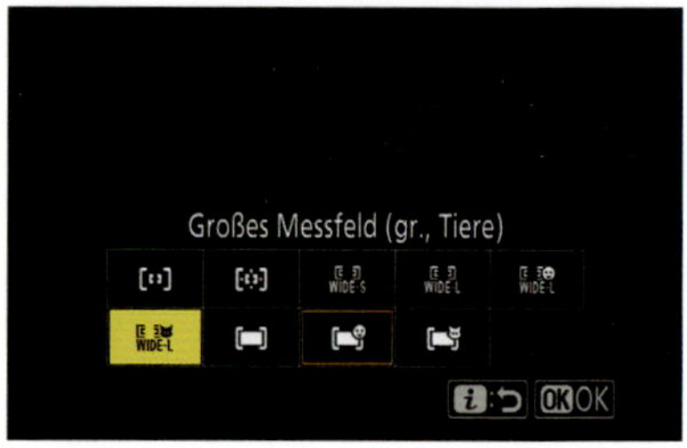

i-Menü *Fokusmodus Großes Messfeld (Tiere).* Bei Katzen und Hunden funktioniert der Tieraugen-AF sehr zuverlässig. Aber du solltest auch mit den anderen Messfeldern routiniert umgehen können.

④

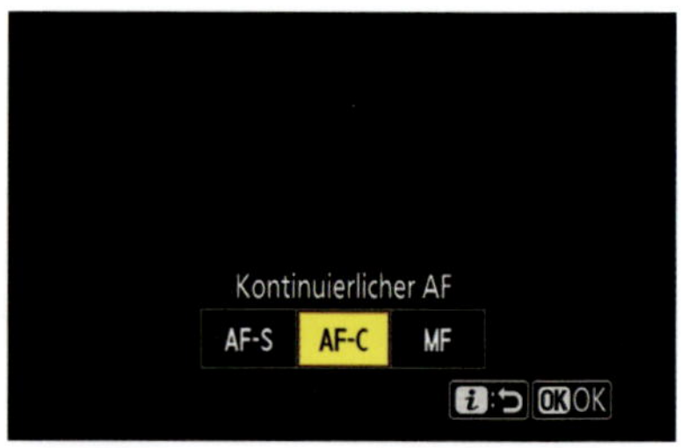

i-Menü *Fokusmodus: AF-C.* Früher wäre dieses ruhige Tierporträt für mich ein Fall für den AF-S gewesen. Heute bevorzuge ich den AF-C, denn er reagiert auch auf unvorhergesehene Bewegungen.

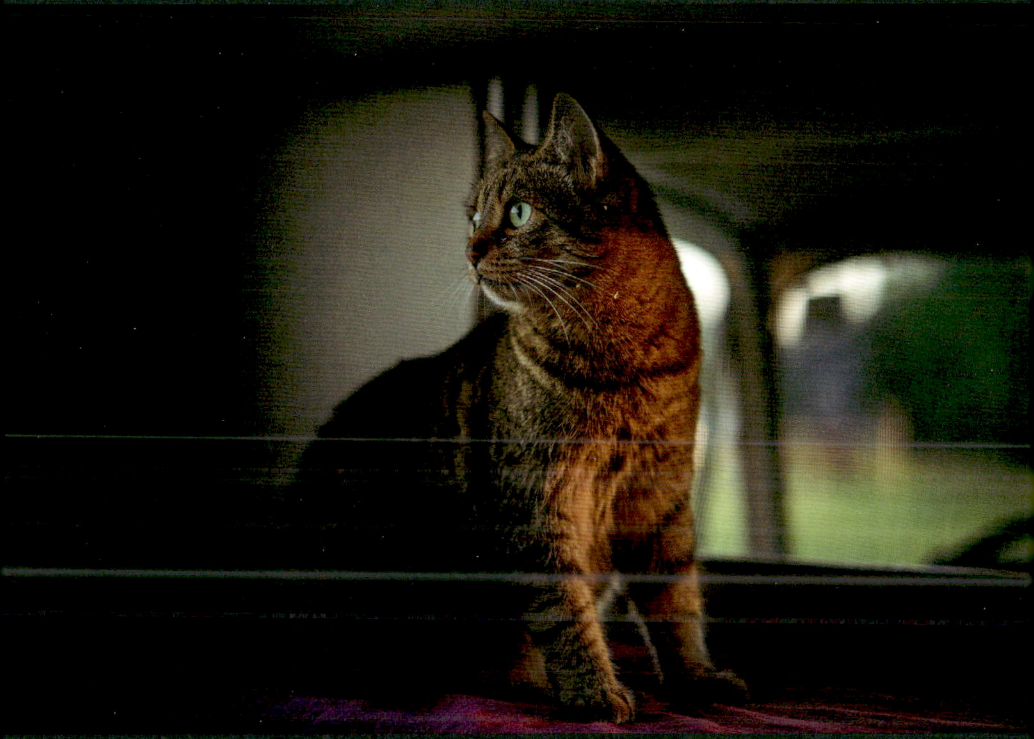

50 mm | f/2 | 1/60 sek | ISO 200 | Modus A | –1,3 LW

Das warme Abendlicht taucht Gesicht und Fell in ein besonders schönes Licht. Die grünen Augen bilden einen reizvollen Kontrast zu den lilafarbenen Polstern, auf denen unsere Katze sitzt. Das Nikkor Z 50 mm f/1.8 zeichnet unglaublich scharf und bildet im Kontrast dazu einen schönen weichen Hintergrund.

Eichhörnchen kopfüber

①

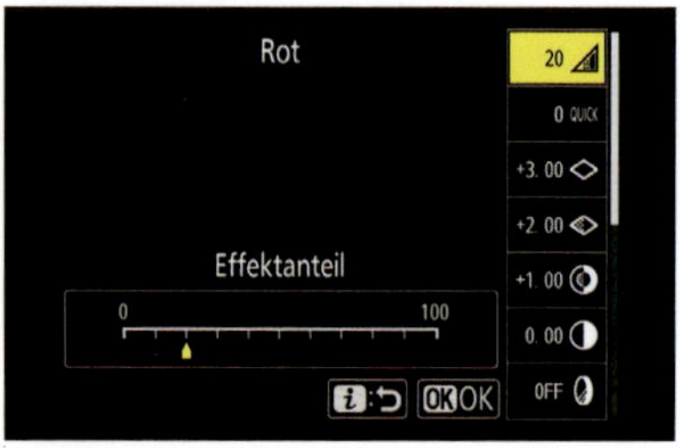

i-Menü *Picture Control Creative: Rot.* Die Creative Picture Controls bieten einen guten Ausgangswert für tolle Bildlooks. Über den Effektanteil kannst du ihre Wirkung abschwächen oder verstärken – wie einen Filter in der Bildbearbeitung.

②

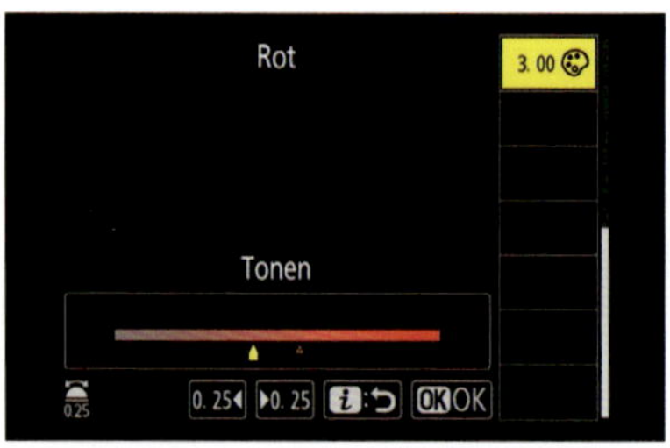

i-Menü *Picture Control Creative: Rot.* Ganz unten findest du einen Regler für die Tonung, also wie stark das Bild rot eingefärbt werden soll. Die leichte Tonung gab dem Foto diese herbstliche Farbstimmung.

③

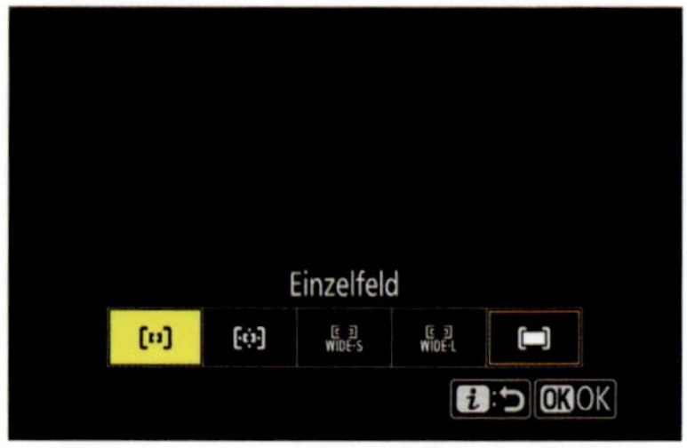

i-Menü *Fokusmessfeld: Einzelfeld.* Der Tieraugen-Autofokus funktioniert nicht zuverlässig bei Wildtieren. Die Schärfe sollte trotzdem ganz genau sitzen.

④

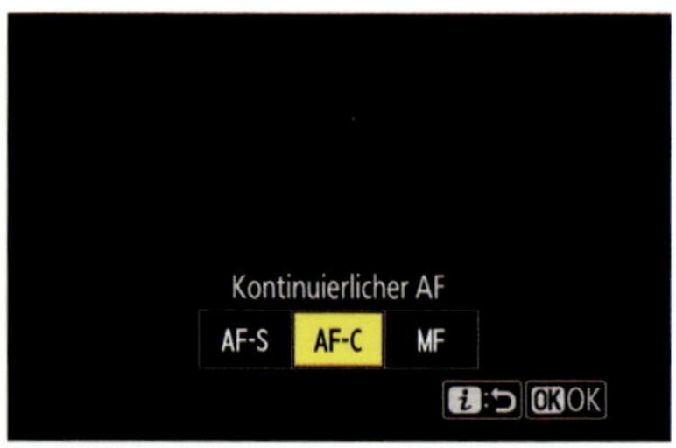

i-Menü *Fokusmodus: AF-C.* Gerade wenn du in einem so steilen Winkel nach oben fotografierst, wippst du unmerklich, um dich auszubalancieren. Da könnte bei AF-S schon das Auge aus der Schärfe rutschen.

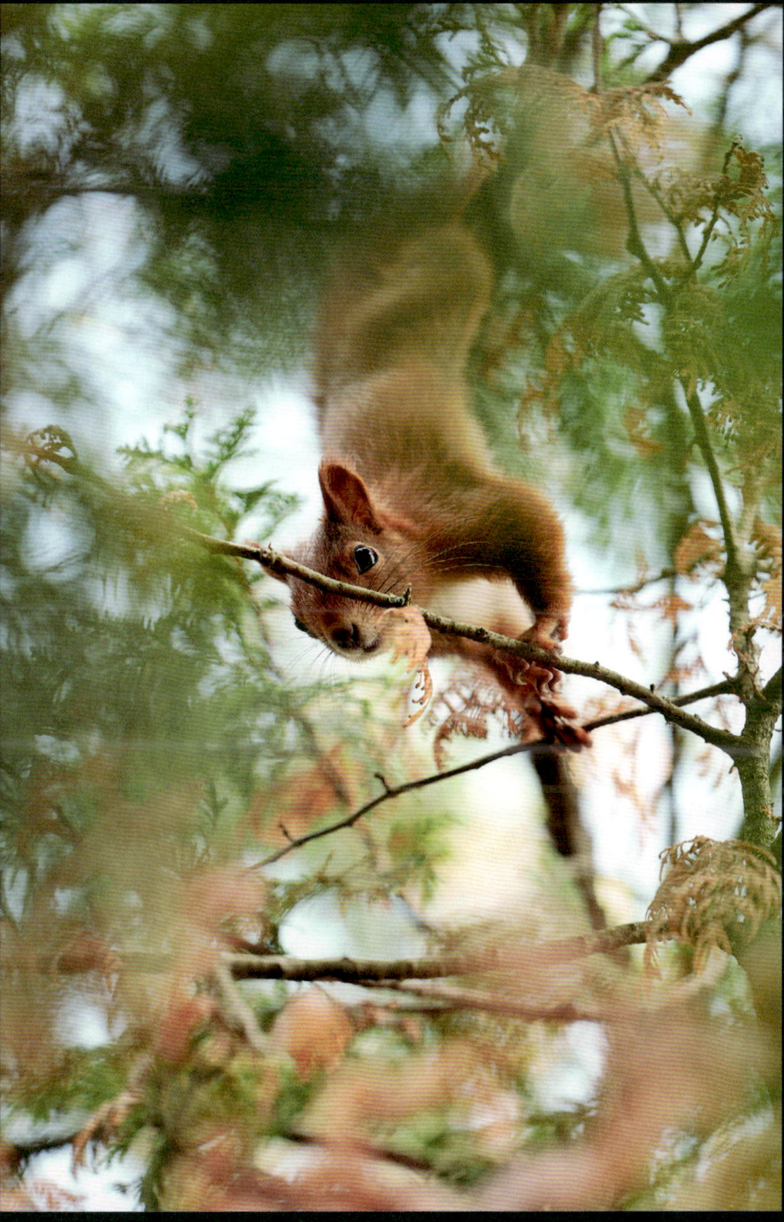

195 mm | f/3.2 | 1/250 sek | ISO 320 | Modus M

Hier hat sich das lange Warten gelohnt. Kopfüber hing das Eichhörnchen im Baum und schaute in meine Kamera. Sieh wilde Tiere möglichst nicht direkt an, dann hast du eine größere Chance, etwas näher heranzukommen. Die helle Belichtung passt gut zu der selektiven Schärfe und den pastelligen Farben.

Libelle im Anflug

①

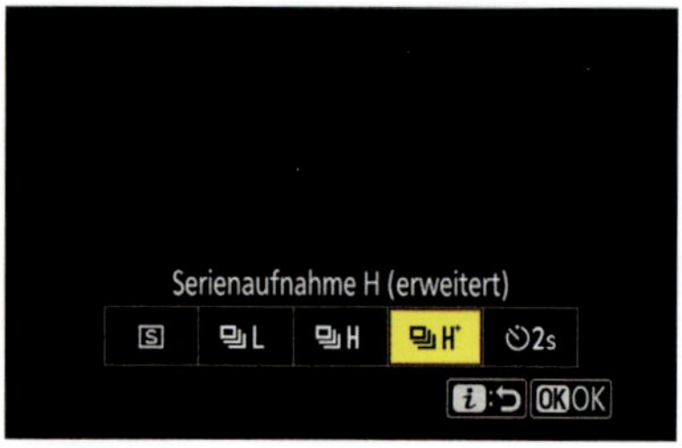

i-Menü *Serienbildgeschwindigkeit: Aufnahmebetriebsart H+ (erweitert).* Die Z 6 macht in diesem Modus zwölf, die Z 6II sogar 14 Bilder pro Sekunde. Auch die hochauflösenden Z 7-Kameras sind hier mit neun bzw. zehn Bildern sehr schnell.

②

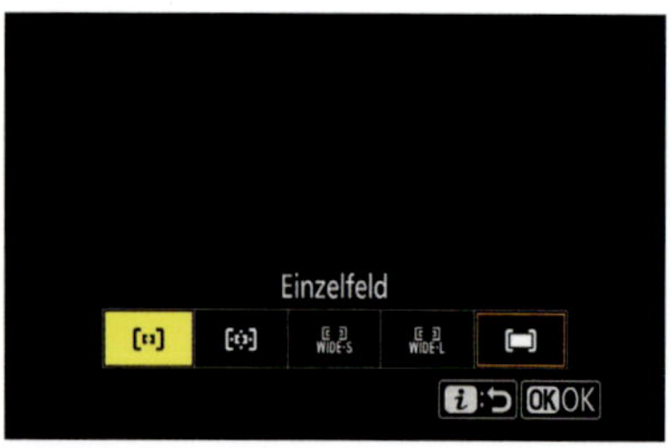

i-Menü *Fokusmessfeld: Einzelfeld.* Kleines Tier gleich kleines Feld. Ab und zu könnte die *automatische Messfeldsteuerung* treffen, aber Insekten gehören noch nicht zu den erkennbaren Motiven.

③

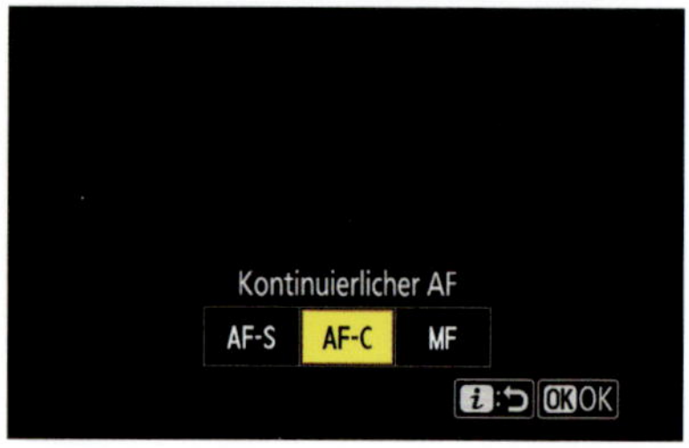

i-Menü *Fokusmodus: AF-C.* Für solche Aufnahmen solltest du entweder den Back-Button-Autofokus einstellen oder eine Taste zum Speichern des Fokus nutzen. Sonst ist die Gefahr zu groß, dass dir die Schärfe in den Hintergrund verschwindet, wenn das kleine Objekt sich schnell im Bildausschnitt bewegt.

④

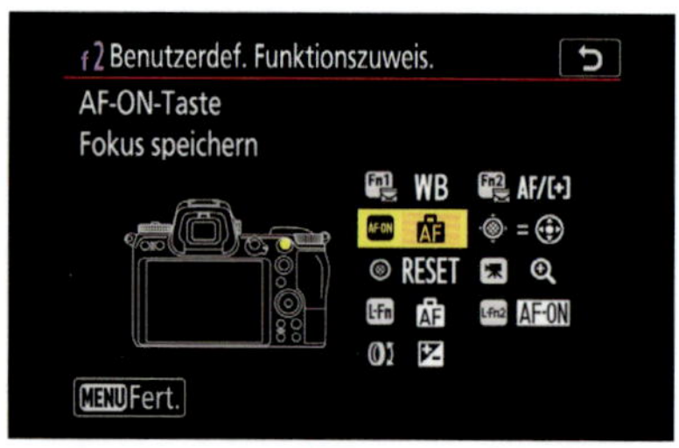

Menü *Tastenbelegung: Fokus speichern.* Um den Fokus beim AF-C zu speichern, solltest du eine Taste nehmen, die du gut beim Fotografieren erreichen kannst. Die Teleobjektive haben auch noch mal Tasten am Gehäuse. Diese eignen sich entweder als AF-ON- oder als AF-Speicher-Taste, je nachdem, wie du lieber fotografierst.

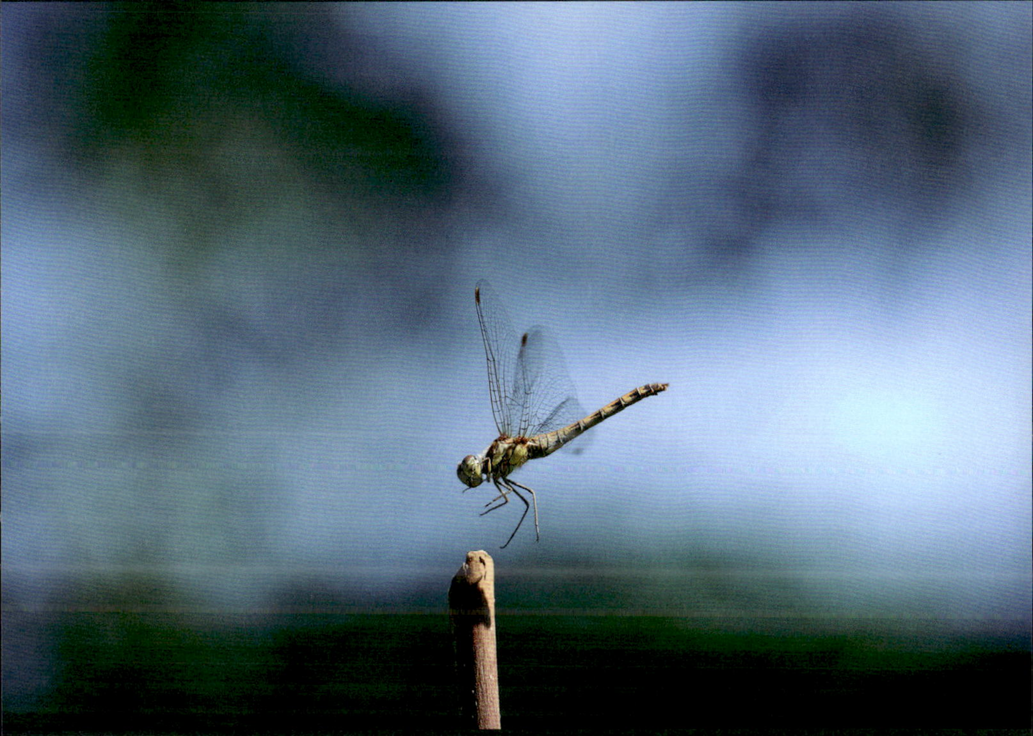

200 mm | f/4 | 1/3200 sek | ISO 320 | Modus M

Wir versuchen, unseren Garten so naturnah wie möglich zu gestalten. Als Belohnung hatten wir dieses Jahr auch einige Libellen. Diese flog mal nicht einfach nur schnell vorbei, sondern fand den alten Stock interessant. Man könnte hier die Blende etwas weiter schließen, denn die Tiefenschärfe ist bei 200 mm und einem so nahen Motiv wirklich sehr gering.

PORTRÄT

Bei der Porträtfotografie sollte dir die Technik deiner Kamera möglichst nicht im Wege stehen, sondern dich einfach unterstützen. Reduziere dich anfangs aufs Wesentliche und übe neue Tricks nicht mit einem Modell, sondern lieber allein oder mit jemandem, der auch die Fotografie als Hobby hat. Dann inspiriert ihr euch gegenseitig, und bei einem geplanten Shooting sitzt dann alles schon routinierter.

Modus A ist meistens die richtige Wahl. Bei gleichbleibenden Lichtverhältnissen, z. B. im Studio oder in Innenräumen, kann auch M angenehm sein, da die einmal eingestellte Belichtung nun die ganze Zeit konstant bleibt. Grundsätzlich ist es immer entscheidend, die Tiefenschärfe im Blick zu haben, damit ein unruhiger Hintergrund nicht ablenkt oder ein besonders passender Hintergrund auch mit der richtigen Schärfe dargestellt wird.

Der Augen-Autofokus der Nikon Z-Kameras ist natürlich eine riesige Hilfe bei Porträts. Ab Generation II kannst du ihn auch in einem festgelegten Bereich nutzen. Das ist praktisch, wenn sich mehrere Personen in einem Bild befinden. Dann kannst du mit dem *großen Messfeld* die Person anwählen, die du fotografieren willst.

Es klappt aber auch sehr gut mit den früheren Z-Kameras. Ich benutze sogar fast ausschließlich die Augenerkennung mit der automatischen Messfeldsteuerung. Du solltest aber auch mit dem Einzelfeld gut umgehen können, denn es kann immer mal Situationen geben, wo der Augen-AF nicht ganz exakt funktioniert. Es gibt dir einfach mehr Sicherheit beim Fotografieren, wenn du dann damit klarkommst.

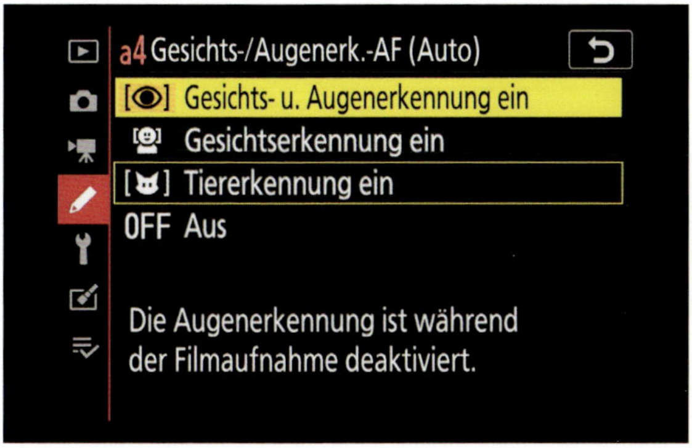

Bei der Z 6 und Z 7 aktivierst du den Augen-AF für Mensch oder Tier im Menü. Bei Generation II geht das direkt über die AF-Messfeldsteuerung.

Die Grundeinstellungen:

- Stelle **Modus A** oder **M** auf dem Moduswahlrad ein.
- Bei Tageslicht reichen meistens **ISO 100** oder **200**. Wenn deine Verschlusszeit zu lang wird, stelle am besten manuell einen höheren Wert ein oder nutze die **ISO-Automatik**, wenn es schnell gehen soll.
- Als **Fokusmessfeld** ist meistens das *Einzelfeld* oder der *Augen-AF* am besten geeignet.

Braut hinter grünem Schleier

①

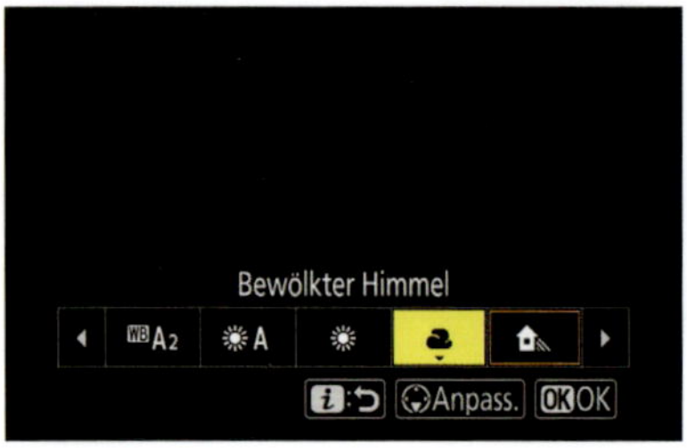

i-Menü *Weißabgleich: Bewölkt.* An Tagen, an denen die Sonne nicht scheint, oder wenn sich das Modell im Schatten befindet, nehme ich meistens diesen Weißabgleich. Ansonsten bekommen Porträts schnell einen Blaustich.

②

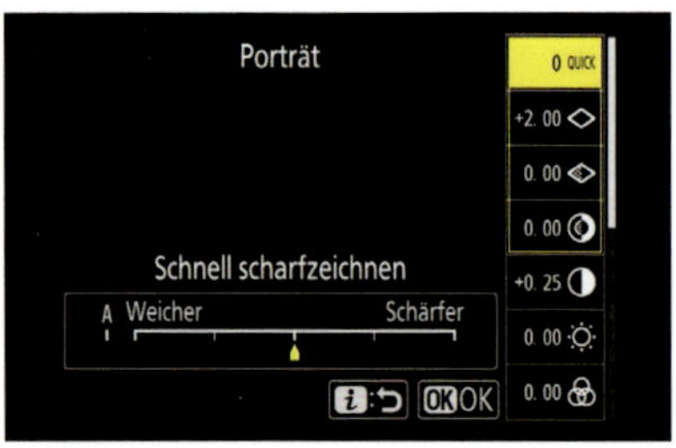

i-Menü *Picture Control: Porträt.* Sie sorgt für weichere Übergänge in den Hauttönen und betont eher die wärmeren Farben. In diesem Fall lässt der grüne Schleier im Motiv das Bild noch zarter wirken. Sonst kannst du hier mit *Weicher* für einen geringeren Kontrast und weniger Scharfzeichnung sorgen.

③

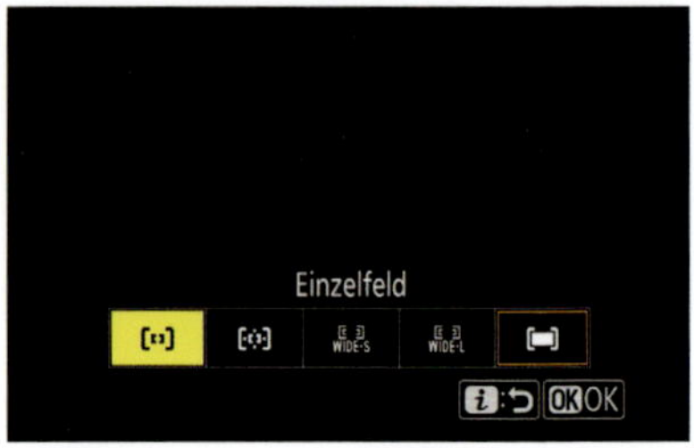

i-Menü *Fokusmessfeld: Einzelfeld.* Der Augen-AF ist mittlerweile so gut, dass er sogar durch so einen Schleier hindurchkommt. Trotzdem habe ich hier aus alter Gewohnheit zum Einzelfeld gegriffen.

④

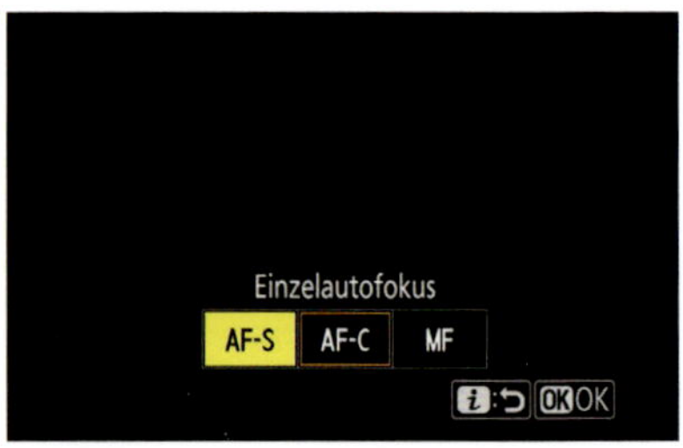

i-Menü *Fokusmodus: AF-S.* Bei solch speziellen Situationen, wo durch ein Objekt fotografiert wird, gibt der AF-S mehr Ruhe beim Fotografieren. Vielleicht klappt es bei dir aber auch gut im AF-C.

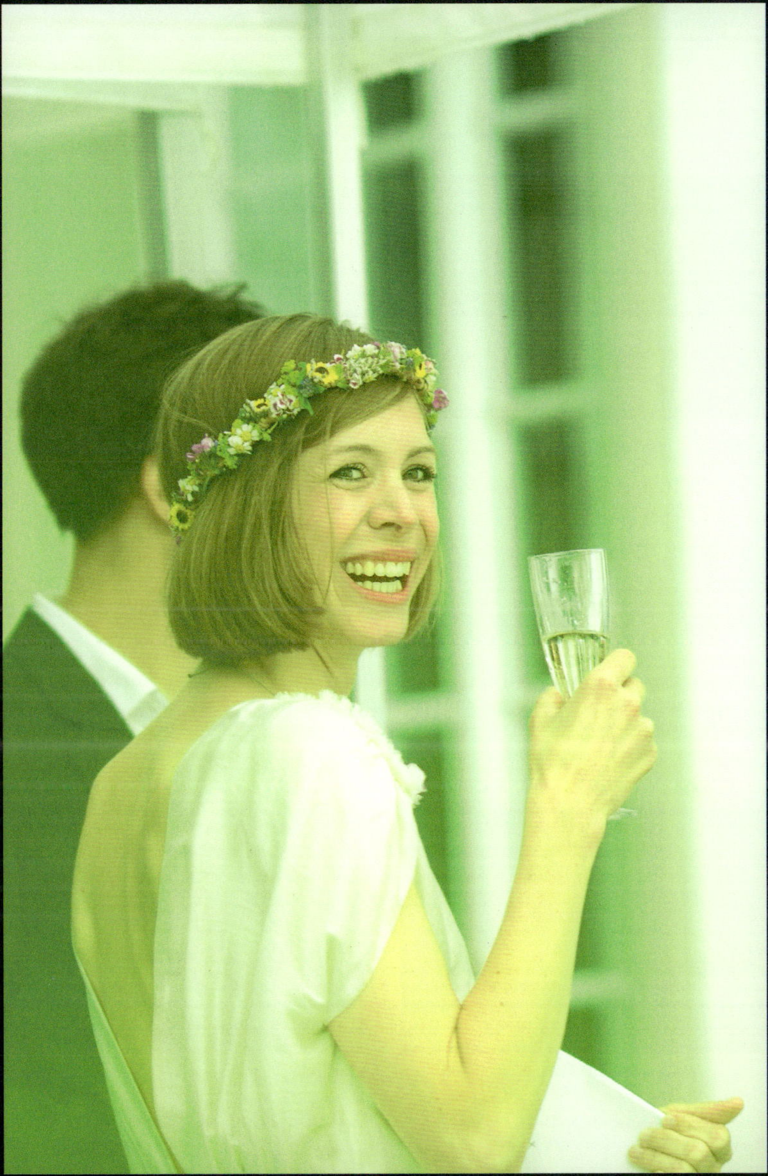

135 mm | f/2.5 | 1/60 sek | ISO 1250 | Modus M

Porträts brauchen anders als Landschaftsfotos eher sanfte Kontraste. Dies kannst du durch eine offene Blende und die richtige Picture-Control-Einstellung beeinflussen. Hier half zudem noch, dass ich die Braut durch die grünen Blätter des Blumenschmucks hindurch auf dem Tisch vor ihr fotografiert habe. Die Blende des Objektivs war mit f/2.5 kaum geschlossen, wodurch die Blätter nur als grüner Schleier im Bild

Country Style

①

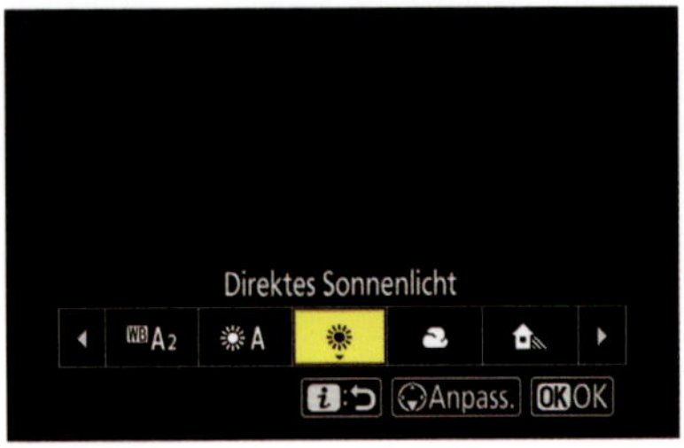

i-Menü *Weißabgleich: Direktes Sonnenlicht*. Man könnte hier auch gut den automatischen oder den *Auto-Tageslicht*-Weißabgleich nehmen.

②

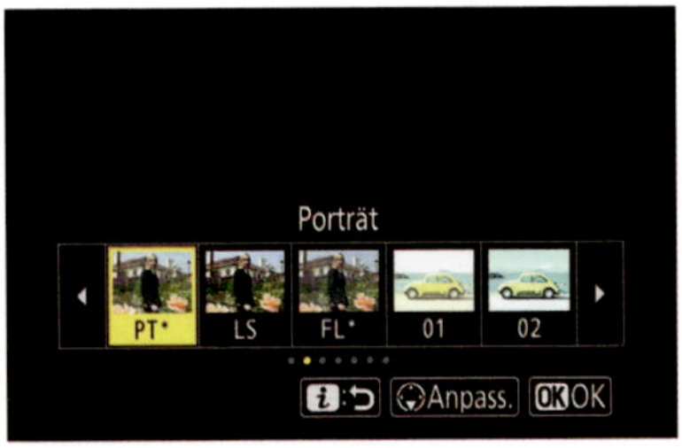

i-Menü *Picture Control: Porträt*. Zu der Stimmung des Bildes und dem Hintergrund passt hier sehr gut die weichere Optimierung der Porträteinstellung. Wie man auch eine ganz andere Stimmung erzeugen kann, siehst du im nächsten Beispiel.

③

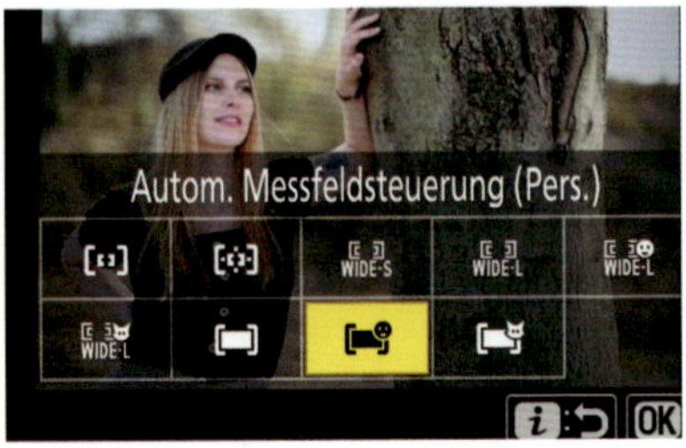

i-Menü *Fokusmessfeld: Automatisch*. Dies war eins der ersten Shootings die ich komplett mit dem Augen-Autofokus gemacht habe. Man muss sich erst daran gewöhnen, der Kamera so viel Kontrolle abzugeben. An diesem Tag sind hunderte Fotos entstanden, alle mit dem Augen-Autofokus, und alle bis auf zwei perfekt scharf.

④

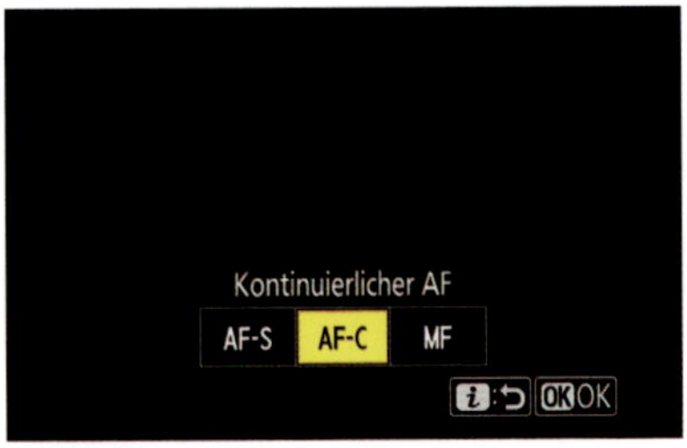

i-Menü *Fokusmodus: AF-C*. Porträts mit dem AF-C zu fotografieren, erlaubt viel dynamischere Posen. So konnte Modell Kira sich auch mal drehen oder von einem Bein aufs andere tänzeln. Das war hier auch nötig, da sie auf einer sehr unbequemen Baumwurzel stand.

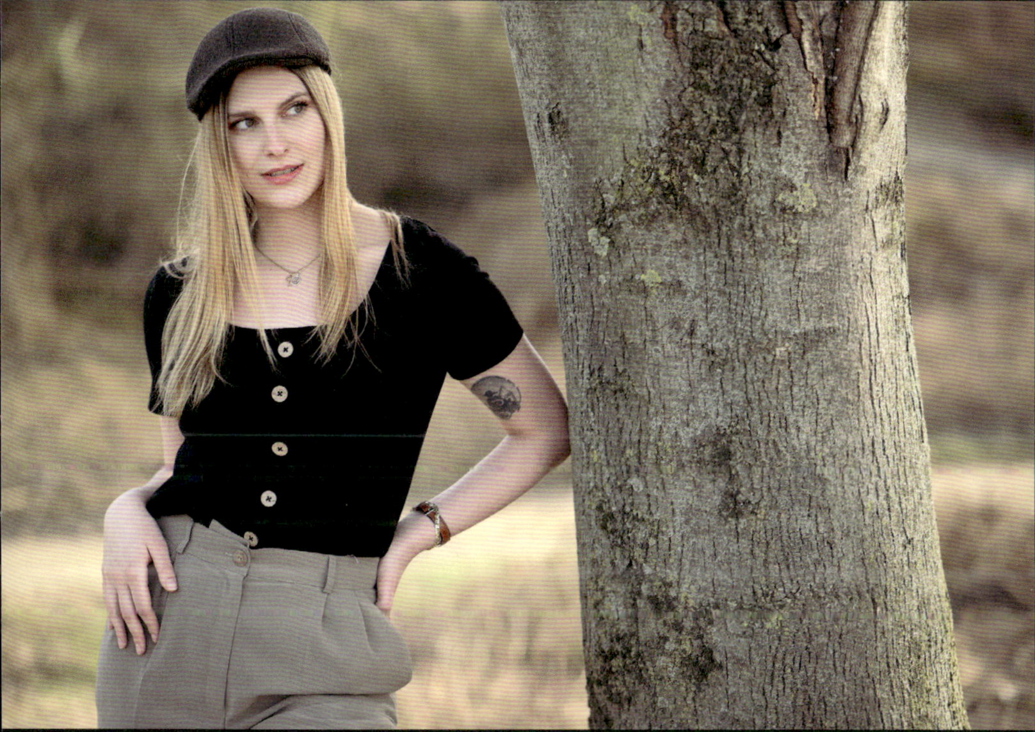

85 mm | f/2.2 | 1/250 sek | ISO 100 | Modus M

Achte bei Porträts immer darauf, die Person nicht in der Mitte des Bildes abzulichten. Eine Körperhaltung, die dann wiederum in Richtung der Bildmitte zeigt, lenkt den Blick des Betrachters ins Motiv.

Tough Girl

①

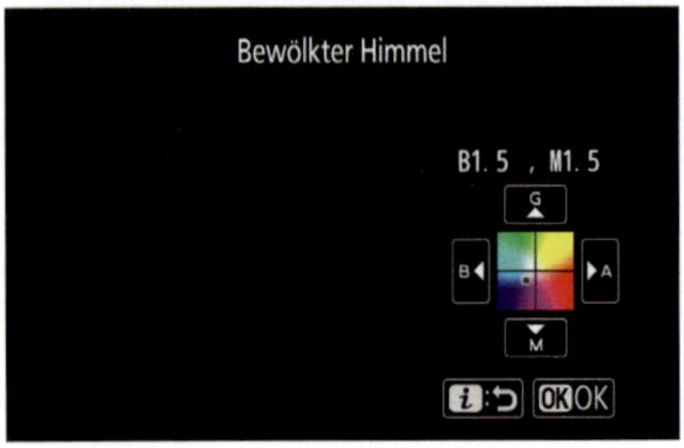

i-Menü *Weißabgleich: Bewölkt*. Wir befanden uns im Halbschatten. Damit die Farben durch den Weißabgleich *Bewölkt* nicht zu warm werden und der coole Look bestehen bleibt, wurde in Richtung Blau und Magenta korrigiert.

②

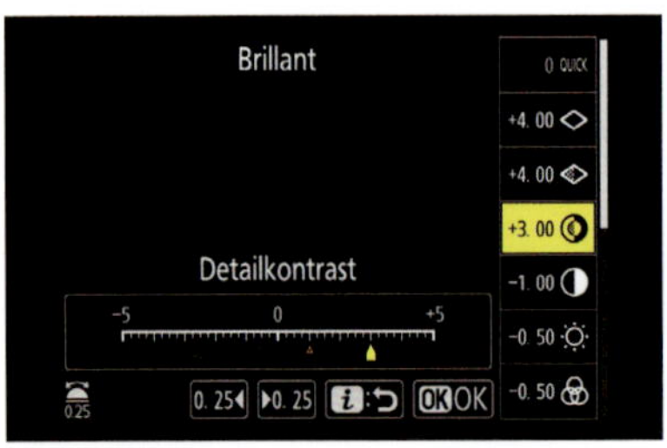

i-Menü *Picture Control: Brillant*. Wenn du hohe Sättigung und kräftige Farben bei Porträts möchtest, ist *Brillant* besser geeignet als *Landschaft*. Sie sehen auf den ersten Blick ähnlich aus, haben aber andere Prioritäten bei den Farben. Hier ist sogar noch der Kontrast deutlich gesteigert.

③

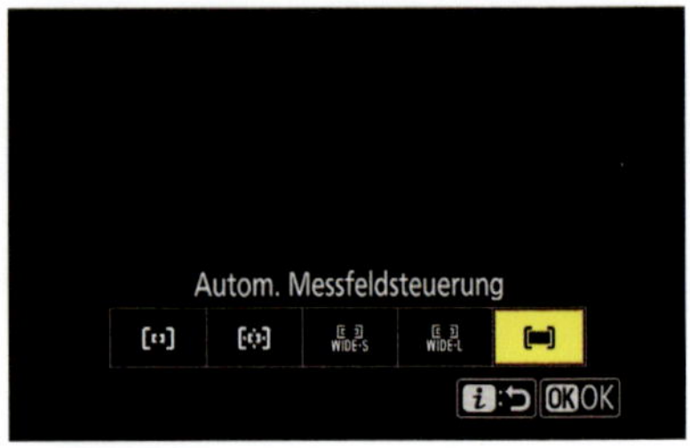

i-Menü *Fokusmessfeld: Automatisch*. Ich möchte den Augen-Autofokus nicht mehr missen. Dennoch solltest du für den Fall der Fälle immer noch mit dem Einzelfeld umgehen können.

④

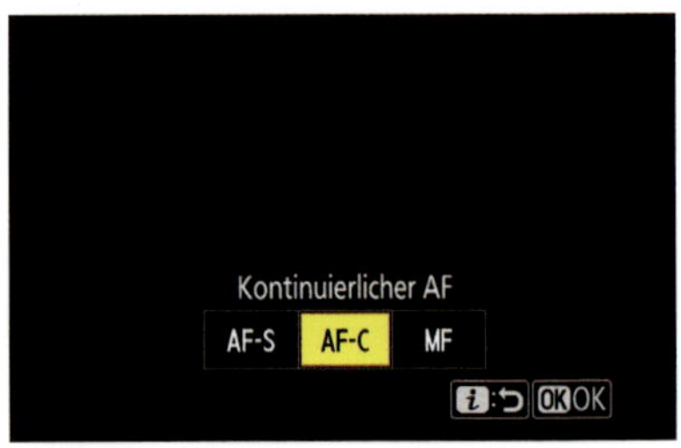

i-Menü *Fokusmodus: AF-C*. Theoretisch könnte man hier auch den AF-S nehmen. Aber mit dem AF-C können sowohl deine Bewegungen als auch die des Modells ausgeglichen werden. Ich war hier in der Hocke, dabei wippt man schnell mal vor und zurück.

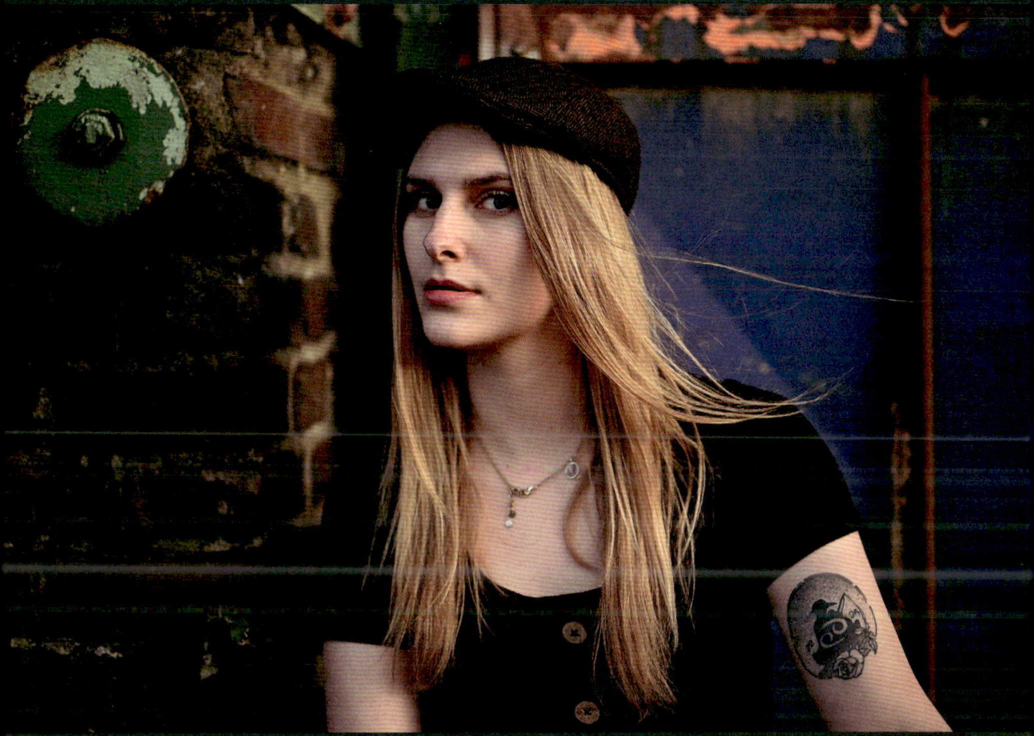

50 mm | f/2.2 | 1/125 sek | ISO 200 | Modus M

Bei diesem Porträt habe ich mich von dem bunten Hintergrund inspirieren lassen. Du siehst, wie unterschiedlich ein und derselbe Mensch in einem Porträt rüberkommt. Die Brennweite 50 mm eignet sich sehr gut für Personenaufnahmen. Im Vergleich zum „klassischen" 85 mm betont sie durch die kürzere Brennweite die Konturen und unterstreicht hier die herbere Attitüde des Modells. Die starken Schattenpartien im Gesicht mit den sehr sparsamen hellen Akzenten modellieren die markanten Formen des Gesichts.

Sonne und Regen

①

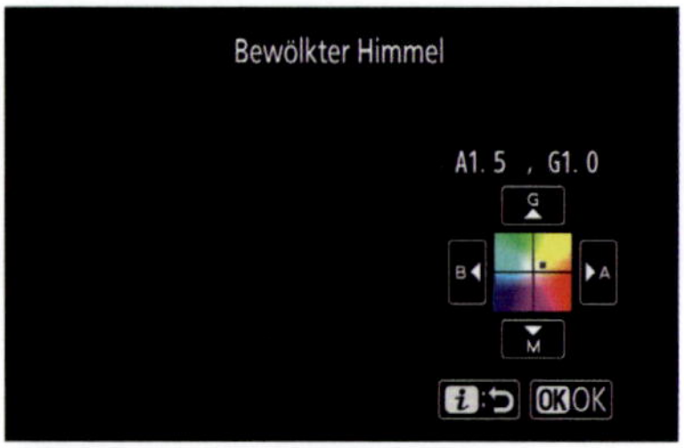

i-Menü *Weißabgleich: Bewölkt.* Dieses Foto entstand in einem schattigen Garten, doch durch den Weißabgleich auf *Bewölkt* mit einer Verstärkung in Richtung Gelb und Rot wirkt es schon fast sonnig.

②

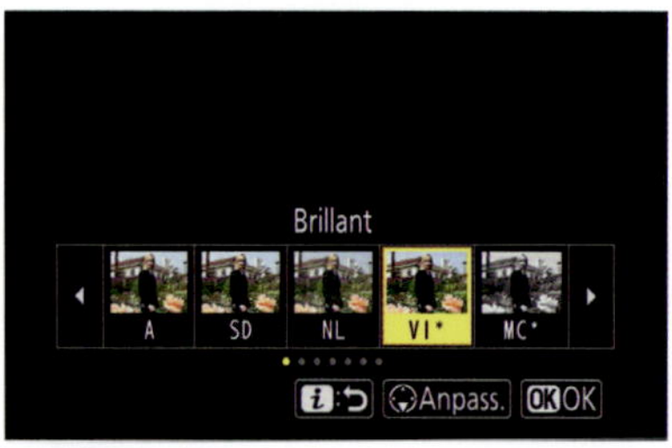

i-Menü *Picture Control: Brillant*. Da hier die Farben der Haare und der Lippen sowie die Struktur der Tropfen betont werden sollte, fiel die Wahl auf *Brillant*. Achte aber darauf, dass die Hauttöne gut wiedergegeben werden.

③

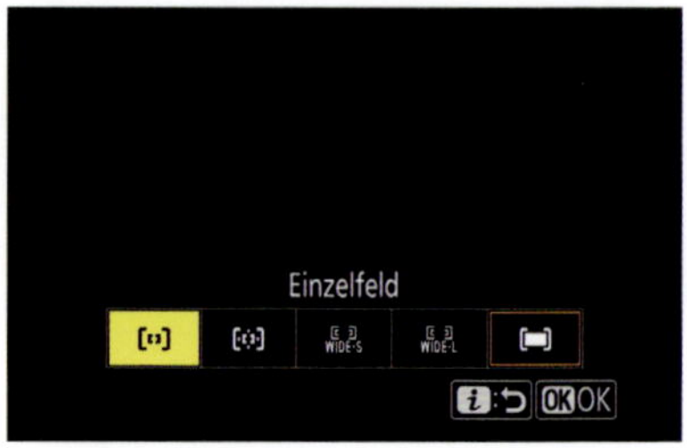

i-Menü *Fokusmessfeld: Einzelfeld.* Die Schärfe liegt hier gewollt nicht auf dem Auge. Daher muss mit dem Einzelfeld selbst eingestellt werden.

④

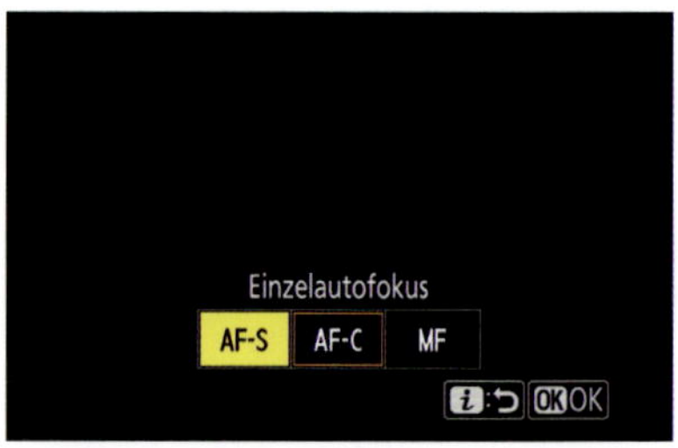

i-Menü *Fokusmodus: AF-S*. Modell Lara hat hier exakt ihren Kopf so gehalten, dass trotz der geringen Schärfentiefe die richtigen Gesichtspartien im Fokus sind. Mit dem AF-S hatte ich so auch mehr Kontrolle über das Ergebnis.

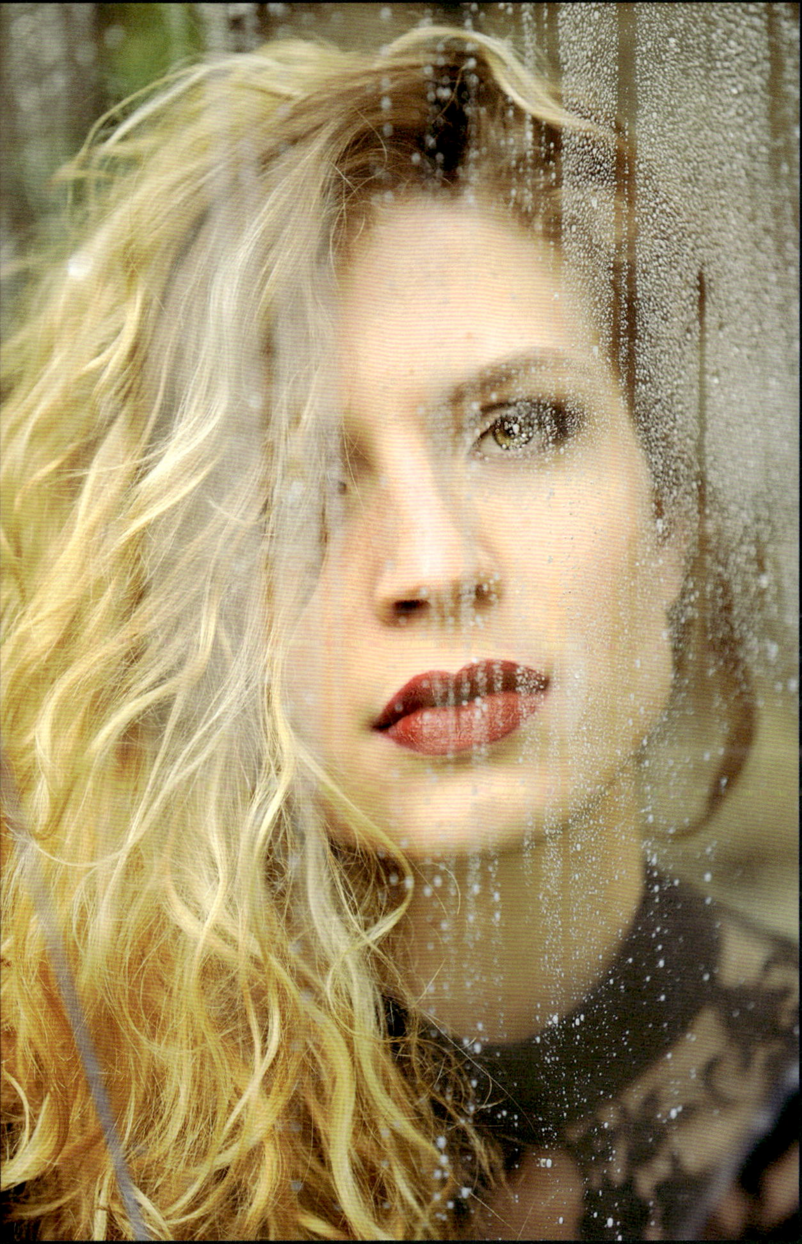

110 mm | f/2.8 | 1/125 sek | ISO 640 | Modus M

Die romantische Wirkung dieses Porträts entstand durch die Wassertropfen, die ganz bewusst auch das Auge des Modells verdecken. Der Blick wird dadurch auf die goldenen Haare und die roten Lippen gelenkt.

ARCHITEKTUR

Bei der Architekturfotografie kommt es sehr auf Linien und Formen an. Deswegen solltest du immer auf sie achten. Meistens sollten waagerechte Linien im Bild absolut gerade sein, manchmal aber dürfen sie auch gewollt ganz schräg sein. Im Idealfall benutzt du für diese Art der Fotografie ein Stativ. Nicht nur, um lange Verschlusszeiten scharf fotografieren zu können, es profitiert auch die Bildkomposition davon, also die schon erwähnten geraden Linien und Formen. Aber auch hier gilt: keine Regel ohne Ausnahme. Du findest in diesem Abschnitt auch Freihandaufnahmen. Und dank der immer lichtempfindlicheren Sensoren kannst du die ISO-Werte auch mal etwas höher schrauben.

Bei Architekturfotografie denkt man sofort an Weitwinkel, damit man alles aufs Bild bekommt, aber auch Ausschnitte eines Gebäudes können sehr interessant sein, weil sie nicht gleich alles offenbaren. Du kannst also auch ohne ein Weitwinkelobjektiv schon mal in dieses Genre schnuppern.

Auch bei der Fotografie von Architektur und Gebäuden kommt es wieder einmal auf die Schärfentiefe an. Deswegen ist auch hier der Modus A eine gute Wahl. Aber wie bei der Landschaftsfotografie hast du meistens Zeit und kannst auch Modus M benutzen.

In der Regel willst du das gesamte Gebäude scharf abbilden: von ganz vorn bis ganz nach hinten. Da sind Blendenwerte von f/8 und aufwärts meist die richtige Wahl. Achte aber darauf, die Blende nicht ganz (auf z. B. f/22) zu schließen: In der Fotografie gibt es optische Besonderheiten, in diesem Fall die sogenannte Beugungsunschärfe.

Das bedeutet, wenn du die Blende ganz schließt, wird dein Foto etwas unschärfer. Daher bleibst du am besten unter dem höchstmöglichen Blendenwert.

Damit deine Tiefenschärfe aber bei diesen Blendenwerten ausreicht, musst du sehr genau scharfstellen. Bei dieser Art der Fotografie hast du meist genug Zeit und kannst den Fokusmodus MF in Ruhe üben. Ich benutze dabei gerne die Ausschnittvergrößerung. Lege sie auf eine Taste, die du gut erreichen kannst. Du kannst aber auch einfach mit der Lupentaste in dein Live-Bild hineinzoomen.

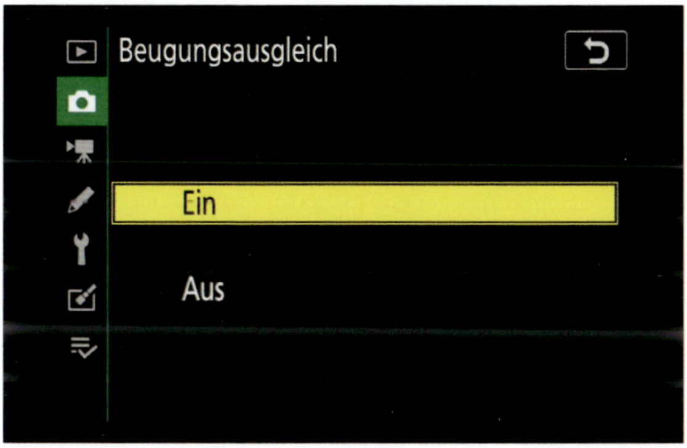

Der Beugungsausgleich hilft, die leichte Unschärfe durch sehr weit geschlossene Blenden abzumildern. Dennoch solltest du wenn möglich Werte über f/16 vermeiden.

Die Grundeinstellungen:

- Stell **Modus A** oder **M** auf dem Moduswahlrad ein.
- Insgesamt kannst du mehr oder weniger die gleichen Einstellungen wie bei Landschaftsfotos nutzen.
- Mit „falschen“ **Weißabgleicheinstellungen** kannst du die Farben, gerade bei abstrakten Architekturfotos, stark beeinflussen.

Back to the Nineties

①

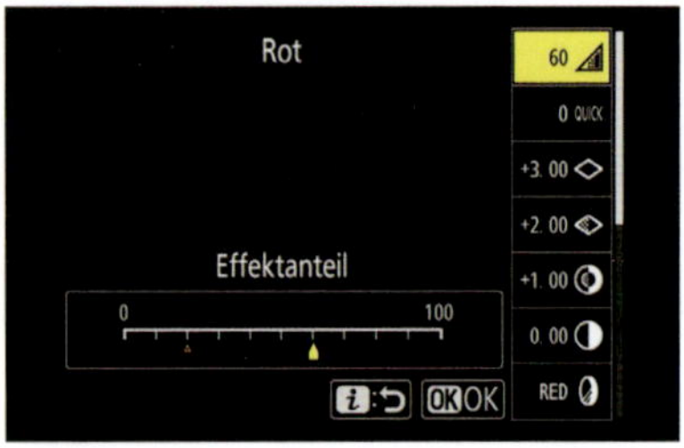

i-Menü *Creative Picture Control: Rot.* Hier wurde der Effekt noch höher eingestellt. Damit der Himmel im Hintergrund nicht zu stark betroffen wird, ist noch eine Rotfilterung eingestellt.

②

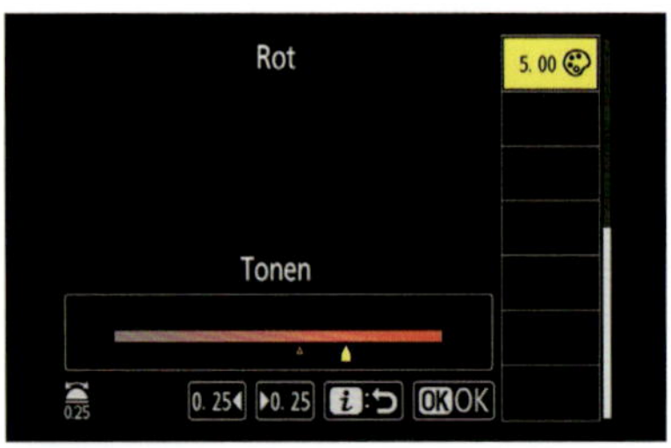

i-Menü *Creative Picture Control: Rot.* Auch die Tonung wurde noch hochgedreht, um den Farbstich satter wirken zu lassen.

③

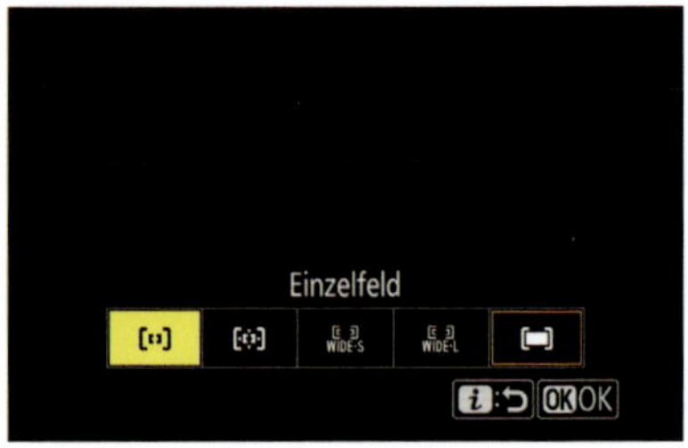

i-Menü *Fokusmessfeld: Einzelfeld.* Damit die Schärfe auch bis zur Bordsteinkante links unten im Bild reicht, habe ich etwa mittig auf die Straße fokussiert. Die Tiefenschärfe dehnt sich etwas weiter nach hinten aus. Dadurch sind die Gebäude auch noch scharf.

④

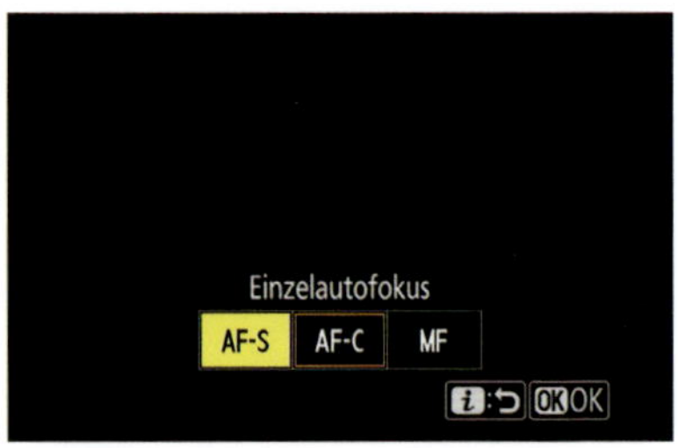

i-Menü *Fokusmodus: AF-S.* Eine solche Aufnahme kannst du mit dem AF-S oder dem manuellen Fokus machen.

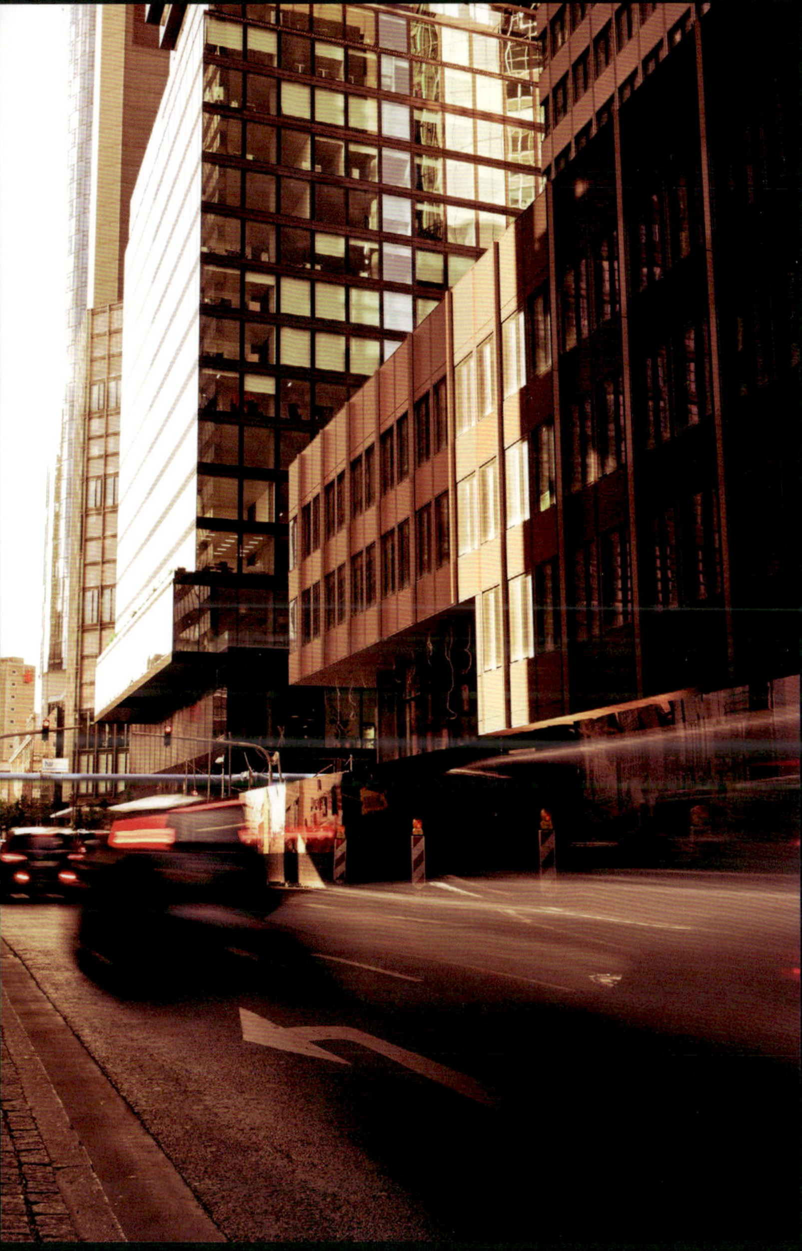

36 mm | f/16 | 1/2 sek | ISO 100 | Modus M

Direkt zu Anfang ein abstraktes Architekturfoto. Die strengen Linien werden am unteren Bildrand durch die unscharfen Spuren eines vorbeifahrenden Autos kontrastiert. Der Farbstich lässt es wie ein Filmplakat aus einem früheren Jahrzehnt wirken.

Fluchtlinien

①

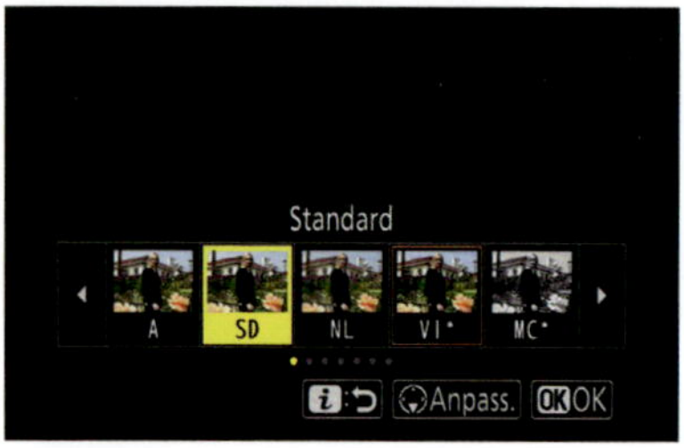

i-Menü *Picture Control: Standard.* Die Einstellungen waren hier sehr einfach. Das Standard-Profil führt bei diesem Licht schon zu knackigen Farben und Kontrasten.

②

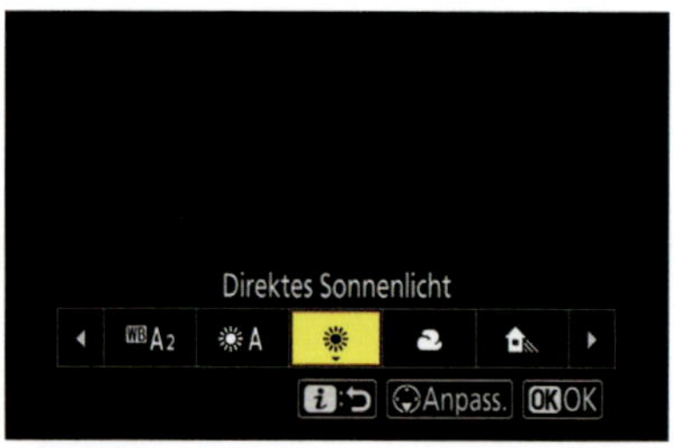

i-Menü *Weißabgleich: Direktes Sonnenlicht.* Auch beim Weißabgleich wurde nichts Besonderes eingestellt. Der automatische hätte wahrscheinlich auch gut funktioniert.

③

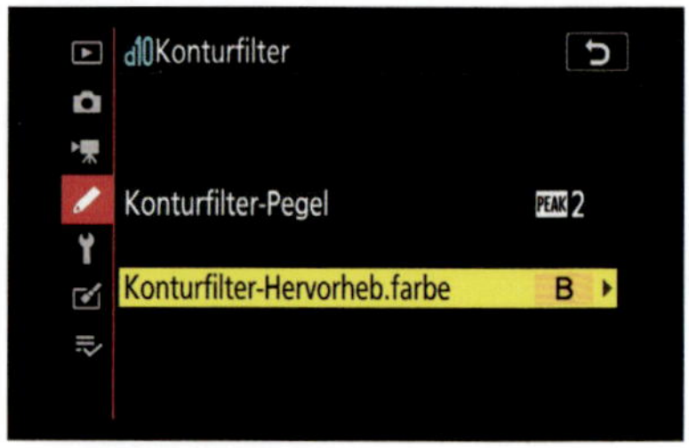

Menü *Konturfilter*. Als Fokussierhilfe für manuelle Objektive kannst du den Konturfilter anwenden. Er erscheint dann, sobald du den AF abschaltest oder wie hier ein manuelles Objektiv benutzt.

④

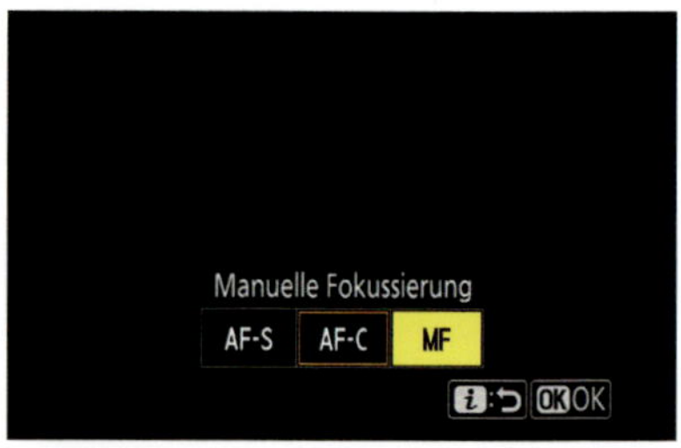

i-Menü *Fokusmodus: MF*. Mit diesem Objektiv ist nichts anderes möglich.

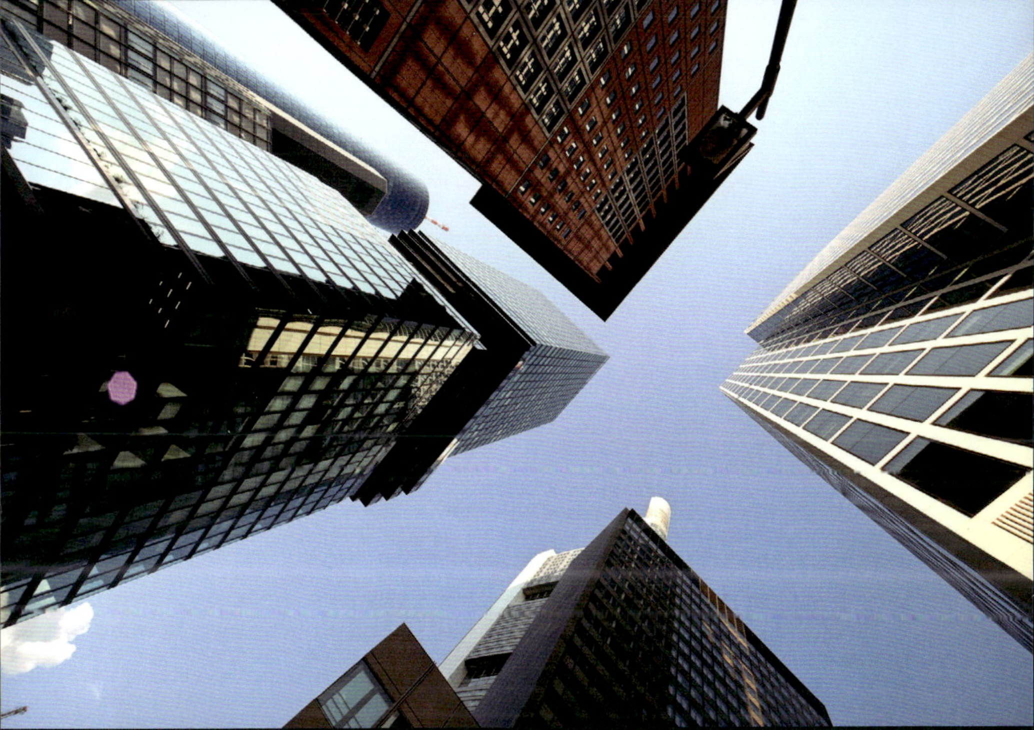

15 mm | f/8 | 1/25 sek | ISO 100 | Modus M

Für dieses Foto bin ich in der Grünphase für Fußgänger schnell in die Kreuzung gelaufen und habe kerzengerade nach oben fotografiert, um die stürzenden Linien der Hochhäuser einzufangen. Achte bei solchen Aktionen auf deine Sicherheit. Das Objektiv ist ein hier über 40 Jahre altes manuell fokussierbares 15-mm-Nikkor-Objektiv.

Wirre Muster

①

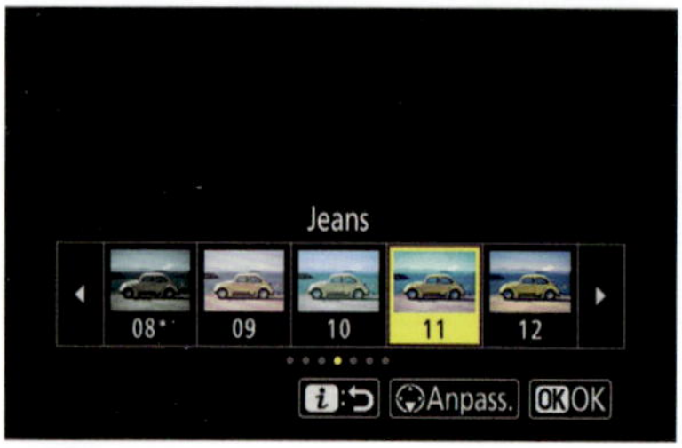

i-Menü *Creative Picture Control: Jeans.* Am besten funktionieren die Creative Picture Controls, wenn sie eine Stimmung oder Farbigkeit, die sowieso schon vorhanden ist, verstärken. An diesem späten Frühlingsnachmittag hatte das Licht eine sehr spezielle Farbe.

②

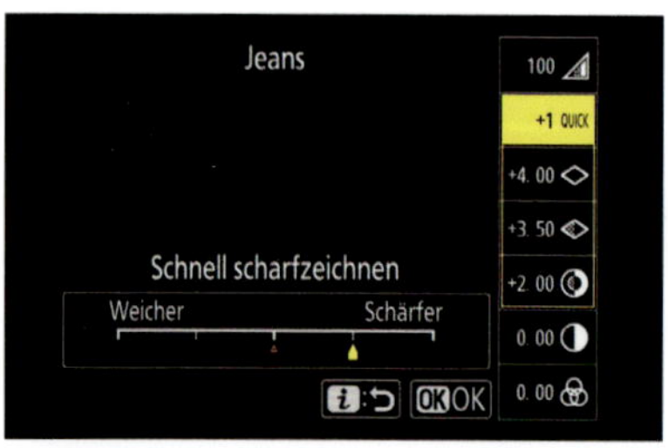

i-Menü *Creative Picture Control: Jeans.* Bei Architekturfotos passt hohe Schärfe gut. Die Moirés (unregelmäßige Wellenmuster), die hier an manchen Fenstern zu sehen sind, waren zwar tatsächlich vorhanden, möglicherweise ist es eine hitzeabweisende Folie in der Doppelverglasung oder einfach eine Lichtbrechung, aber die starke Scharfzeichnung betont sie nochmals. In diesem Fall durchaus ein abstrakter Hingucker.

③

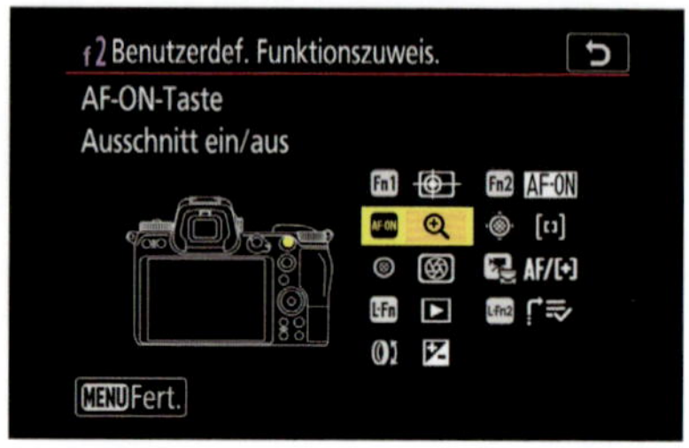

Menü *Lupenfunktion:* Die Lupenfunktion zum Überprüfen der Schärfe kannst du dir auf eine Taste legen. Du kannst sie nicht nur beim manuellen Fokus verwenden, sondern auch prüfen, ob der Autofokus genau das richtige Detail erwischt hat.

④

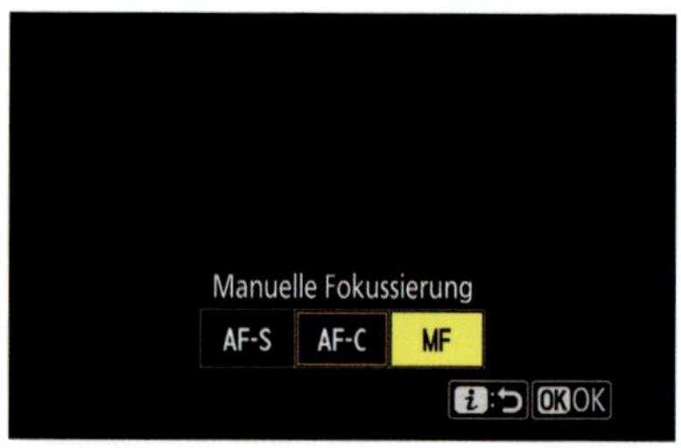

i-Menü *Fokusmodus: AF-S.* Für Architekturfotos eignet sich gut der manuelle Fokus, oft ist aber auch AF-S gut möglich.

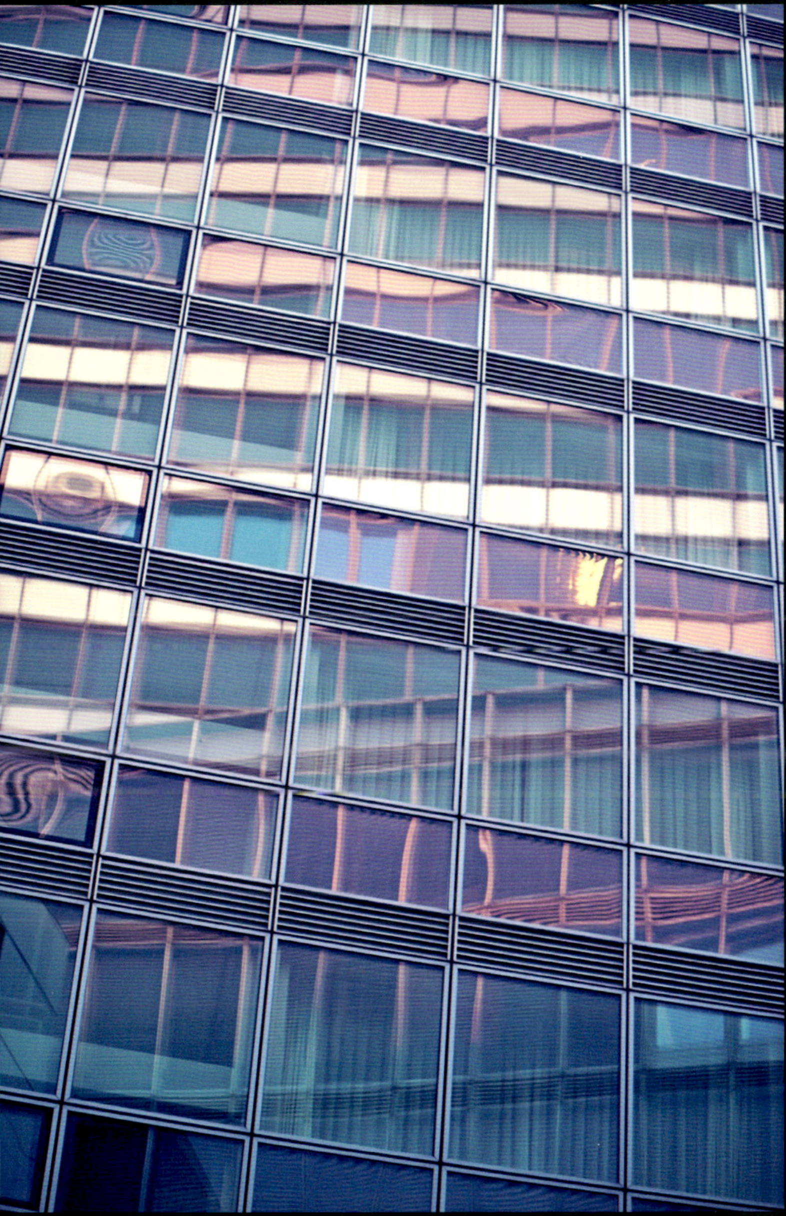

120 mm | f/9 | 1/100 sek | ISO 320 | Modus M

Diese Teleaufnahme zeigt einen Ausschnitt eines Wolkenkratzers. Die gleichmäßigen Formen der Fenster mit den Lamellen passen gut zur Spiegelung des gegenüberliegenden Gebäudes. Spiegelungen bringen häufig interessante Effekte in Fotos. Hier wäre ein Polfilter fehl am Platz gewesen.

Rundungen und Linien

①

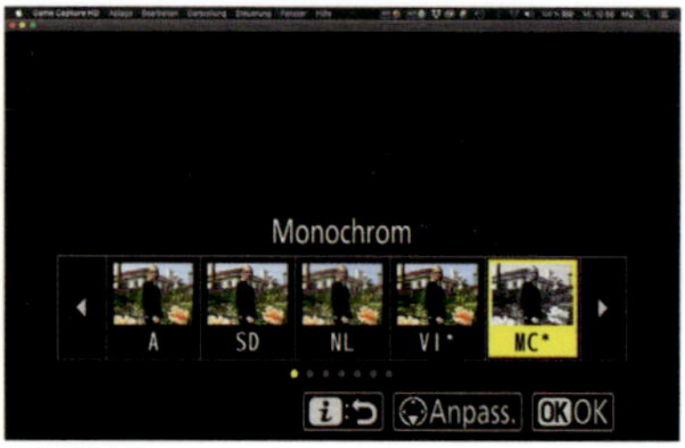

i-Menü *Picture Control: Monochrom.* Eine farbige Picture-Control-Einstellung hätte hier zu sehr abgelenkt. Das Gebäude ist zwar weiß getüncht, aber durch die Schwarz-Weiß-Einstellung kann kein Farbstich oder ein kleiner bunter Fleck das Bild stören.

②

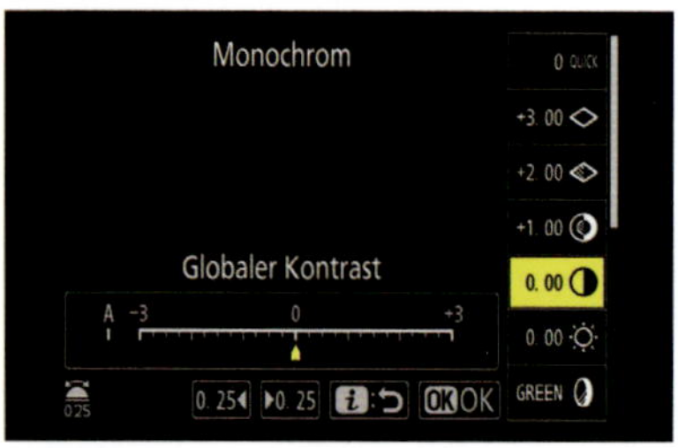

i-Menü *Picture Control: Monochrom.* Du kannst alle Picture-Control-Einstellungen noch feintunen. Bei Monochrom ist es besonders effektvoll. Vor allem *Globaler Kontrast* und die Filtereffekte beeinflussen die Wirkung deiner Bilder sehr stark.

③

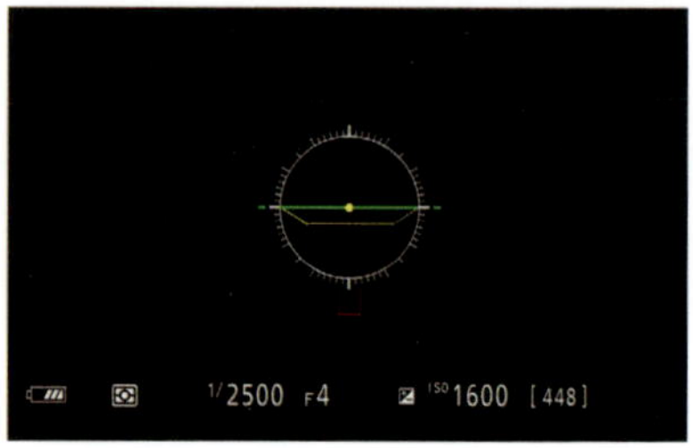

DISP-Taste *Wasserwaage:* Diese Monitoransicht möchte ich nicht mehr missen. Gerade wenn es keine eindeutigen Horizontlinien im Bild gibt, kann es schwer sein, die Kamera gerade auszurichten.

④

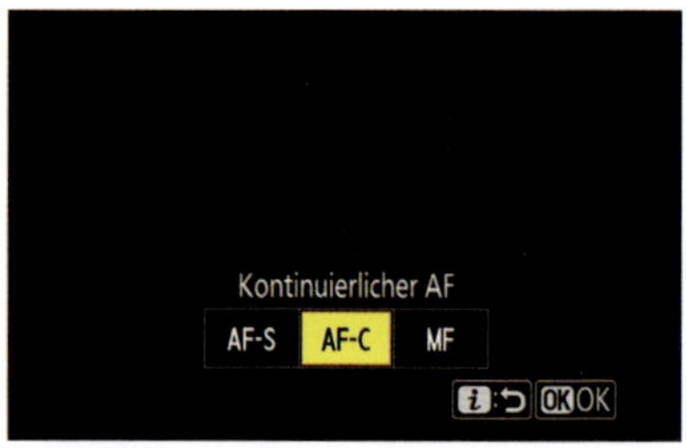

i-Menü *Fokusmodus: AF-C.* Der Nachführ-Autofokus ist eher ungewöhnlich für Architekturfotos. Da der Standpunkt auf der Treppe aber etwas wackelig war, kann der AF-C im Moment des Auslösens noch mal die Schärfe auf den Punkt setzen.

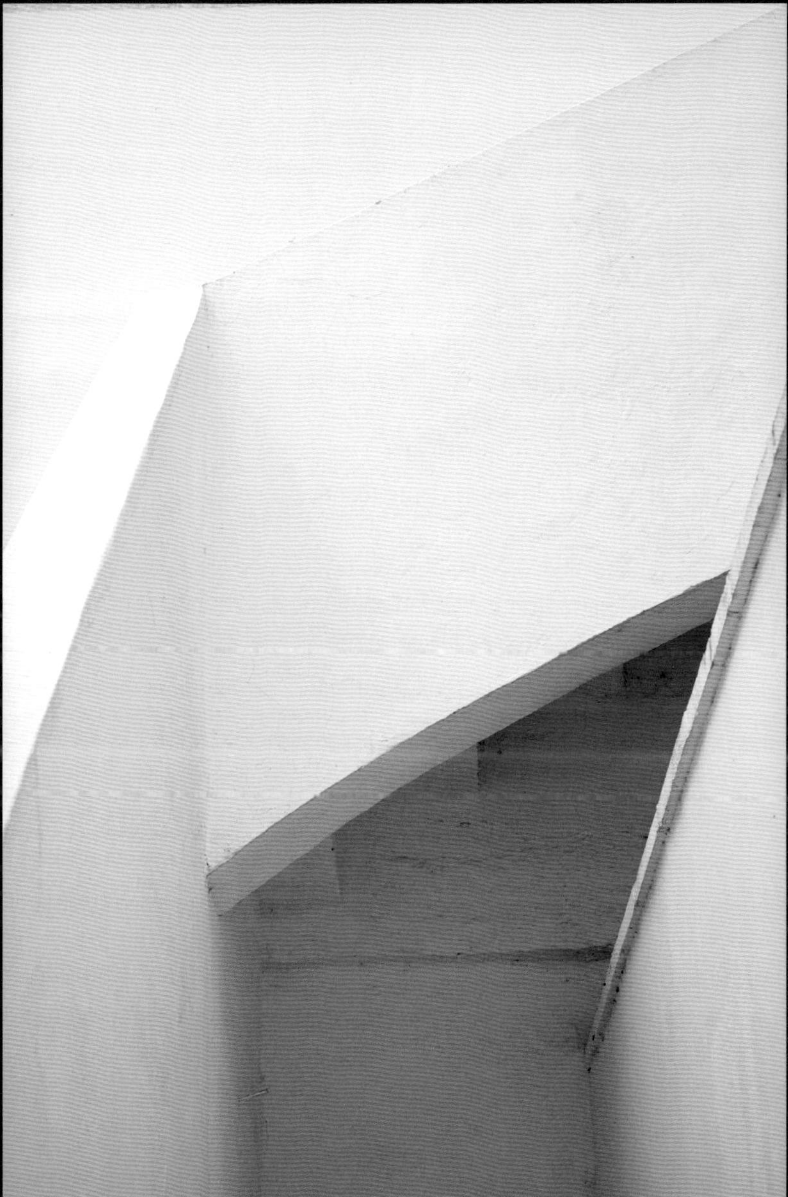

70 mm | f/10 | 1/60 sek | ISO 100 | Modus A | +1,0 LW

Dies ist eine sehr reduzierte Aufnahme. Nur die Linien sollen hier im Vordergrund stehen. Der Bildausschnitt und die Ausrichtung der Kamera sind hier die Herausforderung. Da ich den Blickwinkel nur von einer Treppe aus fotografieren konnte, musste freihand fotografiert werden. Sonst kann ein Stativ beim genauen Festlegen des Ausschnitts helfen.

KREATIV UNTERWEGS

In diesem Abschnitt findest du ein paar Fotos, die nicht eindeutig in ein Genre passen, die aber einfach Spaß machen. Anders als in den Praxisworkshops davor gibt es hier keine genauen Erklärungen mehr. Nutze die Beispiele einfach, um selbst interessante, anders aussehende Bilder zu kreieren.

Der Goldene Schnitt ist nur eine Regel, die gebrochen werden kann. Und ein alter Kollege sagte mal, Schärfe ist relativ. Also fotografiere ruhig mal unscharf! Versuche auch, ein paar Stunden oder sogar einen ganzen Tag mit nur einem Objektiv oder nur einer Brennweite deines Zoomobjektivs zu fotografieren. Oder schalte mal den Autofokus aus und mach Fotos wie vor 50 Jahren.

Diese Einschränkungen erweitern nicht nur deinen kreativen Horizont, sondern du lernst quasi im Vorbeigehen an alltäglichen Motiven, welche Einstellung beim nächsten Mal die richtige ist. Helmut Newton hat einmal behauptet, die ersten 10 000 Bilder werden deine schlechtesten sein, und das war zu Analogzeiten. Wer weiß, vielleicht hast du an einem Tag, an dem du Hunderte von Bildern gemacht und dich durch alle Creative- und normalen Picture-Control-Einstellungen mit Über- und Unterbelichtung gearbeitet hast, eine ganz besondere Bildserie gemacht, die perfekt in dein Zuhause passt.

Kreativ in der Fotografie zu sein macht am meisten Spaß, besonders wenn du ohne Zeitdruck und wann immer du Lust hast, zur Kamera greifst. Wenn du dich zu Beginn etwas überfordert von den vielen technischen Möglichkeiten fühlst, widme dich einfach mal für einen Tag fest einem Thema: Wie ist es, die Welt aus der Perspektive eines Hundes zu sehen (also untersichtig zu fotografieren), oder wähle Türen, Briefkästen, Gullydeckel ... es gibt so vieles, was ein bemerkenswertes Motiv ergibt. Also Tür auf und raus in die Welt!

Die Grundeinstellungen:

- Hier gibt es nur die Vorgabe, einfach alles Mögliche auszuprobieren.
- Denk an den **Weißabgleich**, die **Picture Control**, die **Belichtungsprogramme**, die **Belichtungskorrektur**, den **Fokusmodus** und die **Fokusmessfelder** und ja, auch die **ISO** kannst du experimentell einfach mal sehr hoch einstellen, vielleicht in der Kombination mit Schwarz-Weiß. Guck doch mal, was dabei herauskommt.

Lensflares à la Hollywood

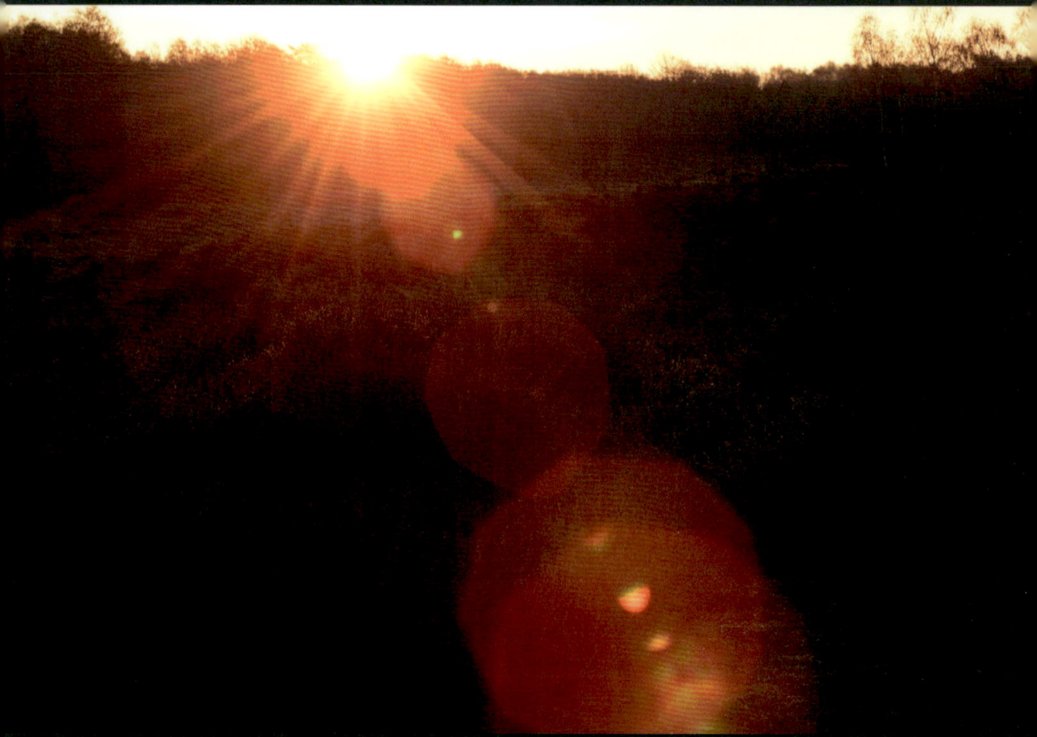

100 mm | f/18 | 1/10 sek | ISO 100 | Modus A | –1,3 LW

Nimm mal die Gegenlichtblende deines Objektivs ab und versuche, Sonnenstrahlen oder das Licht von Lampen möglichst effektvoll in dein Objektiv scheinen zu lassen. Vorsicht bei starker Sonne: Du solltest nicht zu lang damit arbeiten und niemals direkt in die helle Sonne schauen. So wie in diesem Bild steht sie am besten weit am Bildrand. Kleiner Tipp: Versuche es mit offener und geschlossener Blende!

Bewegte Kamera

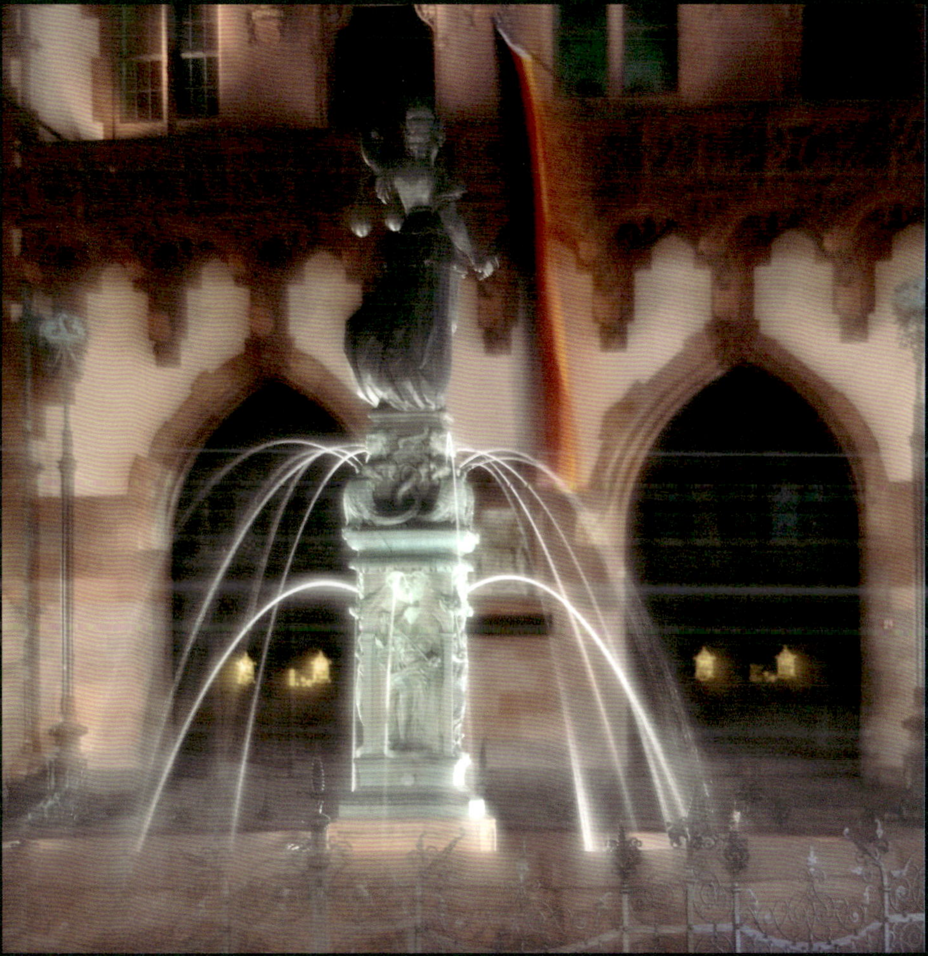

Gezoomt von 120–75 mm | f/8 | 6 sek | ISO 200 | Modus M

Zoomen bei langer Verschlusszeit. Hier waren ein Stativ und eine circa sechs Sekunden lange Verschlusszeit im Einsatz. Du kannst die Kamera während der Belichtung auch leicht oder stark bewegen, sie im Kreis um ihre eigene Achse drehen oder von oben nach unten schwenken – oder dir fällt noch was Besseres ein!

Morgentau

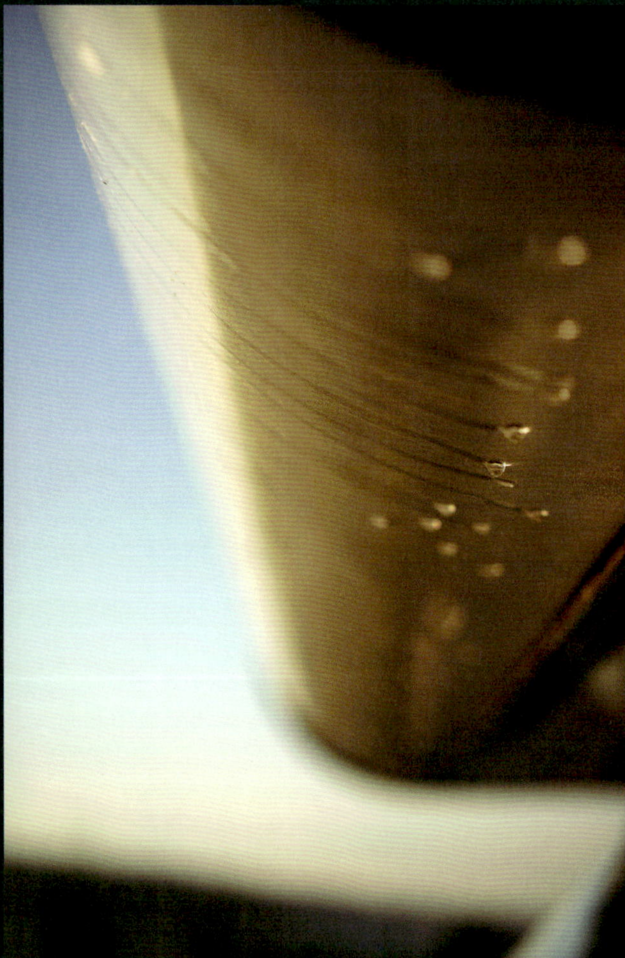

50 mm | f/2.2 | 1/2000 sek | ISO 100 | Modus A | +0,7 LW

Geh mal so nah an alltägliche Motive ran wie es nur geht: Das Weitwinkel als „Makroobjektiv", und du wirst erstaunt sein, wie nah du mit deinem Zoomobjektiv an Dinge herankommst. Und vor deinem Objekt darf es ruhig sehr unscharf sein. „Ran ans Motiv" – dieser uralte Foto-Leitspruch gilt immer noch.

Schreiende Farben

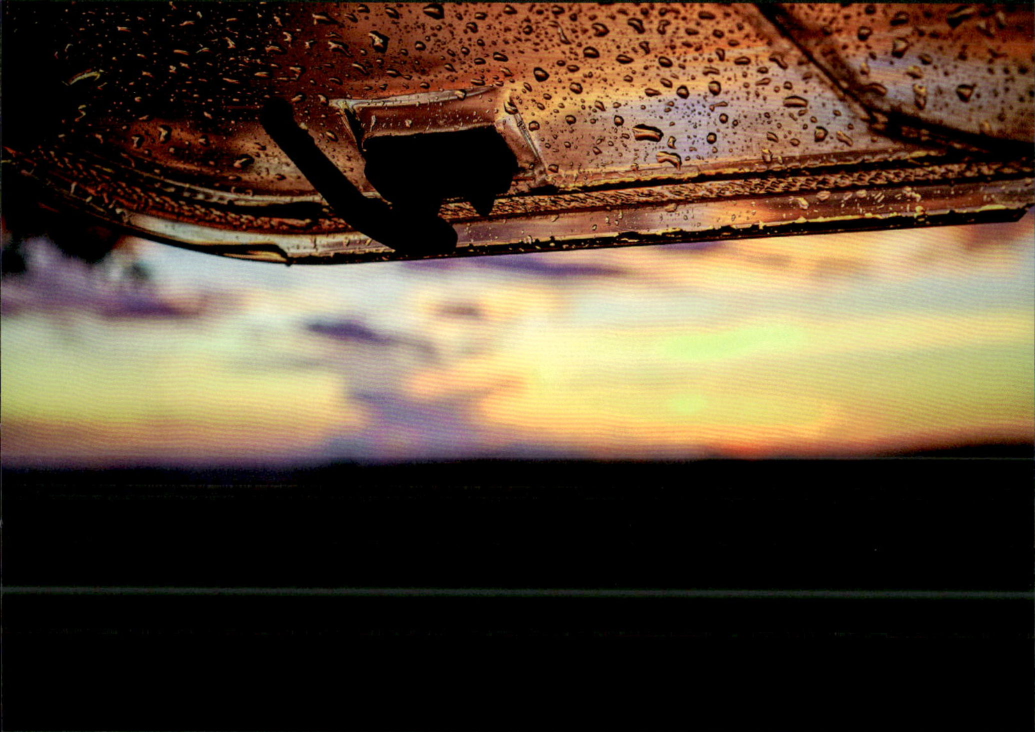

50 mm | f/5.6 | 1/40 sek | ISO 64 | Modus A | –0,7 LW

Spiel mal mit allen Features deiner Nikon Z. Kombiniere die Mehrfachbelichtung oder wie hier die HDR-Funktion mit Creative Picture Controls und starker Belichtungskorrektur. Das Bild ist nicht perfekt, im unteren Bereich kippen die Farben und Kontraste. Aber die Tropfen auf der Scheibe knallen! Es hätte keine Rockmusik gegeben, wenn nicht mal jemand zu viel an den Knöpfen des Verstärkers gedreht hätte.

Schlechtestes Bokeh ever

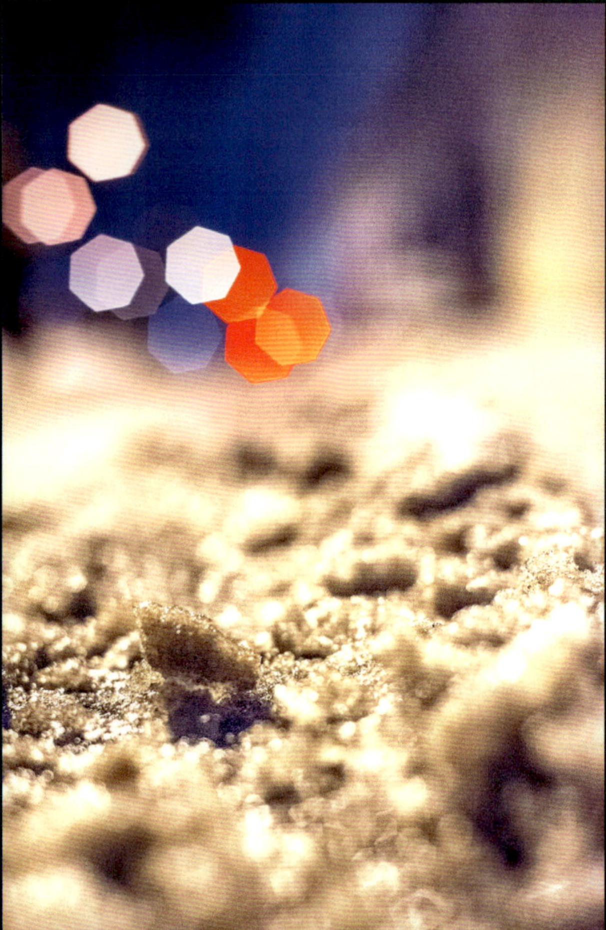

50 mm | f/2 | 1/50 sek | ISO 12800 | Modus M

Wenn du Glück hast, liegt so etwas (noch) bei dir in der Schublade. Sonst schau mal, was der nächste Fotohändler für ein Objektiv-Schnäppchen mit F-Bajonett hat. Dieses Objektiv ist eigentlich gar nicht schlecht. Es ist sogar ziemlich scharf. Nur bei den Blendenlamellen wurde damals gespart, und so ist das Bokeh, die unscharfen Lichtpunkte im Hintergrund, sehr hart. Vergleiche es mal mit dem Foto im Workshop „Ast mit Blendenfleck". Fokussiert wurde hier manuell, bis die Ampel und Laternen im Hintergrund diese Ecken gebildet haben. Der Weißabgleich war total schräg eingestellt und die ISO extrem hoch.

Tür und Fenster

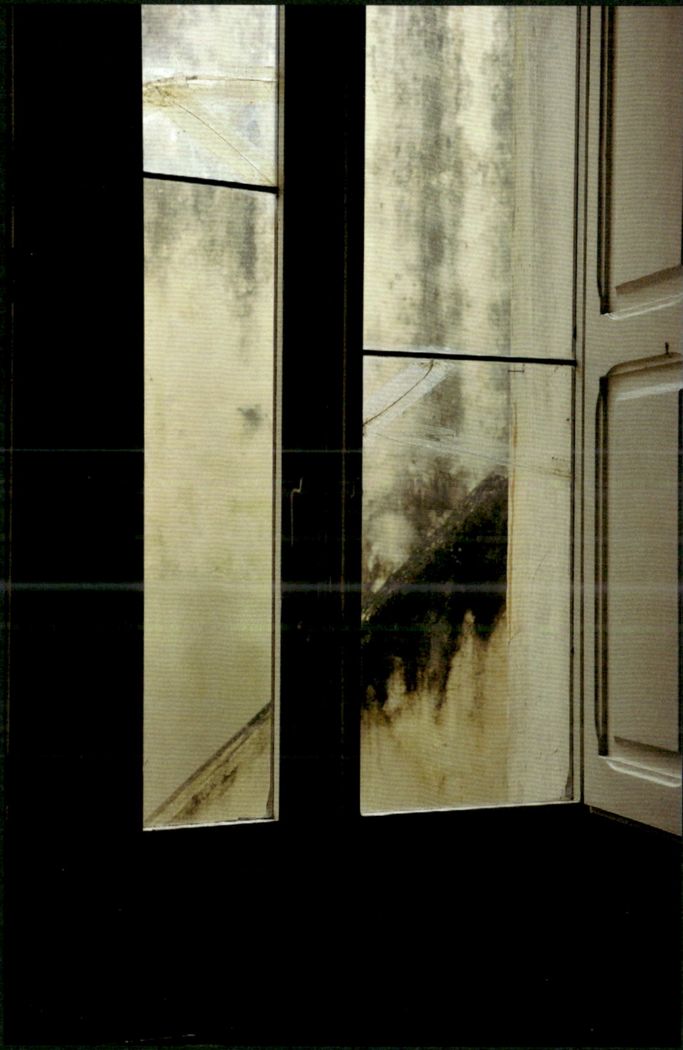

35 mm | f/5.6 | 1/125 sek | ISO 100 | Modus M

Fenster und Türen sind ein tolles Motiv. Experimentiere mal mit der Belichtung oder dem Bildausschnitt. Letzteres ist mit das Schwierigste: Wo soll das Bild anfangen, wo lässt man es enden?

Strandbild mal anders

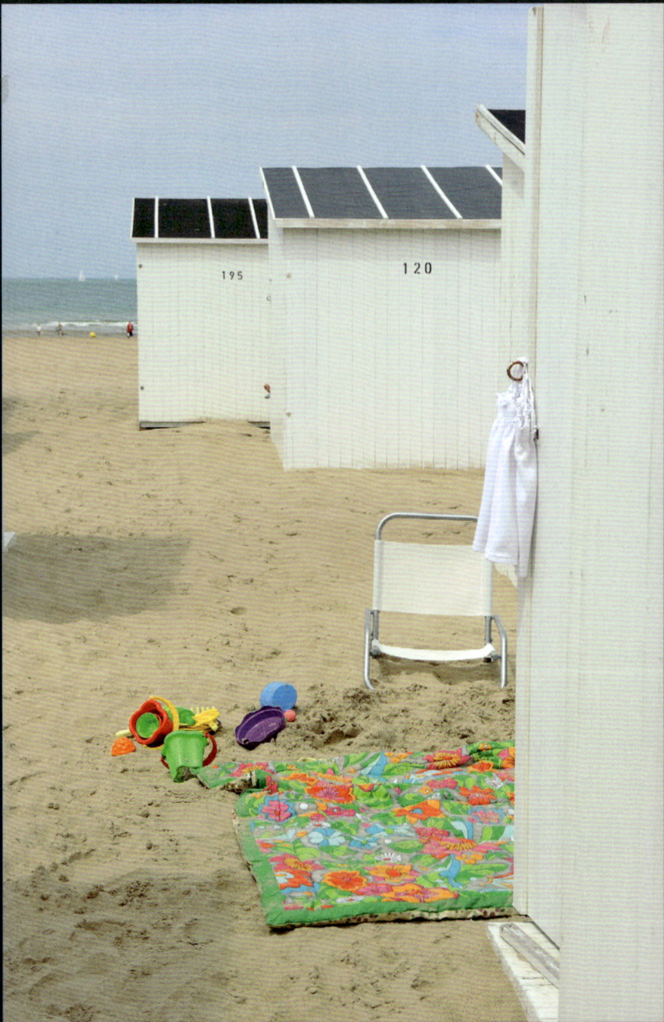

70 mm | f/11 | 1/400 sek | ISO 250 | Modus A | +1,0 LW

Ja, ich gebe es zu, ich möchte eigentlich im Urlaub immer das Schöne fotografieren. Sonnenuntergänge, Meeresbrandung, Berge ... aber dort hat man ja auch Zeit, mal anders auf die Dinge zu schauen. Also nach dem Frühstück die Kamera einpacken und mal allein losziehen. Durchs Dorf oder die Hotelanlage, zum Strand, über den Campingplatz, in die Einkaufsmeile ... zeige den Ort, wie du ihn wahrnimmst.

Landschaft ohne Weitwinkel

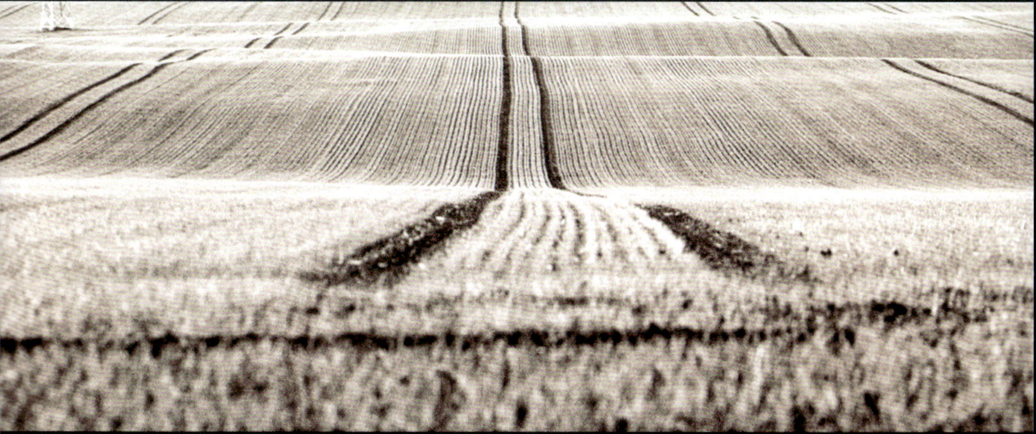

150 mm | f/3.5 | 1/125 sek | ISO 100 | Modus M

Frei nach dem Tipp, mal den ganzen Tag mit nur einer Brennweite zu fotografieren. Versuche mal, das quasi „falsche" Objektiv zu benutzen: Tele für Landschaften, Weitwinkel für Porträts, eine Festbrennweite, wo du am liebsten alles dabeihättest. Das schult den Blick für Möglichkeiten ungemein.

Spiegelungen

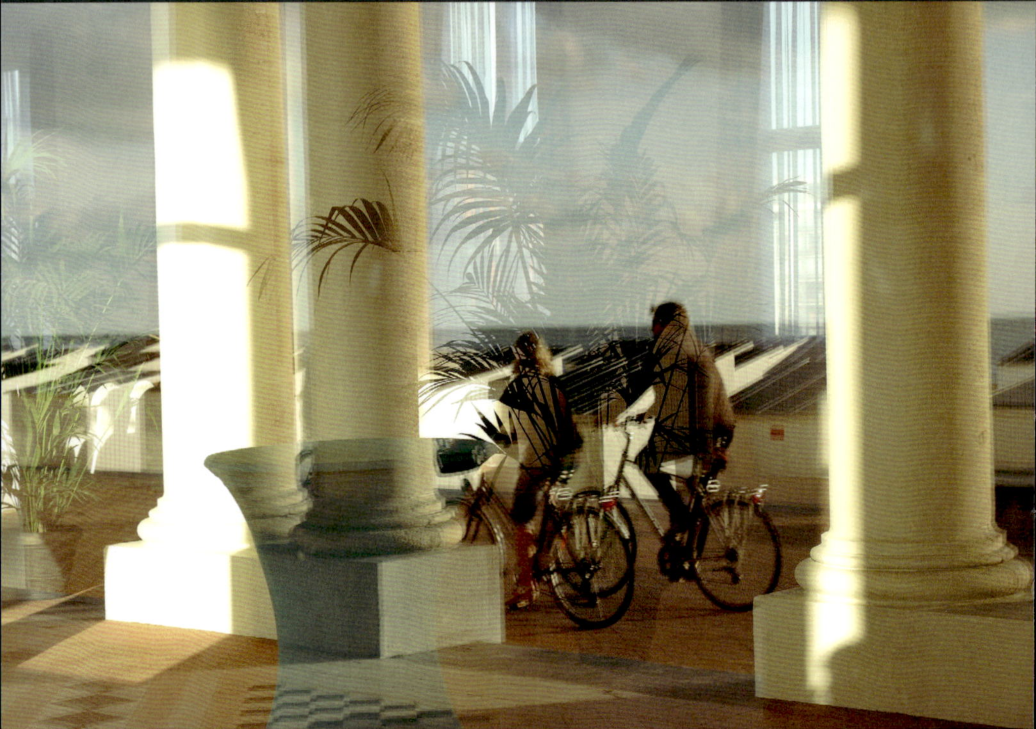

70 mm | f/8 | 1/160 sek | ISO 400 | Belichtungsprogramm A | +0,7 LW

Spiegelungen bringen interessante Perspektiven ins Bild. Nicht nur Glasscheiben, auch Pfützen oder viele Gegenstände spiegeln, z. B. dein Handy oder Tablet, Omas alte Teekanne oder ein Löffel, chromverzierte Felgen und vieles mehr.

Mustermix

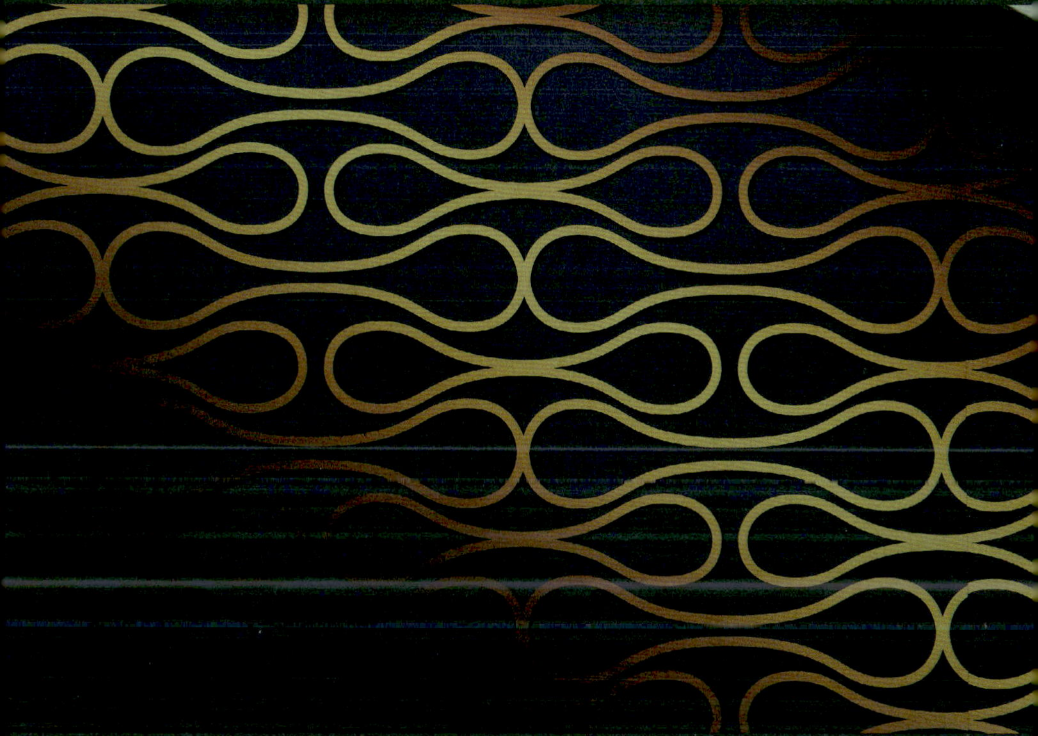

62 mm | f/8 | 1/25 sek | ISO 320 | Modus M

Mir macht es oft besonders Spaß, Dinge so zu fotografieren, dass man nicht direkt erkennt, was es eigentlich ist. Hier war es der Zaun eines Vorgartens. Ein enger Bildausschnitt oder eine besondere Perspektive können das Erkennen des Motivs zu einem kleinen Rätsel machen.

Fotografie ist ein Geschenk ...

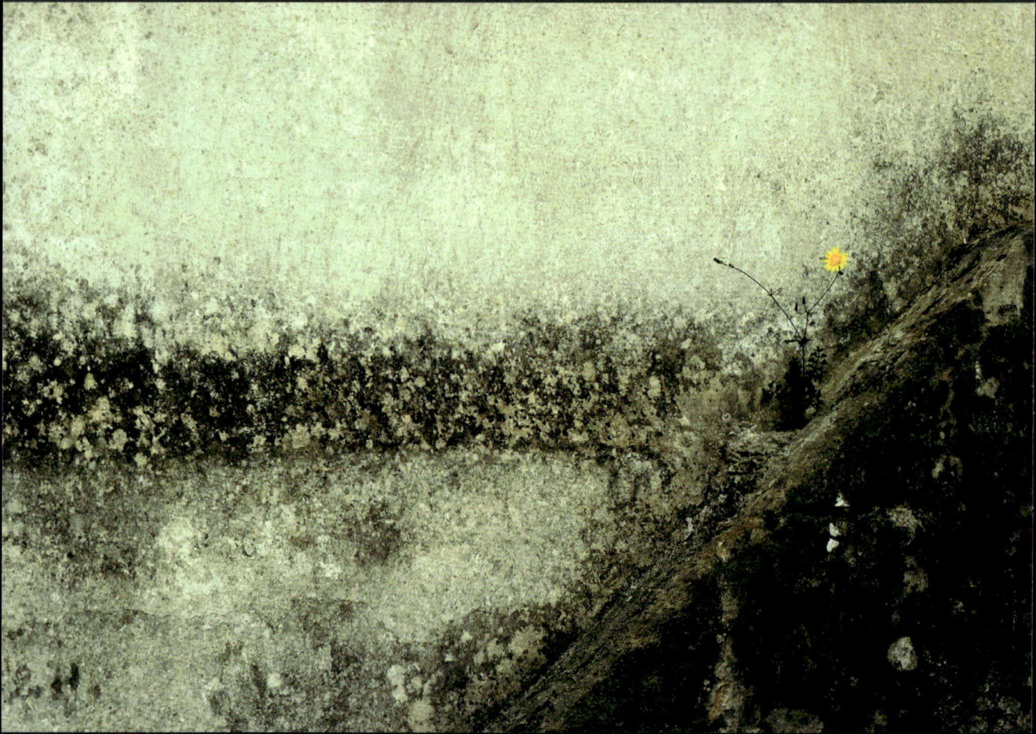

48 mm | f/7.1 | 1/80 sek | ISO 200 | Modus M

... an dich selbst. Wenn du mit offenen Augen und deiner Kamera unterwegs bist, wirst du Objekte und Situationen finden, die nicht jeder sieht. Das ist das Besondere an der Fotografie. Also viel Spaß beim Entdecken der großen und kleinen Dinge!

FILMEN MIT DER NIKON Z

Deine Nikon Z kann auch richtig gute Videoaufnahmen erstellen. Aus diesem Grund schauen wir uns mal die wichtigsten Grundeinstellungen dazu an. In diesem Kapitel wirst du nicht das Filmen mit allen seinen unzähligen Facetten erlernen, aber die folgenden Tipps werden dir helfen, typische Fehler zu vermeiden und schneller mit der Videografie zu starten.

Auch beim Filmen ist es wichtig, erst einmal die Qualität und die Auflösung der Aufnahmen festzulegen. Alle Nikon Z-Kameras können sowohl Full HD- als auch 4K-Material aufzeichnen. Dazu kommt noch die Bildrate, also wie viele Bilder pro Sekunde aufgenommen werden.

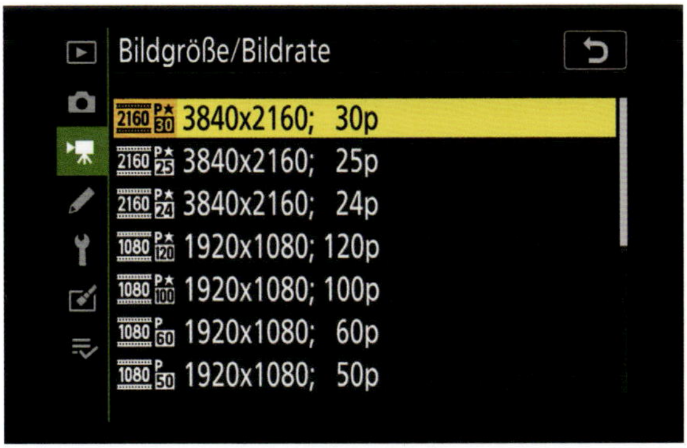

Oben stehen die 4K-Einstellungen mit 3840 x 2160 Pixel, darunter die Full HD-Auflösungen mit 1920 x 1080 Pixel, daneben wird jeweils die Bildrate angegeben.

Man könnte natürlich einfach dazu raten, immer in der höchsten Auflösung zu filmen, aber es stehen nicht alle Bildraten (Bilder pro Sekunde) in 4K zur Verfügung. Die Z 6II und Z 7II können in dieser hohen Qualität schon bis zu 60 Bilder pro Sekunde aufnehmen. Bei den Modellen der ersten Generation ist bei 30 Bildern (Frames) Schluss. Die Datenmenge, die bei der hohen Auflösung aufgezeichnet wird, ist dann einfach zu groß, um dabei so viele Einzelbilder zu verarbeiten.

Außerdem ist natürlich entscheidend, wie du deine Videos präsentieren möchtest. Hast du einen 4K-Fernseher, solltest du am besten einen Vergleich zwischen der Full HD- und der 4K-Aufnahme filmen und dir beides ansehen, um ein Gefühl dafür zu bekommen, welche Situationen und Motive wirklich von der höheren Auflösung profitieren. Als kleinen Denkanstoß: Auch professionell gefilmte Inhalte werden häufig in 4K aufgezeichnet, um nachträglich am Computer Effekte wie kleine digitale Kamerafahrten, digitale Verwacklungsreduzierung oder einfach die Möglichkeit eines Crops (Beschnitts) zu haben. Ausgespielt wird dann häufig nur Full HD. Aber die Zukunft geht natürlich in Richtung höherer Auflösung der Anzeigegeräte wie TVs und Monitore. Zuletzt werden der Platz auf deiner Speicherkarte und die Rechenleistung deines PCs mitentscheiden, wie häufig du in 4K aufnimmst.

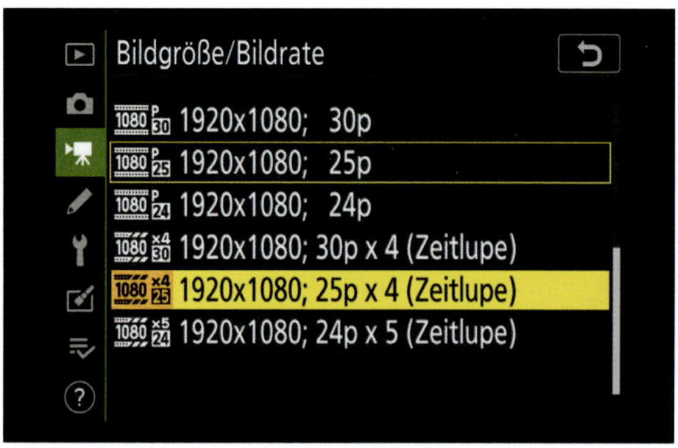

Weiter unten findest du die niedrigeren Bildraten in Full HD und die Zeitlupeneinstellungen

Jetzt stellt sich die Frage, wann sollte welche Bildrate verwendet werden? Du siehst, dass deine Kamera bei allen Auflösungen als langsamste Rate 24p (24 Bilder pro Sekunde) filmen kann und als schnellste Frequenz bei Full HD 120p. Bestimmt hast du schon mal gehört, dass Kinofilm mit 24 Bildern aufgenommen wird. Ab dieser Frequenz kann unser Gehirn keine Einzelbilder mehr unterscheiden und der Film erscheint uns ruckelfrei. Aber bei besonders schnellen Bewegungen oder längeren Kameraschwenks, wie sie bei Sportaufnahmen, Tanz und Ähnlichem passieren, kann eine höhere Bildrate besser sein.

Jetzt wird es kurz etwas komplizierter. Es ist nämlich nicht ganz egal, wie die Belichtungszeit, also die Verschlusszeit beim Filmen eingestellt ist. Je nachdem welche Bildrate du verwendest, solltest du hier andere Zeiten nehmen. Es gibt eine Faustregel, die sich 180-Grad-Regel nennt und besagt, dass die ideale Verschlusszeit das Doppelte des Kehrwerts der Bildrate sein sollte. Klingt erst mal kompliziert, lässt sich aber ganz einfach ausrechnen: Bei 25p ist der Kehrwert 1/25 und die Zahl nach dem Schrägstrich verdoppelst du. So erhältst du also 1/50 Sekunde als Belichtungszeit.

Bei 24p wäre das rein rechnerisch 1/48 Sekunde. Die lässt sich aber nicht einstellen, du kannst aber hier ohne Probleme einfach 1/50 Sekunde als Belichtungszeit wählen. Der Hintergrund: Wenn du bei 24 oder 25p eine sehr kurze Belichtungszeit von z.B. 1/500 Sekunde nehmen würdest, würde im Verhältnis zu der Zeit, in der das Licht auf den Sensor fällt und die Bewegung aufgezeichnet wird, zwischen den Einzelbildern viel länger *kein* Licht auf den Sensor fallen. Dadurch würde beim Ansehen immer etwas zwischen den Einzelbildern (Frames) fehlen bzw. die Aufnahme sehr ruckelig aussehen. Durch die relativ langsame Bildrate in Verbindung mit der längeren Verschlusszeit von 1/50 Sekunde entsteht auch eine gewisse Bewegungsunschärfe, die durchaus natürlich und ästhetisch wirkt. So entsteht der Kinolook!

Möchtest du aber schärfere Bewegungen darstellen, kannst du mit 50p und der daraus berechneten 1/100 Sekunde schon schärfere Bewegungsabläufe filmen. Diese Regel solltest du wie alle Faustregeln nicht zu streng befolgen, aber sie gibt dir einen guten Anhaltspunkt, wie du die Verschlusszeit und die Bildrate kombinierst, um eine bestimmte Bewegungsdarstellung zu erhalten. Filmschaffende nutzen hin und wieder auch bewusst den Bruch dieser Regel, um besondere Effekte und Stimmungen zu erzeugen. So wird dann auch mal kurzfristig eine sehr kurze Verschlusszeit genutzt, um eine stressige oder hektische Filmästhetik zu erzeugen.

Nicht zuletzt erzeugen mehr Einzelbilder pro Sekunde in der gleichen Zeit auch größere Datenmengen. Willst du gerne im Urlaub den ganzen Tag filmen, können die 50- oder 60p-Einstellungen deine Speicherkarte schnell füllen. Die ganz schnellen Bildraten von 100 und 120p stehen nur bei Full HD zur Verfügung. Du solltest sie wirklich nur dann einsetzen, wenn du Zeitlupen in diesen Szenen möchtest. Das geht mit deiner Nikon Z sogar auf zwei Arten:

Entweder du filmst in einer dieser hohen Bildraten. Wenn du dir den Film dann ansiehst, sieht er erst mal ganz normal aus, da deine Kamera ihn jetzt auch mit dieser hohen Frequenz von 100 oder 120p abspielt. Im Schnittprogramm am Computer stellst du aber 24, 25 oder 30p als Abspielgeschwindigkeit für deinen Film ein. So erhältst du dann eine vier- bzw. fünffache Zeitlupe der so gedrehten Szene.

Oder es ist möglich, nur zeitweise eine Zeitlupe einzufügen, die Szene also normal zu starten und bei einer besonders spannenden Situation in eine Zeitlupe überzugehen. Dieses Stilmittel sieht man momentan häufig in Actionfilmen. Wie gesagt benötigst du hier ein Videoschnittprogramm auf deinem PC. Wenn du den Zeitlupeneffekt direkt haben möchtest, kannst du die unteren Einstellungen in *Bildgröße/Bildrate* wählen. Hier steht der Faktor der Verlangsamung direkt mit dabei. Die stärkste Zeitlupe ist dann die unterste Einstellung. Bei diesen direkt in der Kamera fertiggestellten Zeitlupen wird übrigens kein Ton mit aufgezeichnet.

Blende und Verschlusszeit

Über die Verschlusszeit haben wir ja schon gesprochen. Mit ihr kann also nicht so frei wie in der Fotografie gestaltet werden. Dafür lässt sich der Blendenwert und die damit verbundene Tiefenschärfe aber sehr effektvoll einsetzen. Hier verhält es sich eigentlich genauso wie in der Fotografie. Hier nur ein kleiner Hinweis: Bei Filmaufnahmen hast du häufig bewegte Motive, wodurch das Filmen mit sehr großen Blendenöffnungen und daraus resultierender sehr geringer Schärfentiefe schwieriger wird. Die Schärfe muss ja nicht nur einmal wie beim Foto richtig sitzen, sondern während der gesamten Einstellung oder Szene. Wenn die dünne scharfe Ebene dann nicht genau da ist, wo sie hin soll, und das während des Films immer wieder passiert, ist der Effekt eher störend. Du solltest also darauf achten, dass dein Motiv gut im Fokus bleibt, oder du schließt die Blende etwas.

Auch hier hilft ein bewusster Blick auf die Arbeit von Profis. Bei Interviews oder Dokumentationen wird meistens mit etwas größerer Tiefenschärfe, also größeren Blendenwerten wie f/5.6 bis f/11 gefilmt. Um besondere Spannung aufzubauen, kannst du aber szenenweise auch mit selektiver Schärfe und offenen Blenden arbeiten. Das geht sehr gut bei eher langsamen Motiven und wenn Szenen noch mal neu gedreht werden können. Auch Nahaufnahmen von Objekten oder Gesichtern können in dieser Kombination sehr spannend sein.

Den Blendenwert kannst du an deiner Kamera in zwei Belichtungsprogrammen wählen. Das ist einmal der Modus A. Hier bildet die Kamera automatisch die Verschlusszeit, wenn möglich, nach der oben beschriebenen Faustregel. Das heißt, wenn möglich nimmt die Kamera bei z. B. 25p Bildrate 1/50 Sekunde. Wenn wenig Licht zur Verfügung steht, geht sie bis auf 1/25 Sekunde Belichtungszeit zurück. Steht mehr Licht zur Verfügung oder wird die Blende weiter geöffnet, verkürzt sich die Verschlusszeit immer um das Doppelte. Der ISO-Wert wird auch von der Kamera gewählt. Es ist also immer die ISO-Automatik eingeschaltet.

Ich filme lieber im Modus M. Hier kann der genaue Blendenwert und die gewünschte Verschlusszeit frei eingestellt werden. Auch die ISO-Empfindlichkeit kannst du nur in diesem Programm selbst wählen. Aber du kannst auch die ISO-Automatik nutzen, wenn es dir lieber ist.

Wenn mal schnell nebenher eine Filmaufnahme gemacht werden soll, sind AUTO oder P gut geeignet. Die Kamera verstellt dann nach Möglichkeit nicht den Blendenwert, um keine unterschiedliche Tiefenschärfe zu erzeugen, sondern variiert erst mal die Verschlusszeit und die ISO.

Den Modus S gibt es nicht beim Filmen. Stellst du deine Kamera über das Moduswahlrad auf S, verhält sie sich wie in P. In allen Modi bis auf das Automatikprogramm lassen sich wie beim Fotografieren alle Einstellungen wie die Picture Control, der Weißabgleich, die Belichtungskorrektur und vieles mehr einstellen.

Der Fokus

Bei Filmaufnahmen kann der Autofokus deiner Kamera noch mal richtig zeigen, was er kann. Auch hier schauen wir uns alle Fokusmodi noch mal genauer an, da hier die Anforderungen etwas anders sind als beim Fotografieren.

Es gibt auch hier den *AF-S*, der dann genutzt wird, wenn nur einmal und am besten vor dem Start des Films scharfgestellt werden soll. Der *AF-C* verhält sich ein bisschen anders als beim Fotografieren. Er wird standardmäßig über die AF-ON-Taste betätigt und fokussiert so lange, wie die Taste gedrückt wird. Willst du, dass deine Kamera die ganze Zeit während des Filmens fokussiert, ohne dass du eine Taste drücken musst, wählst du den *AF-F* (Follow-Fokus). Gerade wenn du eine große Blendenöffnung für wenig Tiefenschärfe eingestellt hast, solltest du diesen Fokusmodus nutzen. Viele Filmende fokussieren auch gern manuell mit dem *MF*. Dabei hilft dann der Konturfilter, den du im Individualfunktionen-Menü aktivieren kannst.

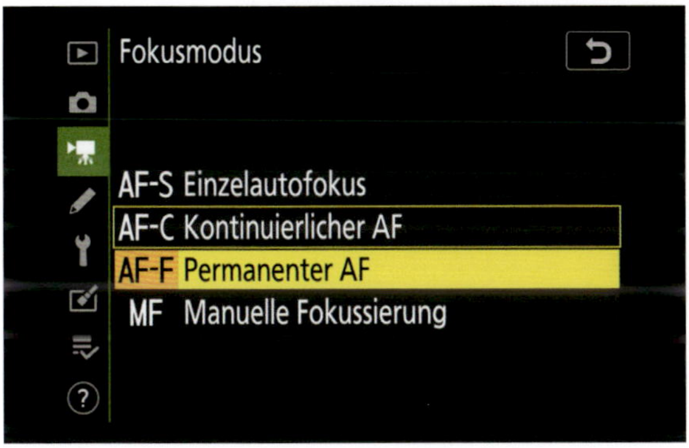

Die Nikon Z-Kameras haben beim Filmen noch einen weiteren Modus

Bei den Fokusmessfeldsteuerungen stehen im Filmmodus etwas weniger Optionen zur Verfügung. Das *Nadelspitzen-Messfeld* und *Dynamisch* können nicht ausgewählt werden. Die Nikon Zs der ersten Generation können hier auch keine Augenerkennung bieten, nur die zweite Generation verfolgt zuverlässig die Augen. Gesichter von Menschen können aber alle Kameras auch im Video erkennen. Daher ist die Kombination aus *Automatischer Messfeldsteuerung* und *AF-F* die komfortabelste Lösung, wenn eine Person gefilmt wird. Um ein Gesicht wird dann ein gelber Kasten angezeigt und der Fokus wird ständig darauf eingestellt.

Zwei wichtige Punkte sind noch die *AF-Geschwindigkeit* und die *AF-Tracking-Empfindlichkeit*. Beide findest du in den Individualfunktionen unter *Video*.

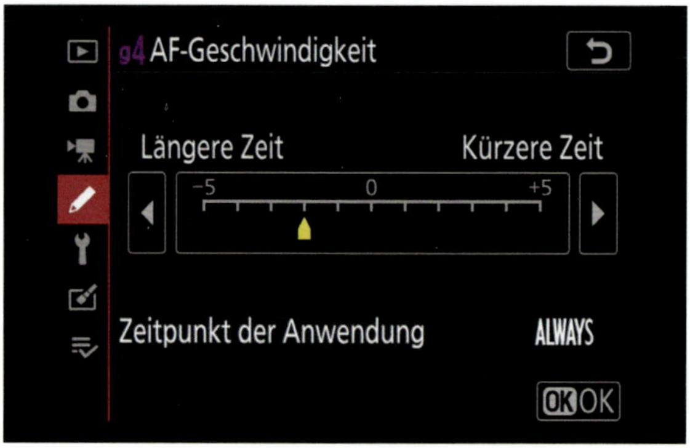

Nicht immer ist die höchste Geschwindigkeit die beste Wahl. Hier lässt sie sich für die Situation anpassen.

Damit deine Schärfefahrt, so der Fachausdruck für die Fokussierung im Video, nicht zu schnell ist, sondern schön langsam und cineastisch abläuft, sind die Werte unterhalb der 0 geeignet. Die Pluswerte eignen sich eher für Sportaufnahmen.

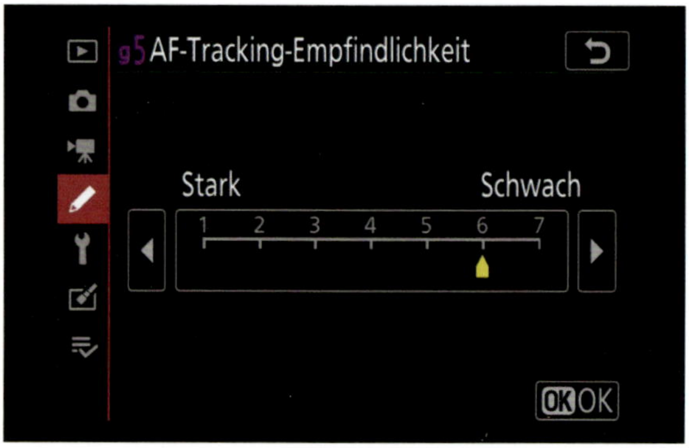

Manchmal ist es besser, wenn die Kamera nicht sofort auf ein neues Motiv scharfstellt. Bei Werten wie 5, 6 oder 7 verzögert die Kamera spürbar den Zeitpunkt, an dem sie die Fokussierung startet.

Wenn du eine Person filmst, die sich z. B. auf einer Veranstaltung befindet, und ab und zu andere Personen durchs Bild vor der Hauptperson laufen, kannst du mit dieser Einstellung verhindern, dass die Kamera auf eine andere Person scharfstellt. Das ist besonders beim Verwenden des AF-F wichtig, um kein unruhiges Fokuspumpen während der Aufnahme zu haben.

Zu guter Letzt noch ein Tipp eines guten Freundes, der mir den Start ins Filmen erleichtert hat. Er sagte: „Der große Unterschied zwischen Film und Fotografie ist: Bei Fotos bewegt sich die Kamera viel (um immer wieder besondere Blickwinkel zu erhaschen und das Motiv interessant im Bild zu positionieren), beim Filmen bewegt sich das Motiv."

Achte mal bei einem Kinofilm darauf. Die Kamera bewegt sich nicht ständig. Im Motiv selbst ist die Bewegung. Eine gehende Person, ein fließender Bach, Bäume im Wind … Dynamik und Action werden viel häufiger durch Schnitte erzeugt, und es wiederholen sich oft die gleichen Einstellungen, also Blickwinkel der Kamera. Und wenn sich die Kamera doch mal bewegt, passiert es absichtlich und meist sehr langsam. Auch ständiges Zoomen solltest du vermeiden. Es ist ein selten eingesetztes Stilmittel beim Filmen und sollte nur bewusst eingesetzt werden.

Bibliografische Information der Deutschen Nationalbibliothek
Die Deutsche Nationalbibliothek verzeichnet diese Publikation in der deutschen Nationalbibliografie; detaillierte bibliografische Daten sind im Internet über https://dnb.de abrufbar.

ISBN 978-3-8426-5544-7 (Print)
ISBN 978-3-8426-5545-4 (PDF)
ISBN 978-3-8426-5546-1 (EPUB)

Fotos: Manuel Quarta
Produktfotos: © 2021 Nikon Deutschland. Alle Rechte vorbehalten
S. 81 unten: Stefan Gericke; S. 91: Emiliano Leonardi; S.162: Sabine Lomberg

Originalausgabe

Die Ratgebermarke der Schlütersche Fachmedien GmbH
Hans-Böckler-Allee 7, 30173 Hannover
www.humboldt.de
www.schluetersche.de

Lektorat: wort & tat, Linda Strehl, München
Covergestaltung: ZERO, München
Covermotiv: Manuel Quarta, Nikon, Shutterstock / Natali Zakharova, ppart
Satz: PER MEDIEN & MARKETING GmbH, Braunschweig
Druck und Bindung: gutenberg beuys feindruckerei GmbH, Langenhagen